会社清算の税務

【編】税理士法人
熊谷事務所

任意清算・法的清算・私的再建・法的再建

税務経理協会

はじめに

　中小企業金融円滑化法は，その適用期限である平成25年3月末をもって終了しました。
　金融庁では，「円滑化法の期限到来後においても何ら変わりません。」とし，金融機関に対し「借り手の経営課題に応じた最適な解決策を，借り手の立場に立って提案し，十分な時間をかけて実行支援するよう促します。」としています。
　しかしながら，同法の適用を受けていた企業の平成25年中の倒産件数は前年に比べて大幅に増えた模様です。増えた要因は様々だと思われますが，法律や行政でどんなに返済負担の軽減を図ってもそれは単なる企業の延命に過ぎず，企業において抜本的な経営改善ができなければやがて行き詰まってしまうということだと思います。

　企業が行き詰まったことにより会社を整理する方法にはいくつかのパターンがあります。
〔第一のパターン〕
　後継者がいない，事業がじり貧である，しかし会社には過去の蓄積や土地の含み益があるので自力で債務を弁済して会社を清算したい，あるいは，子会社が債務超過で業績の回復の見込がないため親会社が債務の肩代わりをして子会社を清算する，といった場合は，任意清算を選択することになると思われます。
〔第二のパターン〕
　資金繰りが逼迫し，事業継続の可能性がなく，さらに債権者から債権放棄に応じてもらえそうもない場合は，裁判所の関与のもと破産や特別清算を選択することになると思われます。
〔第三のパターン〕
　不動産投資などで過剰債務になっているが本業である営業利益は黒字が見込

め，さらに債権者の数は少なく債務の減額や返済条件の緩和などの協力をあおぐことが可能と考えられる場合は，まずは私的再建をトライしてみることになると思われます。

〔第四のパターン〕

第三のパターンと同じく営業利益は黒字が見込めるが，債権者の数が多い，あるいは債権者に非協力的な者がいるなどの場合は，裁判所の関与のもとで会社の再建を目指す必要があるため，民事再生や会社更生等を選択することになると思います。

本書は，会社の整理方法を「清算型」と「再建型」にわけ，さらにそれぞれを「私的整理」と「法的整理」の２×２の４通りに区分しました。

まず，第Ⅰ章では整理方法の概要，第Ⅱ章では任意清算，第Ⅲ章では法的清算，第Ⅳ章では私的再建，第Ⅴ章では法的再建，最後に第Ⅵ章では清算税務の基礎知識として第Ⅱ章～第Ⅴ章で繰り返し出てくる項目をまとめて取り上げました。

本書は，まず第Ⅰ章で上記４通りの整理方法のうちどの方法を選択するか決定し，該当する章にアクセスしていただければ最短で知りたいことがわかるように構成しました。

したがって，第Ⅰ章から通読すると同様な説明が出てくることがありますが，このような本の構成を取ったためですのでご容赦願いたいと思います。

本書が，企業担当者様や職業会計人の皆様のお役に少しでも立てれば著者として幸いです。

最後に，本書の刊行にあたり，いろいろとご尽力をいただきました株式会社税務経理協会吉冨智子氏に深く感謝申し上げます。

2014年3月

税理士法人熊谷事務所
所長　吉岡幸治

[目 次]

はじめに

第 Ⅰ 章　整理方法の概要

SECTION 1　会社整理方法の類型／3
SECTION 2　整理手続選択の着眼点／4
  1　事業継続の可能性の有無／4
  2　債権者の状況／4
  3　その 他／5

第 Ⅱ 章　清算──任意清算

SECTION 1　任意清算の概要／9
  1　任意清算の位置付け／9
  2　本章の構成／9
SECTION 2　解散事業年度／11
  1　解散法人の法務／11
> (1) 従業員の整理解雇　(2) 会社の解散　(3) 株主総会の決議による解散
> (4) 清算の準備　(5) 清算株式会社の機関設計

  2　解散法人の税務／16
> (1) 基本的事項　(2) 税務計算

  3　法人株主の税務／27
> (1) 株式評価損の計上

  4　債権者の税務／29
> (1) 法人債権者　(2) 個人債権者

SECTION 3　清算事業年度／32
1　清算株式会社の法務／32
(1) 清算人の就任・解任，監査役の退任　(2) 清算人の職務及び業務執行等　(3) 清算人会の職務及び業務執行等　(4) 財産目録等　(5) 債務の弁済等

2　清算株式会社の税務／37
(1) 基本的事項　(2) 税務計算

3　株主の税務／47
(1) 法人株主　(2) 個人株主

4　債権者の税務／52
(1) 法人債権者　(2) 個人債権者

SECTION 4　残余財産確定日の属する清算事業年度／56
1　清算株式会社の法務／56
(1) 残余財産の分配　(2) 清算事務の終了等　(3) 帳簿資料の保存　(4) 清算結了の登記

2　清算株式会社の税務／57
(1) 基本的事項　(2) 税務計算

3　株主の税務／71
(1) 法人株主　(2) 個人株主

4　債権者の税務／75
(1) 法人債権者　(2) 個人債権者

5　保証人の税務／75
(1) 法人による保証　(2) 個人による保証

SECTION 5　親子関係の場合の子会社清算／78
SECTION 6　完全支配関係にない子会社の清算／79
1　残余財産がない場合／79
(1) 債権放棄　(2) 子会社の欠損金　(3) 子会社株式

2　残余財産がある場合／84
(1) 債権放棄　(2) 子会社の欠損金　(3) 残余財産の分配

【目　　次】

　　3　まとめ（完全支配関係にない場合）／91
SECTION 7　完全支配関係にある子会社の清算／92
　　1　残余財産がない場合／94
　　　　(1)　債権放棄　　(2)　欠損金　　(3)　子会社株式

　　2　残余財産がある場合／100
　　　　(1)　債権放棄　　(2)　子会社の欠損金　　(3)　残余財産の分配

　　3　まとめ（完全支配関係がある場合）／107
SECTION 8　ケーススタディ／108
　　債務の弁済が可能なケース／108
　　全額放棄を受けるケース／113

第Ⅲ章　清算──法的清算

SECTION 1　破　　産／119
　　1　破産手続の概要／119
　　2　破産手続の流れ／119
　　　　(1)　破産手続開始の申立て　　(2)　保全処分　　(3)　破産手続開始決定
　　　　(4)　破産債権の届出・調査・確定　　(5)　債権者集会　　(6)　破産財団の管理
　　　　(7)　配当　　(8)　破産手続終結決定

　　3　破産手続申立て時の税務／125
　　　　(1)　破産会社　　(2)　債権者　　(3)　株主

　　4　破産手続開始決定以後の税務／128
　　　　(1)　破産会社　　(2)　債権者　　(3)　株主
　　　　(4)　仮装経理をした場合の更正の特例　　(5)　実在性のない資産の取扱い
　　　　(6)　破産会社の帳簿の不備等と法人税の申告

　　5　破産手続終結決定時の税務／136
　　　　(1)　破産会社　　(2)　債権者　　(3)　株主

　　6　破産管財人の源泉徴収／138
　　　　(1)　管財人報酬　　(2)　労働債権

SECTION 2　特別清算／139
1　特別清算の概要／139

> (1)　特別清算の概要　　(2)　破産手続との比較

2　特別清算手続の流れ／140

> (1)　特別清算開始の申立て　(2)　特別清算開始の命令　(3)　債権者集会
> (4)　協定の手続　(5)　特別清算終結決定

3　債務者の税務／146
4　債権者の税務／146
5　株主の税務／148

SECTION 3　ケーススタディ／150
実在性のない資産が把握されたケース／150

第Ⅳ章　再建──私的再建

SECTION 1　私的再建の概要・種類等／155
1　概　　要／155
2　準法的再建の種類と特徴／155

> (1)　準法的再建の種類　(2)　準法的再建の特徴

3　完全私的再建の特徴／157

SECTION 2　私的整理に関するガイドラインによる再建手続／159
1　概　　要／159

> (1)　私的整理に関するガイドラインの位置付け　(2)　債権者とは
> (3)　対象となる債務者企業

2　手続の流れ／161

> (1)　私的整理の申出　(2)　一時停止の通知発送　(3)　債権者会議
> (4)　再建計画案の内容　(5)　再建計画内容の期限的な制約
> (6)　経営者及び株主の責任　(7)　再建計画案の成立・不成立

【目　次】

SECTION 3　中小企業再生支援協議会の支援による再生手続／167
1　概　要／167
(1) 中小企業再生支援協議会の目的・位置付け　(2) 債権者
(3) 対象債務者となり得る企業

2　再生支援の手続の流れ／169
(1) 窓口相談　(2) 再生支援の開始　(3) 再生計画案の作成
(4) 一時停止の通知発送　(5) 債権者会議　(6) 再生計画案の内容
(7) 再生計画内容の期限的な制約　(8) 経営者及び株主の責任
(9) 再生計画案の成立・不成立

SECTION 4　地域経済活性化支援機構が債権を買い取ることによる再建手続／176
1　概　要／176
(1) 地域経済活性化支援機構の目的・位置付け
(2) 地域経済活性化支援機構の支援の概要　(3) 支援対象となり得る事業者

2　直接再生支援の手続の流れ／179
(1) 事前相談　(2) 事前相談を受けた機構の判断
(3) 事業再生計画の策定支援　(4) 事業再生計画の内容
(5) 再生支援の申込み　(6) 機構の再生支援の決定
(7) 機構による債権の買取申込み　(8) 回収等停止の要請
(9) 債権者説明会　(10) 機構による債権買取等の決定
(11) 事業再生計画の実行　(12) 支援完了（債権等処分）

SECTION 5　株式会社整理回収機構のＲＣＣ企業再生スキームによる再建手続／186
1　概　要／186
(1) 株式会社整理回収機構の概要・目的・位置付け
(2) ＲＣＣ企業再生スキームの対象等　(3) 対象となり得る企業

2　ＲＣＣスキームによる再生手続の流れ／189
(1) 企業再生部での判断
(2) 「企業再生委員会」に企業再生計画作成着手の可否
(3) 再生計画案の内容　(4) 再生計画の期限的な制約
(5) 経営者及び株主の責任　(6) 第1回債権者集会　(7) 第2回債権者集会
(8) 再生計画の成立・不成立　(9) 税務上の特例適用に関する手続

SECTION 6　特定認証紛争解決手続（事業再生ＡＤＲ手続）による再建手続／196
1　概　要／196
(1) 特定認証紛争解決手続とは　(2) 特定認証紛争解決事業者とは
(3) 事業再生ＡＤＲ手続の基準　(4) 対象となる債務者

2　事業再生ＡＤＲによる事業再生手続の流れ／198
(1) 一時停止の通知　(2) 事業再生計画案の内容
(3) 事業再生計画の期限的な制約
(4) 債権放棄を伴う事業再生計画案の場合
(5) 経営者及び株主の責任　(6) 債権者会議（事業再生計画案の概要説明等）
(7) 債権者会議（事業再生計画案の協議）
(8) 債権者会議（事業再生計画案の決議）　(9) 事業再生計画の成立

SECTION 7　準法的再建に関する税務／204
1　概　要／204
2　相談・再建計画案策定・一時停止の通知時の税務／204
(1) 債務者　(2) 債権者　(3) 法人株主　(4) 経営者

3　再建（再生）計画成立時の税務／207
(1) 債務者　(2) 債権者　(3) 法人株主　(4) 経営者

SECTION 8　完全私的な手続による再建／218
1　手続上の違い（概要）／218
(1) 再生の主導者の違い　(2) 再建計画策定及び再建計画案成立方法の違い
(3) 株主・経営者の移動の違い　(4) 完全私的整理が実行できる場面

2　税務上の違い／220
(1) 債務者　(2) 債権者　(3) 法人株主

3　大会社又は大会社の子会社（大会社等）・完全支配関係子会社の完全私的整理による再建／225
(1) 大会社等の青色欠損金の利用制限
(2) 完全支配関係子会社の場合の受贈益と寄附金の関係

SECTION 9　ケーススタディ／226

【目　　次】

第Ⅴ章　再建──法的再建

SECTION 1　民事再生による再建／233
- 1　民事再生の概要と手続の流れ／233
- 2　債権の区別／235
- 3　別除権／237
- 4　再生手続開始の申立て／238
  - (1) 概要　(2) 再生原因　(3) 申立棄却事由　(4) 予納金
  - (5) 保全処分　(6) 監督委員
- 5　再生手続開始決定／241
  - (1) 概要　(2) 再生債権の確定手続　(3) 財産評定　(4) 再生計画案作成
- 6　再生計画認可決定／243
- 7　終結決定／244

SECTION 2　再生手続開始の申立て時の税務／246
- 1　債　務　者／246
  - (1) 概要　(2) 事業年度
- 2　債　権　者／247
  - (1) 概要　(2) 貸倒引当金の計上
- 3　株主・経営者・保証人／248

SECTION 3　再生手続開始決定時の税務／249
- 1　債　務　者／249
  - (1) 概要　(2) 欠損金の繰戻還付請求　(3) 資産評価損の計上
  - (4) 債務免除があった場合等の繰越欠損金の損金算入
  - (5) 仮装経理に基づく更正
- 2　債　権　者／252
- 3　株主・経営者・保証人／252
  - (1) 概要　(2) 株式評価損の計上

7

SECTION 4 再生計画認可決定時の税務／253
1 債 務 者／253

(1) 概要　(2) 資産評価損益の計上
(3) 債務免除があった場合等の繰越欠損金の損金算入

2 債 権 者／254

(1) 概要　(2) 債権の区分と税務処理

3 株主・経営者・保証人／255

(1) 概要　(2) 保証債務の特例

SECTION 5 会社更生による再建／256
1 会社更生の概要と手続の流れ／256
2 債権の区別／258
3 更生手続開始の申立て／260

(1) 概要　(2) 更生原因　(3) 申立棄却事由　(4) 予納金
(5) 保全管理人と保全処分

4 更生手続開始決定／262

(1) 概要　(2) 更生債権等の確定手続　(3) 財産評定
(4) 更生計画案作成

5 更生計画認可決定／265
6 終結決定／266

SECTION 6 更生手続開始の申立て時の税務／268
1 債 務 者／268
2 債 権 者／268

(1) 概要　(2) 貸倒引当金の計上

3 株主・経営者・保証人／269

SECTION 7 更生手続開始決定時の税務／270
1 債 務 者／270

(1) 概要　(2) 事業年度　(3) 欠損金の繰戻還付請求
(4) 仮装経理に基づく更正

2 債 権 者／272
3 株主・経営者・保証人／272

(1) 概要　(2) 株式評価損の計上

【目　次】

SECTION 8　更生計画認可決定時の税務／274
1　債 務 者／274
(1) 概要　(2) 資産評価損益の計上
(3) 債務免除があった場合等の繰越欠損金の損金算入

2　債 権 者／275
(1) 概要　(2) 債権の区分と税務処理

3　株主・経営者・保証人／276
(1) 概要　(2) 保証債務の特例

SECTION 9　特定調停による再建／277
1　特定調停の概要と手続の流れ／277
2　特定調停の税務／279
(1) 債務者　(2) 債権者

SECTION 10　ケーススタディ／280
民事再生のケース／280

第VI章　清算税務の基礎知識

SECTION 1　債務免除益／287
SECTION 2　資産評価損益／288
1　概　要／288
2　減 額 型／289
(1) 概要　(2) 評価損の対象となる資産　(3) 財産の評定と時価の関係

3　更 生 型／290
4　再生（再評価）型／290
(1) 概要　(2) 評価損益の対象となる資産　(3) 財産の評定と時価の関係

5　評価損益計上後の取得価額と減価償却／292

SECTION 3　繰越欠損金の損金算入／293
1　概　要／293
2　更生手続型／294
3　再生等（再評価）型／294

9

4　再生等（その他）型／295
　　5　解　散　型／296
SECTION 4　欠損金の繰戻還付制度／298

> (1)　通常事業年度　　(2)　一定の事実が生じた事業年度　　(3)　清算事業年度

SECTION 5　仮装経理に基づく過大申告の場合の更正／301
　　1　更正の原則的取扱い／301
　　2　仮装経理した場合の更正の特例／301
　　3　仮装経理した場合の法人税額の控除・還付／303

SECTION 6　貸倒損失／305
　　1　概　　要／305
　　2　金銭債権の切捨てによる貸倒れ（法律上の貸倒れ）等／306

> (1)　内容　　(2)　法律上の一定の事実
> (3)　書面により明らかにされた債務免除　　(4)　貸倒損失判断の利用場面

　　3　全額が回収できない場合の貸倒れ（事実上の貸倒れ）／308
　　4　売掛債権の貸倒れ／308

> (1)　内容　　(2)　取引停止後1年以上経過した売掛債権の貸倒れ
> (3)　売掛債権額が取立費用に満たない場合の貸倒れ

SECTION 7　貸倒引当金／311
　　1　概　　要／311
　　2　貸倒引当金の適用対象法人／311
　　3　貸倒引当金の繰入限度額計算の種類／312

> (1)　個別評価金銭債権に係る貸倒引当金
> (2)　一括評価金銭債権に係る貸倒引当金

　　4　個別評価金銭債権に係る貸倒引当金の計算等／313

> (1)　貸倒引当金計算の区分　　(2)　長期棚上げの場合の貸倒引当金繰入限度額
> (3)　債務超過状態継続の場合の貸倒引当金繰入限度額
> (4)　法的整理手続開始の申立ての場合の貸倒引当金繰入限度額

SECTION 8　保証債務の特例／316
　　1　概　　要／316
　　2　保証債務の履行に伴う資産の譲渡／317
　　3　求償権の行使不能の判定／317
　　4　なかったものとみなされる金額／318

【目　次】

凡　例

　本書は，平成26年４月１日現在の関係法令によっています。引用の法令，通達は次の略称及び符号で表しています。

通則法………………	国税通則法
所法…………………	所得税法
所令…………………	所得税法施行令
所基通………………	所得税基本通達
法法…………………	法人税法
法令…………………	法人税法施行令
法規…………………	法人税法施行規則
法基通………………	法人税基本通達
耐令…………………	減価償却資産の耐用年数等に関する省令
評基通………………	財産評価基本通達
措法…………………	租税特別措置法
消法…………………	消費税法
消規…………………	消費税法施行規則
平成23年12月改正法……	経済社会の構造の変化に対応した税制の構築を図るための所得税法等の一部を改正する法律
会……………………	会社法
会規…………………	会社法施行規則
労契…………………	労働契約法
労基…………………	労働基準法
財源確保法…………	東日本大震災からの復興のための施策を実施するために必要な財源の確保に関する特別措置法
ガイドライン………	私的整理に関するガイドライン
基本要領……………	中小企業再生支援協議会事業実施基本要領
再生計画策定手順…	中小企業再生支援協議会の支援による再生計画の策定手順
実務運用標準………	地域経済活性化支援機構の実務運用標準
ＲＣＣスキーム……	ＲＣＣ企業再生スキーム
規則…………………	経済産業省関係産業競争力強化法施行規則
会社更生法規則……	会社更生法施行規則
特定調停法…………	特定債務等の調整の促進のための特定調停に関する法律

条番号… １　２　３　　　項番号… ①　②　③　　　号番号… 一　二　三

11

第 I 章

整理方法の概要

SECTION 1
会社整理方法の類型

　会社の整理方法にはいくつかありますが，会社をたたむのか，あるいは会社を継続するかによって，清算型と再建型に分類することができます。これらはさらに裁判所の関与のもとで手続を行うか，裁判外で手続を行うかによって，法的整理と私的整理に分類することができます。

　法的整理では清算型に破産と特別清算手続があり，再建型には民事再生と会社更正があります。

　一方，私的整理には，清算型では会社を任意に解散して行う清算があり，再建型では，債務者と債権者との間で債権の減額や返済条件の緩和などを個別に同意を得て行う完全私的再建の他，「私的整理に関するガイドライン」など，制度化された方法を用いる準法的再建があります。

　なお，特定調停は債務者と債権者との個別の合意を目的とする制度であることから，私的整理に分類されることもありますが，手続の中で裁判所が関与することから，本書では法的整理に分類しました。

[　会社整理方法の類型　]

	法的整理	私的整理
清算型	破産 特別清算	任意清算
再建型	民事再生 会社更生 特定調停	①完全私的再建 ②準法的再建 ・私的整理に関するガイドライン ・整理回収機構（RCC） ・事業再生ADR ・中小企業再生支援協議会の支援 ・地域経済活性化支援機構の支援

SECTION 2
整理手続選択の着眼点

1　事業継続の可能性の有無

　整理手続を選択するためにまず，事業継続の可能性を検討します。
　会社には，従業員，取引先といった多くの利害関係者が存在します。会社が消滅すると従業員は職場を，取引先は得意先又は仕入先を失うことになってしまい，このような関係者に多大な迷惑をかける結果になってしまうため，経営者はできる限り清算を避けて再建を望む傾向があります。整理手続の選択にあたっては，まず事業継続の可能性を検討する必要があるのです。
　事業継続の可能性を判断するうえでポイントとなるのは，利害関係者の協力を得られるかどうかという点と，営業利益が黒字化できるかという点の２点です。利害関係者の協力を得られなければ事業継続は不可能であることは当然として，本業の利益である営業利益が恒常的に赤字であっては，整理手続によって一時的に資金繰りが回復したとしても，いずれまた破綻してしまうからです。
　検討の結果，再建の可能性があると判断されれば再建型手続を，再建の可能性がないと判断されれば清算型手続を選択することになります。

2　債権者の状況

　次に検討すべき点は債権者の状況です。具体的には債権者の多寡，非協力的債権者の多寡及び担保権者の協力の有無です。
　私的整理では清算型，再建型いずれの場合も，債権の減額や弁済期限の延長

には個々の債権者との個別の合意が必要になるため，債権者が多い場合には手続実行に大変な困難が伴います。さらに非協力的な債権者が多数いる場合，私的整理の実現は難しいと考えた方がよいでしょう。

　法的整理のうち再建型の手続では，債権者の定足数の賛成によって債権の減額等が決定されるので，全ての債権者と個別の合意をする必要はなく，大口債権者の協力が得られれば再建は通常可能です。

　ただし，民事再生の場合には再生手続に拘束されずに担保権の実行が可能ですから，重要な資産に担保が設定されている場合には，担保権者の協力が欠かせません。また，租税債権も再生手続に拘束されずに弁済が可能です。一方，会社更生の場合は更生手続開始とともに担保権の実行が制限されますので，担保権者の協力が得られないようであれば会社更生手続によらざるを得ず，租税債権が多額の場合も同様に会社更生手続によらざるを得ないでしょう。

3　その他

　会社更生と特別清算は株式会社しか利用することができないので，株式会社以外の法人は他の方法を選択せざるを得ません。なお，有限会社は会社法の施行により株式会社とされたので会社更生法を利用することができるようになりましたが，特別清算は適用除外とされました（会社法の施行に伴う関係法律の整備等に関する法律35）。

　法的再建手続には民事再生と会社更生がありますが，民事再生の場合，原則として旧経営陣はそのまま会社経営を行いながら再建を目指すのに対し，会社更生の場合，旧経営陣は退任し，管財人が代わって経営権を持つことになります。旧経営者の地位を維持したまま再建したいときには民事再生を選択することとなります。

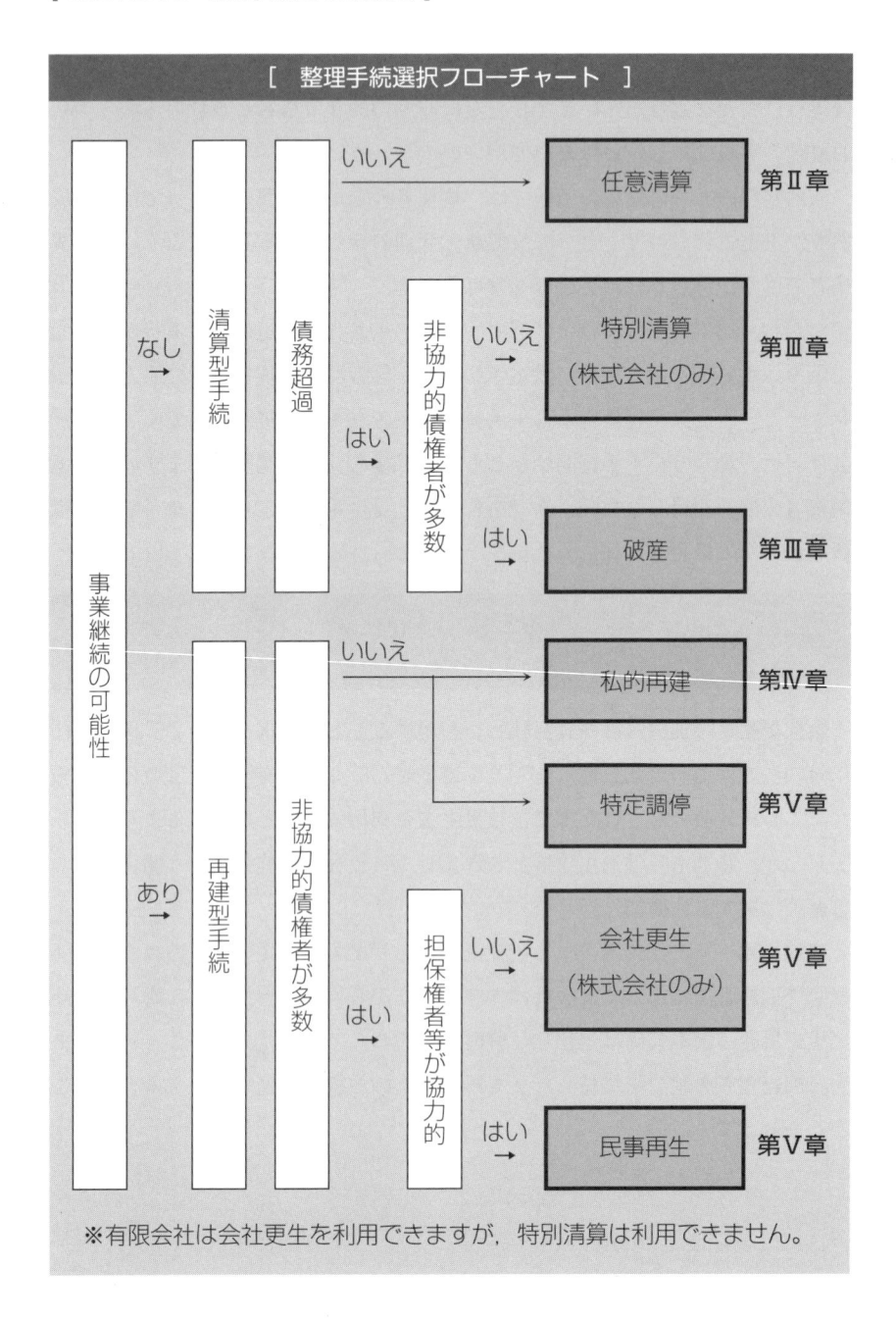

【 SECTION 2　整理手続選択の着眼点 】

[整理手続選択フローチャート]

```
                          いいえ
                      ┌─────────→ 任意清算          第Ⅱ章
                      │
                      │           いいえ
              清算型   債務      非協力的   ─────→ 特別清算         第Ⅲ章
         なし  手続    超過      債権者が              （株式会社のみ）
         →                     多数
                      │ はい
                      │           はい
                      │                   ─────→ 破産             第Ⅲ章
事業継続
の可能性
                          いいえ
                      ┌─────────→ 私的再建         第Ⅳ章
                      │
                      │                   ─────→ 特定調停         第Ⅴ章
              再建型   非協力的
         あり  手続    債権者が   担保権者    いいえ
         →            多数      等が協力的  ─────→ 会社更生         第Ⅴ章
                      │ はい                       （株式会社のみ）
                      │                   はい
                      │                   ─────→ 民事再生         第Ⅴ章
```

※有限会社は会社更生を利用できますが，特別清算は利用できません。

6

第Ⅱ章

清算——任意清算

SECTION 1

任意清算の概要

1 任意清算の位置付け

　任意清算は，会社整理方法のうち清算型の私的整理に位置付けられます（第Ⅰ章「会社整理方法の類型」参照）。私的に清算を行う任意清算においては，会社が破綻した場合だけでなく，戦略的な理由により会社を解散させることも考えられ，基本的な流れや手続を整理しておくことが必要です。

2 本章の構成

　本章は任意清算のそれぞれの時点や親会社・子会社間の取扱いについて，これらをいくつかのSection（「解散事業年度」「清算事業年度」「残余財産確定日の属する清算事業年度」「子会社の清算」等）に分け，その時点や親会社・子会社間における法務・税務等の内容及び注意事項などについて，解説をしていきます。

　以下の概要図が，本章の基本的な流れになります。

【 SECTION 1　任意清算の概要 】

	法務	税務	
解散事業年度	○従業員の整理解雇 ○取締役会 ○株主総会（解散決議，清算人選出，定款変更等）	○解散事業年度終了後，2ヶ月以内に税務申告	SECTION 2
清算事業年度	○清算業務開始 ○解散登記（解散の日から2週間以内） ○官報公告（2ヶ月以上）	○異動届出書の提出 ○清算事業年度終了後，2ヶ月以内に税務申告	SECTION 3
残余財産確定日の属する清算事業年度	○残余財産確定（分配） ○清算結了登記	○異動届出書の提出 ○残余財産確定日の属する清算事業年度終了後，1ヶ月以内に税務申告	SECTION 4

【 第Ⅱ章　清算——任意清算 】

SECTION 2

解散事業年度

1　解散法人の法務

(1)　従業員の整理解雇
①　整理解雇
　業績不振により解散を考えている会社においては，必要に応じて従業員を解雇する場合も考えられます。
　労働契約法では，解雇は客観的に合理的な理由を欠き，社会通念上相当であると認められない場合は，その権利を濫用したものとして，無効とされています（労契16）。
　また，期間の定めのある労働契約については，やむを得ない事由がある場合でなければ，その契約期間が満了するまでの間において，労働者を解雇することができません（労契17）。

②　整理解雇の4要件
　むやみな濫用を避けるため，過去の労働判例から確立された4つの要件が，整理解雇の原則的な基準になっています。このような基準に照らして整理解雇が有効かどうか厳しく判断されます。

【 SECTION 2　解散事業年度 】

区　分	内　容
❶ 人員削減の必要性	人員削減措置の実施が不況，経営不振などによる企業経営上の十分な必要性に基づいていること
❷ 解雇回避の努力	配置転換，希望退職者の募集など他の手段によって解雇回避のために努力したこと
❸ 人選の合理性	整理解雇の対象者を決める基準が客観的，合理的で，その運用も公正であること
❹ 解雇手続の妥当性	労働組合又は労働者に対して，解雇の必要性とその時期，規模・方法について納得を得るために説明を行うこと

③ **解雇予告等**

　労働基準法等では，労働者を解雇しようとする場合には，少なくとも30日前にその予告をしなければなりません。30日前に予告をしない使用者は，30日分以上の平均賃金を支払わなければなりません（天災事変その他やむを得ない事由のために事業の継続が不可能となった場合又は労働者の責に帰すべき事由に基づいて解雇する場合には，この限りではありません）。なお，予告の日数は，1日について平均賃金を支払った場合においては，その日数を短縮することができます（労基20）。

　ただし，解雇の予告の規定は，次の❶～❹に該当する労働者については適用しません（労基21）。

[　解雇の予告不要者　]

❶ 日日雇い入れられる者（日雇い労働者）
　（1ヶ月を超えて引き続き使用される者は適用されます）

❷ 2ヶ月以内の期間を定めて使用される者
　（2ヶ月を超えて引き続き使用される者は適用されます）

❸ 季節的業務に4ヶ月以内の期間を定めて使用される者
　（4ヶ月を超えて引き続き使用される者は適用されます）

❹ 試の使用期間中の者
　（14日を超えて引き続き使用される者は適用されます）

使用者は，労働者が，退職する場合において，使用期間，業務の種類，その事業における地位，賃金又は退職の事由（退職の事由が解雇の場合にあっては，その理由を含む）について証明書を請求した場合においては，遅滞なくこれを交付しなければなりません（労基22）。

 また，使用者は，労働者の死亡又は退職の場合において，権利者の請求があつた場合においては，7日以内に賃金を支払い，積立金，保証金，貯蓄金その他名称の如何を問わず，労働者の権利に属する金品を返還しなければなりません（労基23）。

(2) 会社の解散

 会社は，以下の事由により，任意又は強制的に解散します（会471，472，309②十一）。

[会社の解散事由]
❶ 定款で定めた存続期間の満了
❷ 定款で定めた解散の事由の発生
❸ 株主総会の決議（特別決議による）
❹ 合併（合併により当該株式会社が消滅する場合に限る）
❺ 破産手続開始の決定
❻ 会社の解散命令又は会社の解散の訴えの規定による解散を命ずる裁判
❼ 株式会社で登記が最後にあった日から12年を経過した一定の休眠会社

 なお上記表❶～❸までの規定により会社が解散した時は，2週間以内に，その本店の所在地において，解散の登記をしなければなりません（会926）。

 また，上記表❶～❸まで，又は❼の事由により，解散した場合には，清算が結了するまで（❼の場合は，解散したものとみなされた後3年以内に限ります），株主総会の決議（特別決議）によって，株式会社を継続することができます（会473）。

【 SECTION 2　解散事業年度 】

　この場合には2週間以内に，その本店の所在地において，継続の登記をしなければなりません（会927）。

(3)　株主総会の決議による解散

　解散事由❸に規定されているように，会社は株主総会の決議により，任意に解散が可能です。ただし，会社の解散は重要事項であるため，特別決議（原則，株主の議決権の過半数を有する株主が出席し，出席した株主の議決権の3分の2以上を要する決議。なお，この議決権の要件に加えて，定款により一定以上の株主の賛成を要する旨やその他の要件を定めることは可能です）によることになります（会309②十一）。

　株主総会では，解散する旨を決議するほか，必要に応じて，解散の日，清算人の選任，定款の変更等を決議します。

(4)　清算の準備

　解散した会社（❹の合併によって解散した場合及び❺の破産手続開始の決定により解散した場合であって当該破産手続が終了していない場合を除きます）は，清算業務を開始します（会475）（以下「清算株式会社」）。

　清算株式会社は，通常の経営・営業活動を行っていた場合の業務と異なるため，清算業務を行うにあたっては，新たな機関設計を行う必要があります。

　なお，清算株式会社は清算の目的の範囲内において，清算が結了するまではなお存続するものとみなされます（会476）。

【 第Ⅱ章 清算——任意清算 】

(5) 清算株式会社の機関設計（会477）

会社法では，清算株式会社については，以下のような機関が必要になります。

[必要機関等]

区　分	強　制	任意（定款の定め）
公開会社（注）又は大会社（注）	清算人（1名又は2名以上）監査役	・清算人会（清算人3名以上，監査役会を置く場合は強制） ・監査役会（監査役2名以上）
上記以外	清算人（1名又は2名以上）	・清算人会（清算人3名以上，監査役会を置く場合は強制） ・監査役又は監査役会（監査役2名以上）

(注)
1　公開会社…その発行する全部又は一部の株式の内容として譲渡による当該株式の取得について株式会社の承認を要する旨の定款の定めを設けていない株式会社（会2①五）。
2　大会社…資本金が5億円以上，又は負債が200億円以上の株式会社（会2①六）。

なお，清算株式会社は，会計参与や会計監査人を置くことはできません（会477）。

解散を検討する場合には，必要機関を確認後，清算人に誰を選定するのか（最低1名は必要）。3名以上選任する場合は，清算人会を設置するのか，監査役を選定するのか，選定する場合は何名かなど，清算業務が円滑に進むように事前に機関設計をしておく必要があります。

清算株式会社に移行し，新たな機関設計等を行うため，定款の変更が必要になることがあります。例えば監査役設置を定めていた大会社以外の非公開会社は，清算株式会社への移行に伴う新たな機関設計により監査役が不要であれば，解散時の株主総会で監査役の設置を廃止するなど，適切に定款を変更します。

【 SECTION 2　解散事業年度 】

2　解散法人の税務

　解散の日の属する事業年度（以下「解散事業年度」）は，通常の事業年度と税務計算上異なる部分があります。また，解散事業年度自体も，1年未満の場合が多いため注意が必要です。

(1)　基本的事項

①　解散の日

　解散の日は，通達により以下のように定められています(法基通1－2－4)。

区　　　分	解散の日
株主総会等において解散の日を定めたとき	その定めた日
解散の日を定めなかったとき	解散の決議の日
解散事由の発生により解散した場合	当該事由発生の日

②　みなし事業年度　(法法14①一，二)

　事業年度開始の日から解散の日までの期間が解散事業年度とみなされ，解散の日の翌日から清算事業年度が開始します。

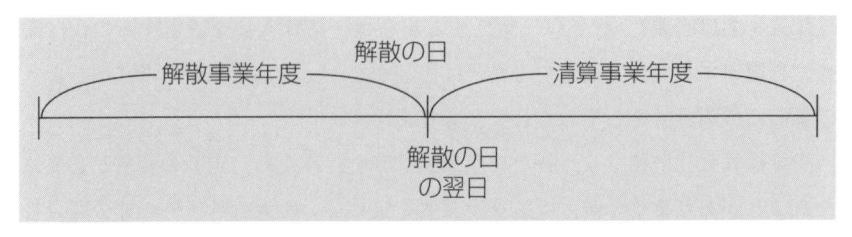

```
←―― 解散事業年度 ――→ 解散の日 ←―― 清算事業年度 ――→
                    解散の日
                    の翌日
```

区　　　分	みなし事業年度
事業年度の中途において解散（合併による解散を除く）をした場合	その事業年度開始の日から解散の日までの期間（解散事業年度）及び解散の日の翌日からその事業年度終了の日までの期間（清算事業年度）
法人が事業年度の中途において合併により解散した場合	その事業年度開始の日から合併の日の前日までの期間

③ 確定申告

【申告期限】（法法74，77）

　内国法人は，解散事業年度終了の日の翌日から原則2月以内に，税務署長に対し，確定した決算に基づき申告書を提出し，当該申告書の提出期限までに，その申告書に記載された法人税を国に納付しなければなりません。

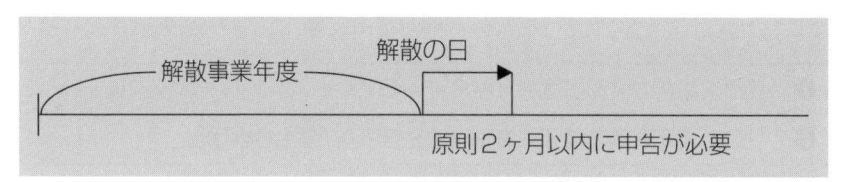

```
           ┌─── 解散事業年度 ───┐  解散の日
                                    ├──────→
                                    └─ 原則2ヶ月以内に申告が必要
```

　なお，確定申告書の提出期限の延長の特例も適用できます（法法75の2）。

【申告書類】（計算書類の添付（法法74③，法規35））

　確定申告の申告書には当該事業年度の貸借対照表，損益計算書等を添付しなければならないこととされています。会社法では，清算人等が就任後遅滞なく作成する財産目録に基づき，処分価格により貸借対照表が作成されます（会規144，145）。

　したがって，税務申告上作成される貸借対照表と，会社法上作成される貸借対照表は，原則として異なる価額が計上されるため，税務申告上の貸借対照表は，会社法上の貸借対照表とは別に作成する必要があります。

区　分	貸借対照表のベースとなる金額	提出先
会社法	処分価格	株主総会等
税務申告	取得価額	税務署等

④ 関係機関への届出書の提出

　事業年度等の変更や代表者の変更，事業目的の変更など，会社に異動等があった場合には異動後速やかに「異動届出書」を提出することになっています（法法15，20，法令18）。

　解散が行われた場合，「異動届出書」に解散が行われた旨を記載し，解散登記が完了した登記事項証明書を添付して税務署や地方自治体等の関係機関に提

【 SECTION 2　解散事業年度 】

出します。

⑤　みなし事業年度が1年未満の場合の注意点

　解散事業年度は，解散の日までが1事業年度とみなされることから，事業年度が1年未満となるケースが多いと考えられます。事業年度が1年未満の場合には，以下の規定について調整が必要となります。具体的計算式等は後述します。

- ❶　減価償却費の償却限度額（耐令4，5）
- ❷　一定の繰延資産の償却限度額（法法32①，法令64①）
- ❸　交際費の損金算入限度額（措法61の4）
- ❹　一般寄附金の損金算入限度額（法法37①，法令73）
- ❺　中小法人の軽減税率適用所得金額（法法66，措法42の3の2）
- ❻　特定同族会社の特別税率（留保金課税）（法法67①，⑥）
- ❼　法人住民税均等割額（地法52①，③）
- ❽　外形標準課税における資本割の課税標準の算定方法（地法72の21②）

(2)　税務計算

①　減価償却（有形固定資産）

【普通償却】

　事業年度が1年未満の場合には，償却率の調整が必要となります（耐令4②，5②）。

　なお，月数は，暦に従って計算し，1月に満たない端数を生じたときは，これを1月とします。

　定額法の償却率又は定率法の償却率は，当該減価償却資産の耐用年数に対応する定額法の償却率又は定率法の償却率に当該事業年度の月数を乗じてこれを12で除します（耐令5②）。

【事例】

平成24年4月1日以後に取得した場合を考えます。

解散事業年度の期間（3ヶ月），定率法，耐用年数：10年

　　　　（耐用年数：10年，償却率：0.200）の場合

適用償却率：$\dfrac{0.200 \times 3ヶ月}{12} = 0.05$

　旧定額法の償却率は，当該減価償却資産の耐用年数に対応する旧定額法の償却率に当該事業年度の月数を乗じてこれを12で除したものにより，旧定率法の償却率は，当該減価償却資産の耐用年数に12を乗じてこれを当該事業年度の月数で除して得た耐用年数に対応する同表に定める旧定率法の償却率を使います（耐令4②）。

【事例】

平成19年3月31日以前に取得した場合を考えます。

解散事業年度の期間（3ヶ月），旧定率法，耐用年数：10年

　　　　（耐用年数：10年，償却率：0.206）

　　　　（耐用年数：40年，償却率：0.056）の場合

適用償却率：$\dfrac{10年 \times 12}{3ヶ月} = 40年 \rightarrow 0.056$

【特別償却】

　解散事業年度において，適用できない特別償却のうち，主なものは以下のとおりです（合併により解散を行う場合は適用可能です）。

・エネルギー環境負荷低減推進設備等を取得した場合の特別償却（措法42の5）
・中小企業者等が機械等を取得した場合の特別償却（措法42の6）
・国内の設備投資額が増加した場合の機械等の特別償却（措法42の12の2）
・特定中小企業者等が経営改善設備を取得した場合の特別償却（措法42の12

【 SECTION 2　解散事業年度 】

の3）

② **繰延資産償却**（法法32①，法令64①）

事業年度が1年未満の場合には，償却限度額の調整が必要となります。

なお，月数は，暦に従って計算し，1月に満たない端数を生じたときは，これを1月とします。

(一定の繰延資産の償却限度額計算式)

$$\frac{繰延資産の額}{その繰延資産の費用の支出の効果の及ぶ期間の月数} \times 当該事業年度の月数$$

③ **交 際 費**（措法61の4）

事業年度が1年未満の場合には，定額控除限度額の調整が必要となります。

なお，月数は，暦に従って計算し，1月に満たない端数を生じたときは，これを1月とします。

(交際費の損金算入限度額計算における定額控除限度額計算式)

$$\frac{800万円 \times 当該事業年度の月数}{12}$$

④ **寄 附 金**（法法37①，法令73）

事業年度が1年未満の場合には，損金算入限度額の調整が必要となります。

なお，月数は，暦に従って計算し，1月に満たない端数を生じたときは，これを切り捨てます。

(一般寄附金の損金算入限度額計算式)

$$\left\{ \left(\frac{資本金等の額}{12} \times 当該事業年度の月数 \times \frac{2.5}{1,000} \right) + \left(当該事業年度の所得金額 \times \frac{2.5}{100} \right) \right\} \times \frac{1}{4}$$

⑤ 役員給与等及び役員退職金

　役員給与（賞与）等については，解散事業年度においても，役員給与の損金不算入（法法34①）の規定や過大な使用人給与の損金不算入（法法36）の規定は，通常事業年度どおり適用されます。

　役員退職金については，清算人に就任した取締役に退職金を支給する場合，実質的に退職したと同様の事情にあると認められ（法基通9－2－32），解散事業年度において役員退職金の打切り支給が認められます。

　役員退職金の損金算入時期は，原則，株主総会の決議等によりその額が具体的に確定した日の属する事業年度である（法基通9－2－28）ため，解散事業年度で損金計上するためには，解散株主総会での退職金支給の決議をする必要があります。

　なお，過大役員退職金の損金不算入（法法34②，法令70）の規定は，通常事業年度どおり適用されます。

⑥ 引当金

　貸倒引当金（法法52）や返品調整引当金（法法53）などの法人税法上の引当金の規定は，適用可能です。

⑦ 準備金

　租税特別措置法の準備金（措法55～57の8，措法58）の規定は解散事業年度では適用できません。

　なお，解散した場合（合併により解散した場合を除きます）には，解散の日における準備金の金額に相当する金額は，解散事業年度の所得の金額の計算上，益金の額に算入します。

⑧ 圧縮記帳及び圧縮特別勘定

　法人税法及び租税特別措置法に定める圧縮記帳の適用は認められます。

　ただし，次の圧縮特別勘定の計上は認められません。

　・国庫補助金等に係る特別勘定の金額の損金算入（法法43，法令81）
　・保険差益等に係る特別勘定の金額の損金算入（法法48，法令90）
　・収用等に伴い特別勘定を設けた場合の課税の特例（措法64の2）

【 SECTION 2　解散事業年度 】

・特定の資産の譲渡に伴い特別勘定を設けた場合の課税の特例（措法65の8）

　特別勘定を設けている法人が指定期間内に解散した場合（合併により解散した場合を除きます）に，特別勘定の金額を有しているときは，解散事業年度の所得の金額の計算上，益金の額に算入します。

⑨　所得の特別控除

　収用換地等の場合の所得の特別控除（措法65の2），特定土地区画整理事業等のために土地等を譲渡した場合の所得の特別控除（措法65の3）等の特別控除の規定については，解散事業年度においても適用が認められます。

⑩　受取配当等の益金不算入（法法23）

　受取配当等の益金不算入の規定は通常事業年度どおり適用されます。

⑪　税　　率（法法66，措法42の3の2）

　各事業年度の所得に対する法人税の税率と同様になります。

　ただし，事業年度が1年未満となる場合には中小法人の軽減税率の適用について，一定の調整が必要となります。

　なお，月数は，暦に従って計算し，1月に満たない端数を生じたときは，これを1月とします。

（中小法人の軽減税率適用所得金額）

$$\frac{800万円}{12} \times 当該事業年度の月数$$

⑫　税額控除

【適用されるもの】

　所得税額の控除（法法68），外国税額の控除（法法69），仮装経理に基づく過大申告の場合の更正に伴う法人税額の控除（法法70）は，適用できます。

　詳しくは▶「第Ⅵ章　清算税務の基礎知識」の「5　仮装経理に基づく過大申告の場合の更正」

【適用できないもの】

　解散事業年度において，適用できない税額控除のうち，主なものは以下のとおりですが，合併により解散を行う場合は適用が可能です。

・試験研究を行った場合の法人税額の特別控除（措法42の4）
・試験研究を行った場合の法人税額の特別控除の特例（措法42の4の2）
・エネルギー環境負荷低減推進設備等を取得した場合の法人税額の特別控除（措法42の5）
・中小企業者等が機械等を取得した場合の法人税額の特別控除（措法42の6）
・雇用者の数が増加した場合の法人税額の特別控除（措法42の12）
・国内の設備投資額が増加した場合の法人税額の特別控除（措法42の12の2）
・特定中小企業者等が経営改善設備を取得した場合の法人税額の特別控除（措法42の12の3）
・雇用者給与等支給額が増加した場合の法人税額の特別控除（措法42の12の4）

⑬　特別税額

　以下の両規定は，解散事業年度においても適用があります。

【特定同族会社に対する留保金課税】

　一定の法人について，各事業年度の留保金額が留保控除額を超える場合には一定の計算式で計算した金額を通常の法人税額に加算します（法法67①，⑥，⑦）。

【使途秘匿金の支出がある場合の課税の特例】

　当該使途秘匿金の額に100分の40の割合を乗じて計算した金額を通常の法人税額に加算します（措法62）。

　ただし，特定同族会社に対する留保金課税の規定は，事業年度が1年未満の場合には，一定の調整計算が必要になります（月数は，暦に従って計算し，1月に満たない端数を生じたときは，これを1月とします）。

【 SECTION 2　解散事業年度 】

> （事業年度が１年未満の場合の調整計算）
> 【留保金額の税率区分】
> 年３千万円以下の金額→ $\dfrac{3千万円}{12}$ ×当該事業年度の月数
>
> 年１億円以下の金額→ $\dfrac{1億円}{12}$ ×当該事業年度の月数
>
> 【留保控除額の計算】
> ２千万円→ $\dfrac{2千万円}{12}$ ×当該事業年度の月数

⑭　復興特別法人税・復興特別所得税

　復興特別法人税（財源確保法40）及び復興特別所得税の控除（財源確保法49）は，通常事業年度と同様の期間で適用があります。

> （復興特別法人税の計算）
> 　　　　基準法人税×10％（財源確保法44，48）

　なお，事業年度が１年未満の場合には一定の調整が必要です。

　復興特別所得税は，適用期間は平成25年１月１日〜平成49年12月31日までの間に授受される利子配当等が対象になります（財源確保法８，９）。納付した復興特別所得税は，復興特別法人税から控除します。復興特別法人税から控除しきれない場合には申告により還付されます（財源確保法56）。

⑮　欠損金の繰越控除

　青色申告書を提出した事業年度の欠損金の繰越し（法法57）及び青色申告書を提出しなかった事業年度の災害による欠損金の繰越し（法法58）（以下「欠損金額」）の控除は，解散事業年度においても適用可能です。

　解散事業年度開始の日前９年以内に開始した事業年度（平成20年４月１日以後終了事業年度分）において生じた欠損金額（既に損金算入されたもの等一定のものを除きます）は損金の額に算入します。

【第Ⅱ章　清算──任意清算】

ただし，中小法人以外は当該事業年度の所得金額の100分の80相当額が限度（平成24年4月1日以後開始事業年度）となります。

（注）
1　開始の日前9年以内に開始した事業年度
→　平成20年4月1日前終了事業年度分の欠損金額は7年間の繰越しになります（平成23年12月改正法附則14①）（下図参照）。

【3月決算法人の場合】

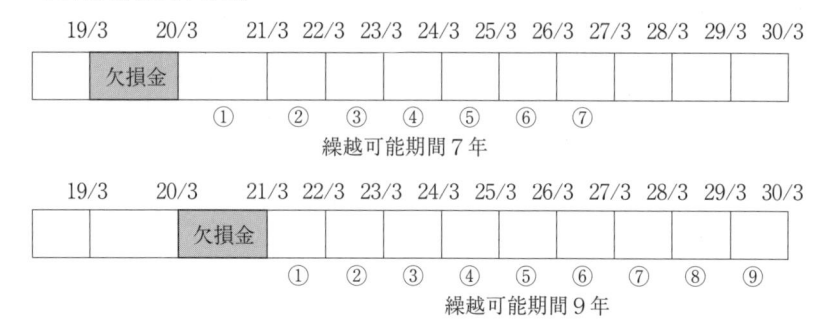

	19/3	20/3	21/3	22/3	23/3	24/3	25/3	26/3	27/3	28/3	29/3	30/3
		欠損金	①	②	③	④	⑤	⑥	⑦			

繰越可能期間7年

	19/3	20/3	21/3	22/3	23/3	24/3	25/3	26/3	27/3	28/3	29/3	30/3
			欠損金	①	②	③	④	⑤	⑥	⑦	⑧	⑨

繰越可能期間9年

2　中小法人とは，普通法人のうち，資本金の額若しくは出資金の額が1億円以下であるもの（資本金の額が5億円以上の法人による完全支配関係がある法人等を除きます）等をいいます。

詳しくは▶「第Ⅵ章　清算税務の基礎知識」の「3　繰越欠損金の損金算入」

⑯　**欠損金の繰戻還付制度**（法法80①，措法66の13①）

欠損事業年度開始の日前1年以内に開始したいずれかの一定の事業年度の所得に対する法人税の額に，還付所得事業年度の所得の金額のうちに占める欠損事業年度の欠損金額（他に還付を受ける金額の計算の基礎とするものを除きます）に相当する金額の割合を乗じて計算した金額に相当する法人税の還付を請求することができる制度です。

平成28年3月31日までの通常事業年度においては，欠損金の繰戻還付制度の適用が可能な法人は，中小企業者等（普通法人のうち，当該事業年度終了の時において資本金の額若しくは出資金の額が1億円以下であるもの等）に限られていますが，解散事業年度は中小企業者等に限られていません。

詳しくは▶「第Ⅵ章　清算税務の基礎知識」の「4　欠損金の繰戻還付制度」

【 SECTION 2　解散事業年度 】

区　　分	還付請求可能な事業年度（還付所得事業年度）	適用対象法人
通常事業年度	・欠損事業年度の1年前の事業年度（当期：欠損事業年度，前期：還付所得事業年度）	中小企業者等
解散事業年度	・解散事業年度の1年前の事業年度（当期：欠損事業年度，前期：還付所得事業年度） ・解散事業年度の前事業年度（欠損事業年度）の1年前の事業年度（前期：欠損事業年度，前々期：還付所得事業年度） 【その他の要件】 ・「欠損金の繰戻しによる還付請求書」の提出期限は，解散の日から1年以内となります。 ・還付所得事業年度から欠損事業年度までの各事業年度について連続して青色申告書である確定申告書を提出している必要があります。	内国法人

　地方税（事業税，地方法人特別税，都道府県民税及び市町村民税）には欠損金の繰戻還付制度はありません。

⑰　地方税の取扱い

【法人住民税均等割額】（地法52①，③）

　事業年度が1年未満となる場合には法人住民税の均等割額について，一定の調整が必要となります。

　なお，月数は，暦に従って計算し，1月に満たないときは1月とし，1月に満たない端数を生じたときは切り捨てます。

(法人住民税均等割額計算)
$$\frac{当該均等割の額×事務所等を有していた月数}{12}$$

【外形標準課税（資本割）】

　事業年度が1年未満となる場合には資本割の課税標準の算定時，資本金等の額は，一定の調整が必要となります（地法72の21②）。

　なお，月数は，暦に従って計算し，1月に満たないときは1月とし，1月に

満たない端数を生じたときは切り捨てます。

(外形標準課税における資本割の課税標準の算定計算)
$$\frac{当該資本金等の額 \times 当該事業年度の月数}{12}$$

⑱ 消費税

解散事業年度も通常事業年度と同様，消費税の申告納税の義務があります。

なお，課税期間は原則として法人税法上のみなし事業年度と同じ期間になります。

区　　分	内　　容
課税期間（消法2①十三,19①二）	課税期間の特例の適用を受けていない場合には，法人税法上の事業年度と同様になります。
申告期限（消法45①）	課税期間の末日の翌日から2月以内に申告書を税務署長に提出しなければなりません。 なお，法人税のような申告期限の延長制度はありません。
基準期間（消法2①十四）	前々事業年度（前々事業年度が1年未満である法人については，その事業年度開始の日の2年前の日の前日から同日以後1年を経過する日までの間に開始した各事業年度を合わせた期間）をいいます。
基準期間が1年でない場合の課税売上高（消法9②二）	基準期間の課税売上高 $= \dfrac{その基準期間の課税売上高}{その基準期間の月数の合計数} \times 12$

3　法人株主の税務

(1)　株式評価損の計上

①　概　要

法人の有する有価証券の価額が著しく低下したことなどの事実が生じた場合において，その法人がその有価証券の評価替えをして損金経理によりその帳簿価額を減額したときは評価替えをした日の属する事業年度の損金の額に算入し

【 SECTION 2　解散事業年度 】

ます（法法33②）。

　帳簿価額の概ね50％相当額を下回ることが，上場有価証券等，上場有価証券等以外の有価証券を問わず，いずれの有価証券も評価損の計上の条件となります（法基通9－1－7，9－1－9）。

②　計上基準

　次の表に掲げられている場合には，原則として，帳簿価額と時価との差額など一定の金額を限度として評価損の計上が認められます。

　したがって，下記表の内容に該当するか検討し，評価損の損金算入が可能かどうかを判断する必要があります。

❶　取引所売買有価証券，店頭売買有価証券，取扱有価証券及びその他価格公表有価証券（いずれも企業支配株式に該当するものを除きます）について，その価額が著しく低下したことにより，その価額が帳簿価額を下回ることとなったこと

❷　上記❶以外の有価証券について，その有価証券を発行する法人の資産状態が著しく悪化したため，その価額が著しく低下したことにより，その価額が帳簿価額を下回ることとなったこと

❸　上記❷に準ずる特別の事実

（注）
1　「有価証券の価額が著しく低下したこと」とは，当該有価証券の当該事業年度終了の時における価額がその時の帳簿価額の概ね50％相当額を下回ることとなり，かつ，近い将来その価額の回復が見込まれないことをいいます。
2　「有価証券を発行する法人の資産状態が著しく悪化したこと」とは当該事業年度終了の日における当該有価証券の発行法人の1株当たりの純資産価額が当該有価証券を取得した時の当該発行法人の1株当たりの純資産価額に比して概ね50％以上下回ることとなったことをいいます。

【 第Ⅱ章　清算──任意清算 】

4　債権者の税務

(1)　法人債権者
①　貸倒引当金の設定（法法52）

　貸倒引当金の繰入については，普通法人のうち資本金の額若しくは出資金の額が1億円以下であるもの（大法人による完全支配がある法人を除きます）等，一定の法人に限られています。

　繰入限度額の計算については，以下の2種類の計算方法があります。

詳しくは▶「第Ⅵ章　清算税務の基礎知識」の「7　貸倒引当金」

【個別評価金銭債権に係る貸倒引当金】

　解散をした法人に対して保有している金銭債権について，次の表に該当する場合には，一定額を限度として，貸倒引当金の繰入額について損金算入が可能です。

区　　分	貸倒引当金計上可能事由
債務者の債務超過状態の継続による場合（法令96①二）	・債務超過状態継続の場合
更生手続開始の申立て等による場合（法令96①三）	・手形交換所による取引停止処分 ・電子債権記録機関（一定の要件を満たすものに限る）による取引停止処分

【一括評価金銭債権に係る貸倒引当金】

　その法人が有する売掛金，貸付金等の金銭債権を全体的に一括（合計）して，金銭債権の総額にその法人の貸倒実績率等を乗ずる方法により損失の見込み額を計算し，貸倒引当金の繰入限度額を算定します。

②　貸倒損失（法法22③三）

　法人が金銭債権を有する場合で，その金銭債権が回収できないときには，その債権者である法人は回収できない金額を貸倒損失として損金の額に算入します。

【 SECTION 2　解散事業年度 】

　相手先が解散をした場合においても，通常事業年度と同様，個々の債権について，基本通達に基づき回収の有無を判断することになります。

詳しくは▶「第Ⅵ章　清算税務の基礎知識」の「6　貸倒損失」

区　　分	貸倒損失計上可能事由
金銭債権の全部又は一部の切捨てをした場合の貸倒れ（法基通9－6－1）	債務者の債務超過の状態が相当期間継続し，その金銭債権の弁済を受けることができないと認められる場合において，その債務者に対し書面により債務免除額を明らかにした場合
回収不能の金銭債権の貸倒れ（法基通9－6－2）	法人の有する金銭債権につき，その債務者の資産状況，支払能力等からみてその全額が回収できないことが明らかになった場合には，その明らかになった事業年度において貸倒れとして損金経理をすることができます（当該金銭債権について担保物があるときは，その担保物を処分する必要があります）。 なお，保証債務は，現実にこれを履行した後でなければ貸倒れの対象にすることはできません。
一定期間取引停止後弁済がない場合等の貸倒れ（法基通9－6－3）	債務者について次に掲げる事実が発生した場合には，その債務者に対して有する売掛債権について法人が当該売掛債権の額から備忘価額を控除した残額を貸倒れとして損金経理をしたとき 　イ　債務者との取引を停止した時（最後の弁済期又は最後の弁済の時が当該停止をした時以後である場合には，これらのうち最も遅い時）以後1年以上経過した場合（当該売掛債権について担保物のある場合を除きます） 　ロ　法人が同一地域の債務者について有する当該売掛債権の総額がその取立てのために要する旅費その他の費用に満たない場合において，当該債務者に対し支払を督促したにもかかわらず弁済がないとき 　（注）　イの取引の停止は，不動産取引のようにたまたま取引を行った債務者に対して有する当該取引に係る売掛債権については，この取扱いの適用はありません。

(2) 個人債権者
① 営業債権の貸倒引当金設定
　営業上の債権に対する貸倒引当金の設定については，法人の場合の設定判断と同様になります。
② 営業債権の貸倒損失
　営業上の債権に対する貸倒損失処理については，法人の場合の損失処理判断と同様になります。
③ 相続税との関係
　貸付金債権等の相続税評価額は，元本の価額と利息の価額との合計額によって評価します（評基通204）。

　ただし，貸付金債権等の評価を行う場合において，その債権金額の全部又は一部が，課税時期において手形交換所（これに準ずる機関を含みます）において取引停止処分を受けたとき，会社更生手続の開始の決定があったときなど，その回収が不可能又は著しく困難であると見込まれるときにおいては，それらの金額は元本の価額に算入しません（評基通205）。

SECTION 3

清算事業年度

1 清算株式会社の法務

　清算事業を行うために，選定された清算人等について，会社法では以下の規定を設け，清算人等のなすべきことや損害が発生した際の責任範囲を規定しています。

(1) 清算人の就任・解任，監査役の退任
　清算人の就任については，次に掲げる者が清算株式会社の清算人となります（会478，会928）。
　① 取締役（②，③以外の場合）（法定清算人）
　② 定款で定める者
　③ 株主総会の決議によって選任された者
　④ 裁判所によって選任された者

　一般的には「③ 株主総会によって選任された者」による場合が多いと思われます。また，①～③により清算人となったときは，2週間以内に登記が必要です。

　会社法には，清算人の任期に関する規定はありません。ただし，裁判所が選任した清算人以外はいつでも株主総会の決議により解任できます（会479）。

　清算株式会社は，監査役の任期の定めもありませんので，辞任又は監査役を置く旨の定款の定めを廃止する定款の変更などにより退任することになります（会480）。

(2) 清算人の職務及び業務執行等

清算人は以下の職務を行います（会481）。

① 現務の結了
② 債権の取立て及び債務の弁済
③ 残余財産の分配

この現務の結了とは，現に取り扱っている事務，例えば，取引先との契約や，従業員との労務契約の解消などが考えられます。

清算人が業務を執行しますが，清算人が2名以上の場合は過半数（定款に別段の定めがある場合は定款が優先）をもって決定します（会482）。

清算人が，清算株式会社を代表することになりますが，他に代表清算人等を定めている場合はこの限りでありません（会483）。なお，清算人がその任務を怠ったときは，清算株式会社に対し，これによって生じた損害を賠償する責任を負います（会486）。さらに，清算人がその職務を行うについて悪意又は重大な過失があったときは，これによって第三者に生じた損害を賠償する責任を負います（会487）。

清算人又は監査役が清算株式会社又は第三者に生じた損害を賠償する責任を負う場合において，他の清算人又は監査役も当該損害を賠償する責任を負うときは，これらの者は，連帯債務者とします（会488）。

取締役，代表取締役に関する一定の規定は，それぞれ清算人，代表清算人に関する規定として清算人，代表清算人に適用があります。

(3) 清算人会の職務及び業務執行等

清算人会は以下の職務を行います（会489）。

① 清算人会設置会社の業務執行の決定
② 清算人の職務の執行の監督
③ 代表清算人の選定及び解職

清算人会は，清算人の中から代表清算人を選定しなければなりませんが，他に代表清算人があるときは，この限りではありません（会489）。

【 SECTION 3　清算事業年度 】

　清算人会は，その選定した代表清算人等を解職することができます（裁判所が代表清算人を定めたときは，清算人会は，代表清算人を選定し，又は解職することができません）（会489）。
　清算人会は，次に掲げる事項その他の重要な業務執行の決定を清算人に委任することができません（会489）。
① 　重要な財産の処分及び譲受け
② 　多額の借財
③ 　支配人その他の重要な使用人の選任及び解任
④ 　支店その他の重要な組織の設置，変更及び廃止
⑤ 　社債を引き受ける者の募集に関する重要な事項など
⑥ 　清算人の職務の執行が法令及び定款に適合することを確保するための体制などの整備

次に掲げる清算人は，清算人会設置会社の業務を執行します（会489）。
① 　代表清算人
② 　代表清算人以外の清算人であって，清算人会の決議によって清算人会設置会社の業務を執行する清算人として選定されたもの

　清算人会は，各清算人が招集しますが，清算人会を招集する清算人を定款又は清算人会で定めたときは，その清算人が招集します（会490）。
　清算人会設置会社（監査役設置会社を除きます）の株主は，清算人が清算人会設置会社の目的の範囲外の行為その他法令若しくは定款に違反する行為をし，又はこれらの行為をするおそれがあると認めるときは，清算人会の招集を請求することができます。請求を行った株主は，清算人会に出席し意見を述べることができます（会490）。
　清算人会の決議は，議決に加わることができる清算人の過半数（これを上回る割合を定款で定めた場合にあっては，その割合以上）が出席し，その過半数（これを上回る割合を定款で定めた場合にあっては，その割合以上）をもって行います。この場合，特別の利害関係を有する清算人は，議決に加わることができません（会490）。

清算人会の議事については，一定の議事録を作成し，議事録が書面をもって作成されているときは，出席した清算人及び監査役は，これに署名し，又は記名押印しなければなりません（会490）。

　清算人会設置会社は，清算人会の日（清算人会の決議があったものとみなされた日を含みます）から10年間，議事録等をその本店に備え置かなければなりません（会490）。

　取締役会，取締役会設置会社に関する一定の規定は，それぞれ清算人会，清算人会設置会社に関する規定として清算人会，清算人会設置会社に適用があります。

(4) 財産目録等

　清算人等は，その就任後遅滞なく，清算株式会社の財産の現況を調査し，清算の開始日における財産目録及び貸借対照表（以下「財産目録等」）を作成しなければなりません（清算人会設置会社においては，財産目録等は，清算人会の承認を受けなければなりません）（会492）。

　なお，この財産目録に計上すべき財産については，その処分価格を付すことが困難な場合を除いて，清算の開始原因に該当することとなった日における処分価格を付さなければなりません（清算株式会社の会計帳簿については，財産目録に付された価格を取得価額とみなします）（会規144）。

　清算人は，この財産目録等（清算人会設置会社においては，清算人会の承認を受けたもの）を株主総会に提出し，又は提供し，その承認を受けなければなりません（会492）。

　清算株式会社は，財産目録等を作成した時からその本店の所在地における清算結了の登記の時までの間，当該財産目録等を保存しなければなりません（会492）。

　清算株式会社は，財産目録に基づき，各清算事務年度（解散事由に該当した日の翌日又はその後毎年その日に応当する日（応当する日がない場合にあっては，その前日）から始まる各1年の期間をいいます）に係る貸借対照表及び事

【 SECTION 3　清算事業年度 】

務報告並びにこれらの附属明細書を作成しなければなりません（会494，会規145）。

　清算株式会社は，貸借対照表を作成した時からその本店の所在地における清算結了の登記の時までの間，当該貸借対照表及びその附属明細書を保存しなければなりません（会494）。

　監査役設置会社（監査役の監査の範囲を会計に関するものに限定する旨の定款の定めがある株式会社を含みます）においては，貸借対照表及び事務報告並びにこれらの附属明細書は，監査役の監査を受けなければなりません（会495）。

　清算人会設置会社においては，貸借対照表及び事務報告並びにこれらの附属明細書（監査役設置会社においては，監査役の監査を受けたもの）は，清算人会の承認を受けなければなりません（会495）。

　清算株式会社においては，清算人は，一定の貸借対照表及び事務報告を定時株主総会に提出し，又は提供し，定時株主総会の承認を受けなければなりません。また，清算人は，事務報告の内容を定時株主総会に報告しなければなりません（会497）。

(5)　債務の弁済等

　清算株式会社は，清算の開始原因に該当することとなった後，遅滞なく，当該清算株式会社の債権者に対し，一定の期間内にその債権を申し出るべき旨を官報に公告（官報公告）し，かつ，知れている債権者には，各別にこれを催告しなければなりません。ただし，当該期間は，2ヶ月を下ることができません（公告には，当該債権者が当該期間内に申出をしないときは清算から除斥される旨を付記しなければなりません）（会499）。

　清算株式会社は，債権者に対する公告の期間内は，債務の弁済をすることができません。この場合において，清算株式会社は，その債務の不履行によって生じた責任を免れることができません（会500）。ただし，債権者に対する公告の期間内であっても，裁判所の許可を得て，少額の債権，清算株式会社の財産につき存する担保権によって担保される債権その他これを弁済しても他の債権

者を害するおそれがない債権に係る債務について，その弁済をすることができます（会500）。

清算株式会社は，当該清算株式会社の債務を弁済した後でなければ，その財産を株主に分配することができません（会502）。なお，清算株式会社の債権者（知れている債権者を除きます）であって債権者に対する公告の期間内にその債権の申出をしなかったものは，清算から除斥されます（会503）。

2　清算株式会社の税務

清算事業年度は，基本的には営業活動を行わず，清算業務に特化して業務を行います。よって，清算事業年度では，通常の事業年度や解散事業年度とは税務計算上異なる部分が多くあります。

(1)　基本的事項
①　清算事業年度の所得計算

清算所得課税が廃止され，平成22年10月1日以後に解散が行われる場合には，清算中の内国法人である普通法人又は協同組合等について，通常所得課税が行われることとされました。

区　分	計　算　方　法	適用日
清算所得課税 （財産課税方式）	残余財産の価額 －（解散時の資本金等の額＋解散時の利益積立金額）	平成22年 9月30日 以前に解散
通常所得課税 （損益課税方式）	益金の額－損金の額	平成22年 10月1日 以後に解散

②　清算事業年度（法法14①，法基通1－2－9，会494①）

解散の日の翌日から清算事業年度が開始します。清算事業年度は，当該株式会社等が定款で定めた事業年度にかかわらず，会社法第494条第1項《貸借対照表等の作成及び保存》に規定する清算事務年度になります（法基通1－2－

【 SECTION 3　清算事業年度 】

9）。

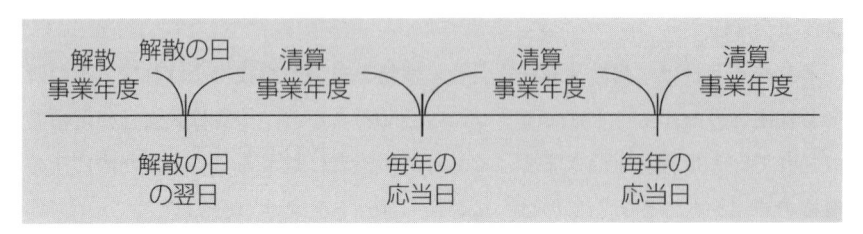

清算株式会社は，各清算事務年度（解散事由に該当した日の翌日又はその後毎年その日に応当する日（応当する日がない場合にあっては，その前日）から始まる各１年の期間）に係る貸借対照表及び事務報告並びにこれらの附属明細書を作成しなければなりません（会494①）。

③　確定申告

【申告期限】（法法74，77）

内国法人は，清算事業年度終了の日の翌日から原則２月以内に，税務署長に対し，確定した決算に基づき申告書を提出し，当該申告書の提出期限までに，その申告書に記載された法人税を国に納付しなければなりません。

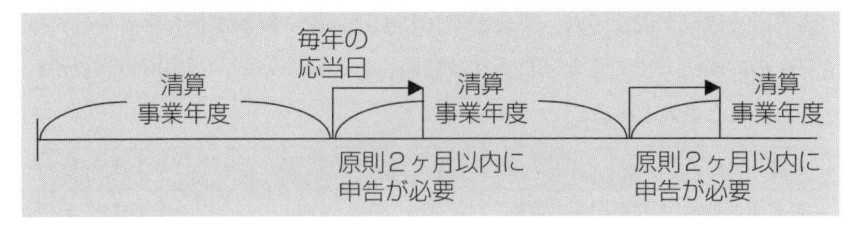

なお，確定申告書の提出期限の延長の特例も適用できます（法法75の２）。

【申告書類（計算書類の添付）】（法法74③，法規35）

確定申告の申告書には当該事業年度の貸借対照表，損益計算書等を添付しなければならないこととされています。会社法では財産目録に基づき，処分価格により貸借対照表が作成されます（会規144，145，146）。

したがって，税務申告上作成される貸借対照表と，会社法上作成される貸借対照表は，原則異なる価額が計上されるため，税務申告上の貸借対照表は，会社法上の貸借対照表とは別に作成する必要があります。

区　　分	貸借対照表のベースとなる金額	提　出　先
会社法	処分価格	株主総会等
税務申告	取得価額	税務署等

④　中間申告不要（法法71）

　通常事業年度の場合，一定の要件に該当する法人は，当該事業年度開始の日以後6月を経過した日から2月以内に，税務署長に対し，中間申告書を提出しなければなりません。

　ただし，清算事業年度の場合には，中間申告は不要になっています。

⑤　残余財産の分配

　残余財産の分配により，金銭等を交付した場合において，その金銭等の額が，清算株式会社の資本金等の額を超えるときは，その超える部分の金額に係る金銭等は剰余金の配当等とみなされます。したがって，この超える部分の金額については，源泉所得税等の源泉徴収が必要になります。

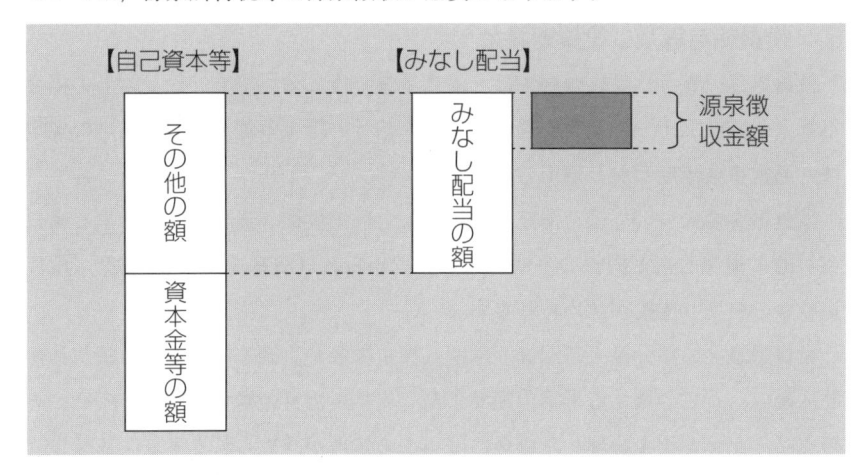

【自己資本等】　　　【みなし配当】

その他の額　　　　みなし配当の額　　　｝源泉徴収金額

資本金等の額

【 SECTION 3　清算事業年度 】

(2) 税務計算
① 減価償却（有形固定資産）
【普通償却】
　通常事業年度と同様に適用できますが，事業の用に供している必要があるため，償却が可能な資産であるか検討が必要です。

【特別償却】
　清算事業年度において，適用できない特別償却のうち，主なものは以下のとおりです。
- エネルギー環境負荷低減推進設備等を取得した場合の特別償却（措法42の5）
- 中小企業者等が機械等を取得した場合の特別償却（措法42の6）
- 国内の設備投資額が増加した場合の機械等の特別償却（措法42の12の2）
- 特定中小企業者等が経営改善設備を取得した場合の特別償却（措法42の12の3）

② 役員給与等及び役員退職金
　役員給与（賞与）等については，清算事業年度においても，役員給与の損金不算入（法法34①）の規定や過大な使用人給与の損金不算入（法法36）の規定は，通常事業年度どおり適用されます。

　役員退職金については，清算人に就任した取締役に，退職金を支給する場合，実質的に退職したと同様の事情にあると認められ（法基通9－2－32），役員退職金の打切り支給が認められます。

　役員退職金の損金算入時期は，原則，株主総会の決議等によりその額が具体的に確定した日の属する事業年度ですが，支払った日の属する事業年度に，その支払った額を損金経理した場合には，この処理が認められます（法基通9－2－28）。

　したがって，役員退職金の打切り支給について，清算事業年度で損金算入する場合には，清算事業年度中に退職金を支払い，その支払金額を損金経理する必要があります。

なお，過大役員退職金の損金不算入（法法34②，法令70）の規定は，通常事業年度どおり適用されます。

③ 引当金

貸倒引当金（法法52）や返品調整引当金（法法53）などの法人税法上の引当金の規定は，適用可能です。

④ 準備金

租税特別措置法の準備金（措法55～57の8，措法58）の規定は清算事業年度では適用できません。

なお，解散の日に準備金の金額に相当する金額は，解散事業年度の所得の金額の計算上，益金の額に算入されるため，清算事業年度では既に準備金の金額はありません。

⑤ 圧縮記帳及び圧縮特別勘定

法人税法及び租税特別措置法に定める圧縮記帳の適用は基本的に認められません。

主な圧縮記帳等で適用できないものは以下となります。

・国庫補助金等で取得した固定資産等の圧縮額の損金算入（法法42）
・工事負担金で取得した固定資産等の圧縮額の損金算入（法法45）
・保険金等で取得した固定資産等の圧縮額の損金算入（法法47）
・交換により取得した資産の圧縮額の損金算入（法法50）
・収用等に伴い代替資産を取得した場合の課税の特例（措法64）
・特定の資産の買換えの場合の課税の特例（措法65の7）

次の圧縮特別勘定の計上も認められません。

・国庫補助金等に係る特別勘定の金額の損金算入（法法43，法令81）
・保険差益等に係る特別勘定の金額の損金算入（法法48，法令90）
・収用等に伴い特別勘定を設けた場合の課税の特例（措法64の2）
・特定の資産の譲渡に伴い特別勘定を設けた場合の課税の特例（措法65の8）

解散事業年度に，特別勘定の金額を有しているときは，解散事業年度の所得

【 SECTION 3　清算事業年度 】

の金額の計算上，益金の額に算入されるため，清算事業年度では既に特別勘定の金額はありません。

⑥　所得の特別控除

収用換地等の場合の所得の特別控除（措法65の2），特定土地区画整理事業等のために土地等を譲渡した場合の所得の特別控除（措法65の3）等の特別控除の規定については，清算事業年度においては適用が認められません。

とくに，収用換地等については，会社の意思にかかわらず強制的に処分がなされるため，事前に収用換地等が行われる情報があれば，清算事業年度にかからないよう検討する必要があるかもしれません。

⑦　受取配当等の益金不算入（法法23）

受取配当等の益金不算入の規定は通常事業年度どおり適用されます。

⑧　税　　率

各事業年度の所得に対する法人税の税率と同様になります。

⑨　税額控除

【適用されるもの】

所得税額の控除（法法68），外国税額の控除（法法69），仮装経理に基づく過大申告の場合の更正に伴う法人税額の控除（法法70）は，適用できます。

詳しくは▶「第Ⅵ章　清算税務の基礎知識」の「5　仮装経理に基づく過大申告の場合の更正」

【適用できないもの】

清算事業年度において，適用できない税額控除のうち，主なものは以下のとおりです。

・試験研究を行った場合の法人税額の特別控除（措法42の4）
・試験研究を行った場合の法人税額の特別控除の特例（措法42の4の2）
・エネルギー環境負荷低減推進設備等を取得した場合の法人税額の特別控除（措法42の5）
・中小企業者等が機械等を取得した場合の法人税額の特別控除（措法42の6）
・雇用者の数が増加した場合の法人税額の特別控除（措法42の12）

- 国内の設備投資額が増加した場合の法人税額の特別控除（措法42の12の2）
- 特定中小企業者等が経営改善設備を取得した場合の法人税額の特別控除（措法42の12の3）
- 雇用者給与等支給額が増加した場合の法人税額の特別控除（措法42の12の4）

⑩ **特別税額**

　特別税額の規定のうち，特定同族会社に対する留保金課税の規定は，清算事業年度では適用はありませんが，使途秘匿金の支出がある場合の特別税額の規定は，清算事業年度でも適用があります。

【特定同族会社に対する留保金課税】
　一定の法人について，各事業年度の留保金額が留保控除額を超える場合には一定の計算式で計算した金額を通常の法人税額に加算します（法法67①）。

【使途秘匿金の支出がある場合の課税の特例】
　当該使途秘匿金の額に100分の40の割合を乗じて計算した金額を通常の法人税額に加算します（措法62）。

⑪ **復興特別法人税・復興特別所得税**

　復興特別法人税（財源確保法40）及び復興特別所得税の控除（財源確保法49）は，通常事業年度と同様の期間で適用があります。

> （復興特別法人税の計算）
> **基準法人税×10％（財源確保法44，48）**

　なお，事業年度が１年未満の場合には一定の調整が必要です。

　復興特別所得税は，平成25年１月１日～平成49年12月31日までの間に授受される利子配当等が対象になります（財源確保法８，９）。納付した復興特別所得税は，復興特別法人税から控除します。復興特別法人税から控除しきれない場合には申告により還付されます（財源確保法56）。

【 SECTION 3　清算事業年度 】

⑫　欠損金の繰越控除

　青色申告書を提出した事業年度の欠損金の繰越し（法法57）及び青色申告書を提出しなかった事業年度の災害による欠損金の繰越し（法法58）（以下「欠損金額」）の控除は，清算事業年度においても適用可能です。

　解散事業年度開始の日前9年以内に開始した事業年度（平成20年4月1日以後終了事業年度分）において生じた欠損金額（既に損金算入されたもの等一定のものを除きます）は損金の額に算入します。

　ただし，中小法人以外は当該事業年度の所得金額の100分の80相当額が限度（平成24年4月1日以後開始事業年度）となります。

（注）
1　開始の日前9年以内に開始した事業年度
　→　平成20年4月1日前終了事業年度分の欠損金額は7年間の繰越しになります（平成23年12月改正法附則14①）（下図参照）。

【3月決算法人の場合】

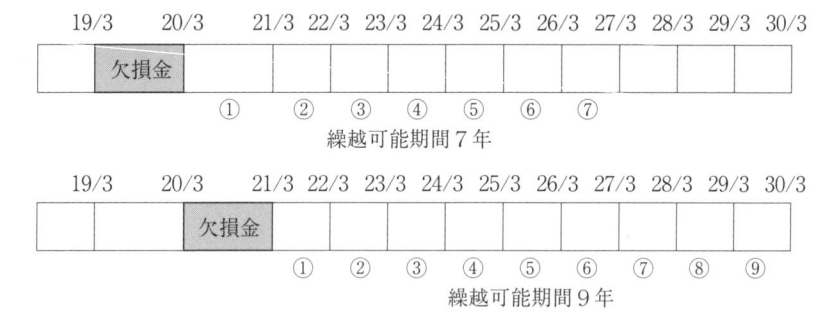

19/3	20/3	21/3	22/3	23/3	24/3	25/3	26/3	27/3	28/3	29/3	30/3
	欠損金	①	②	③	④	⑤	⑥	⑦			

繰越可能期間7年

19/3	20/3	21/3	22/3	23/3	24/3	25/3	26/3	27/3	28/3	29/3	30/3
		欠損金	①	②	③	④	⑤	⑥	⑦	⑧	⑨

繰越可能期間9年

2　中小法人とは，普通法人のうち，資本金の額若しくは出資金の額が1億円以下であるもの（資本金の額が5億円以上の法人による完全支配関係がある法人等を除きます）等をいいます。

　　　　　　詳しくは▶「第Ⅵ章　清算税務の基礎知識」の「3　繰越欠損金の損金算入」

⑬　欠損金の繰戻還付制度（法法80①，措法66の13①）

　欠損事業年度開始の日前1年以内に開始したいずれかの一定の事業年度の所得に対する法人税の額に，還付所得事業年度の所得の金額のうちに占める欠損事業年度の欠損金額（他に還付を受ける金額の計算の基礎とするものを除きま

【第Ⅱ章　清算──任意清算】

す）に相当する金額の割合を乗じて計算した金額に相当する法人税の還付を請求することができる制度です。

　平成28年3月31日までの通常事業年度においては，欠損金の繰戻還付制度の適用が可能な法人は，中小企業者等（普通法人のうち，当該事業年度終了の時において資本金の額若しくは出資金の額が1億円以下であるもの等）に限られていますが，清算事業年度は中小企業者等に限られていません。

詳しくは▶「第Ⅵ章　清算税務の基礎知識」の「4　欠損金の繰戻還付制度」

区　分	還付請求可能な事業年度（還付所得事業年度）	適用対象法人
通常事業年度	・欠損事業年度の1年前の事業年度（当期：欠損事業年度，前期：還付所得事業年度）	中小企業者等
清算事業年度	・解散事業年度の1年前の事業年度（当期：欠損事業年度，前期：還付所得事業年度） 【その他の要件】 ・「欠損金の繰戻しによる還付請求書」の提出期限は，申告書の提出と同時になります。	内国法人

　地方税（事業税，地方法人特別税，都道府県民税及び市町村民税）には欠損金の繰戻還付制度はありません。

⑭　**地方税の取扱い（外形標準課税（資本割））**

　清算中の法人については，一定の場合を除きその資本金等の額はないものとみなすこととされ，申告不要となっています（地法72の21①ただし書，72の29①）。

区　分	内　容
資本割の課税標準	申告不要

⑮　**期限切れ欠損金の損金算入**（法法59③，法令118）

　清算所得課税が廃止され，平成22年10月1日以後に解散が行われる場合には，清算中の内国法人である普通法人又は協同組合等について，通常所得課税が行われることとされました。

45

【 SECTION 3　清算事業年度 】

区　　分	計　算　方　法	適用日
清算所得課税 （財産課税方式）	残余財産の価額 －（解散時の資本金等の額＋解散時の利益積立金額）	平成22年 9月30日 以前に解散
通常所得課税 （損益課税方式）	益金の額－損金の額	平成22年 10月1日 以後に解散

　この課税方式の変更により，法人が解散した場合には，残余財産がないにもかかわらず課税される事態が考えられます。期限切れ欠損金の損金算入は，このような事態を防ぐため，残余財産がないと見込まれるときは，期限切れ欠損金に相当する金額を損金の額に算入するという制度です。

　返済のための財産がなく，債務を返済できない場合に，その債務を免除してもらうことで，任意整理が順調にすすむ場合があります。

　課税方式が損益課税方式の場合には，債務免除を受けるとその債務免除益は利益として課税対象となるため，青色欠損金等が少ない場合には，多額の納税が発生することも考えられ，任意整理処理に支障をきたすことが考えられます。

　そのため，内国法人が解散した場合に，残余財産がないと見込まれるときは，期限切れ欠損金について，青色欠損金等の控除後（かつ最終事業年度の事業税

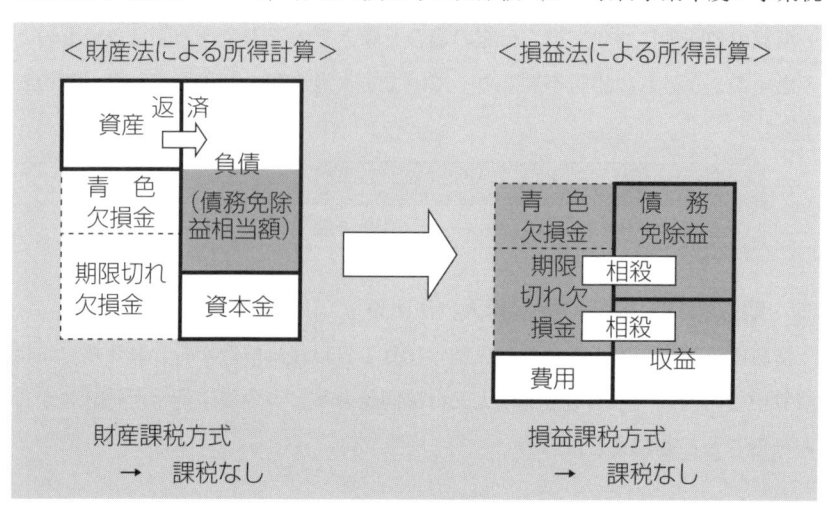

＜財産法による所得計算＞　　　　＜損益法による所得計算＞

財産課税方式　　　　　　　　　　損益課税方式
　→　課税なし　　　　　　　　　　→　課税なし

【 第Ⅱ章 清算──任意清算 】

の損金算入前)の所得金額を限度として損金算入が認められます。

なお,残余財産がないと見込まれるかどうかの判定は,清算中に終了する各事業年度終了の時の現況により行い,債務超過の状況にあるときは残余財産がないと見込まれるときに該当するものとされています。

> 詳しくは▶「第Ⅵ章 清算税務の基礎知識」の「3 繰越欠損金の損金算入」

⑯ 消 費 税

清算事業年度も通常事業年度と同様,消費税の申告納税の義務があります。

区　分	内　容
課税期間（消法２①十三,19①二）	課税期間の特例の適用を受けていない場合には,法人税法上の事業年度と同様になります。
申告期限（消法45①）	課税期間の末日の翌日から２月以内に申告書を税務署長に提出しなければなりません。 なお,法人税のような申告期限の延長制度はありません。
基準期間（消法２①十四）	前々事業年度（前々事業年度が１年未満である法人については,その事業年度開始の日の２年前の日の前日から同日以後１年を経過する日までの間に開始した各事業年度を合わせた期間）をいいます。
基準期間が１年でない場合の課税売上高（消法９②二）	基準期間の課税売上高 $= \dfrac{その基準期間の課税売上高}{その基準期間の月数の合計数} \times 12$

3　株主の税務

(1)　法人株主

①　株式評価損の計上

【概　要】

　法人の有する有価証券の価額が著しく低下したことなどの事実が生じた場合において,その法人がその有価証券の評価替えをして損金経理によりその帳簿価額を減額したときは評価替えをした日の属する事業年度の損金の額に算入します（法法33②）。

【 SECTION 3　清算事業年度 】

　帳簿価額の概ね50％相当額を下回ることが，上場有価証券等，上場有価証券等以外の有価証券を問わず，いずれの有価証券も評価損の計上の条件となります（法基通9－1－7，9－1－9）。

【計上基準】

　次の表に掲げられている場合には，原則として，帳簿価額と時価との差額など一定の金額を限度として評価損の計上が認められます。

　したがって，下記表の内容に該当するか検討し，評価損の損金算入が可能かどうかを判断する必要があります。

❶　取引所売買有価証券，店頭売買有価証券，取扱有価証券及びその他価格公表有価証券（いずれも企業支配株式に該当するものを除きます）について，その価額が著しく低下したことにより，その価額が帳簿価額を下回ることとなったこと

❷　上記❶以外の有価証券について，その有価証券を発行する法人の資産状態が著しく悪化したため，その価額が著しく低下したことにより，その価額が帳簿価額を下回ることとなったこと

❸　上記❷に準ずる特別の事実

（注）
1　「有価証券の価額が著しく低下したこと」とは，当該有価証券の当該事業年度終了の時における価額がその時の帳簿価額の概ね50％相当額を下回ることとなり，かつ，近い将来その価額の回復が見込まれないことをいいます。
2　「有価証券を発行する法人の資産状態が著しく悪化したこと」とは当該事業年度終了の日における当該有価証券の発行法人の1株当たりの純資産価額が当該有価証券を取得した時の当該発行法人の1株当たりの純資産価額に比して概ね50％以上下回ることとなったことをいいます。

②　**みなし配当**（所法25①三，所令61②三）

　みなし配当とは，株主等がその法人の解散による残余財産の分配等の一定の事由により，金銭等の交付を受けた場合において，その金銭等の額が，当該法人の資本金等の額のうちその交付の基因となった当該法人の株式等に対応する部分の金額を超えるときは，その超える部分の金額に係る金銭等は剰余金の配当等とみなすという規定です。すなわち，この超える部分の金額に係る金銭等

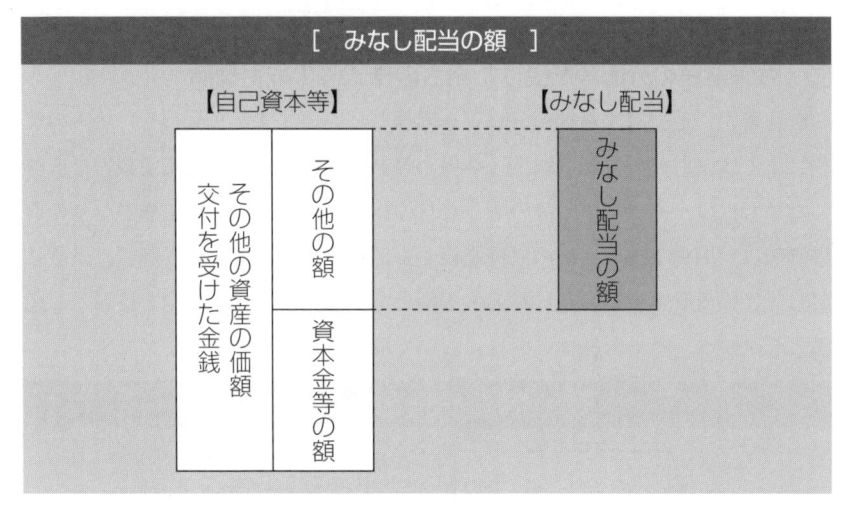

は，配当金と同様とみなされて各種の規定が適用されます。

[みなし配当の額]

【自己資本等】　　　　　【みなし配当】

その他の資産の価額交付を受けた金銭	その他の額	みなし配当の額
	資本金等の額	

みなし配当により取得した金銭は法人税額の計算上，受取配当等の益金不算入額の規定（法法23）や所得税額の控除の規定（法法68）の適用があります。

③　現物分配

残余財産の現物分配を受けた場合（適格現物分配の場合を除きます）には，その取得価額は時価となります（法基通3－1－7の5）。

(2)　個人株主

①　相続税との関係

清算中の会社の株式の価額は清算の結果分配を受けると見込まれる金額によって評価します（評基通189－6）。

（清算中の会社の株式価額計算式）

株価（注1）＝ 分配を受けると見込まれる金額 × 課税時期から分配を受けると見込まれる日までの期間に応ずる基準年利率による複利現価率（注2）

（注）
1　2回以上分配を受ける見込みの場合は，それぞれ計算した金額の合計額となります。

【 SECTION 3　清算事業年度 】

　2　その期間が1年未満であるとき又はその期間に1年未満の端数があるときは、これを1年とします。

②　残余財産の分配等を受けた場合の株式等の取得価額 (所令114)

　居住者が、その有する株式（以下「旧株」といいます）を発行した法人の解散による残余財産の分配（以下「払戻し等」といいます）として金銭等を取得した場合には、その払戻し等のあった日の属する年以後の旧株1株当たりの取得価額は、旧株1株の従前の取得価額から旧株1株の従前の取得価額に当該払戻し等に係る資本金等の額に対応する割合を乗じて計算した金額を控除した金額とし、かつ、その旧株は、同日において取得されたものとみなします。

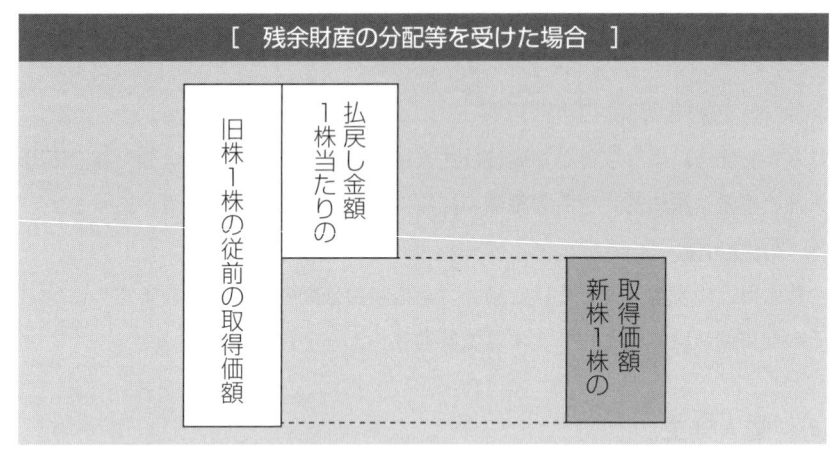

[残余財産の分配等を受けた場合]

（図：旧株1株の従前の取得価額、払戻し金額1株当たりの、新株1株の取得価額）

　このような取得価額の調整を行うことにより、譲渡時の譲渡所得に影響を与えることになります。

③　みなし配当 (所法25①三、所令61②三)

　みなし配当とは、株主等がその法人の解散による残余財産の分配等の一定の事由により、金銭等の交付を受けた場合において、その金銭等の額が、当該法人の資本金等の額のうちその交付の基因となった当該法人の株式等に対応する部分の金額を超えるときは、その超える部分の金額に係る金銭等は剰余金の配当等とみなすという規定です。すなわち、この超える部分の金額に係る金銭等は、配当金と同様とみなされて各種の規定が適用されます。

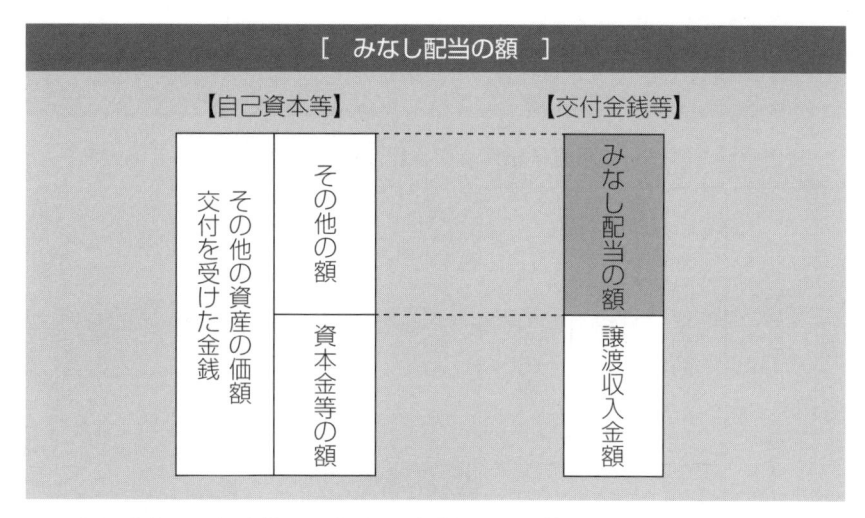

[　みなし配当の額　]

【自己資本等】　　【交付金銭等】

その他の資産の価額交付を受けた金銭	その他の額	みなし配当の額
	資本金等の額	譲渡収入金額

　みなし配当により取得した金銭は所得税額の計算上，配当控除の規定（所法92）の適用があります。

④　株式等に係る譲渡所得等の収入金額（措法37の10③三）

　株主等がその法人の解散による残余財産の分配として交付を受ける金銭の額等（みなし配当に該当する部分の金額を除きます）は，譲渡所得等に係る収入金額とみなします。

[　譲渡所得等に係る収入金額　]

【自己資本等】　　【交付金銭等】

その他の資産の価額交付を受けた金銭	その他の額	みなし配当の額
	資本金等の額	譲渡収入金額

【 SECTION 3　清算事業年度 】

したがって，みなし配当や譲渡損益を整理すると以下のようになります。

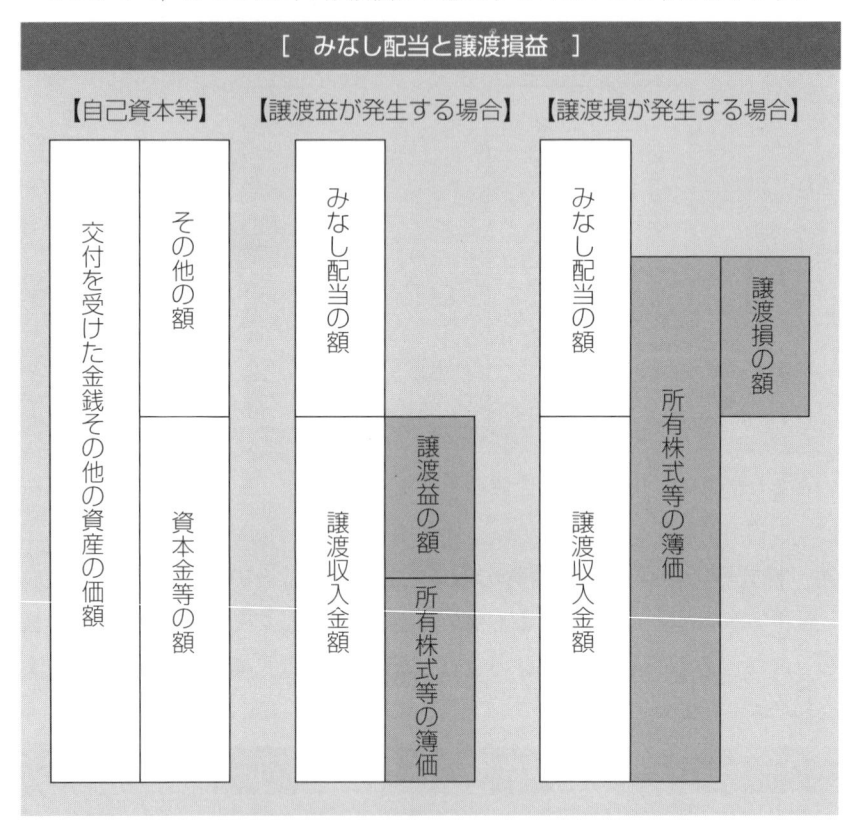

[みなし配当と譲渡損益]

【自己資本等】　　　【譲渡益が発生する場合】　　【譲渡損が発生する場合】

交付を受けた金銭その他の資産の価額	その他の額	みなし配当の額	みなし配当の額
	資本金等の額	譲渡収入金額／譲渡益の額／所有株式等の簿価	譲渡収入金額／所有株式等の簿価／譲渡損の額

4　債権者の税務

(1)　法人債権者

①　貸倒引当金の設定（法法52）

　貸倒引当金の繰入については，普通法人のうち資本金の額若しくは出資金の額が１億円以下であるもの（大法人による完全支配がある法人を除きます）等，一定の法人に限られています。

　繰入限度額の計算については，以下の２種類の計算方法があります。

【　第Ⅱ章　清算──任意清算　】

詳しくは▶「第Ⅵ章　清算税務の基礎知識」の「7　貸倒引当金」

【個別評価金銭債権に係る貸倒引当金】

　清算中の法人に対して保有している金銭債権について，次の表に該当する場合には，一定額を限度として，貸倒引当金の繰入額について損金算入が可能です。

区　　分	任意清算時の貸倒引当金計上可能事由
債務者の債務超過状態の継続による場合（法令96①二）	・債務超過状態継続の場合
更生手続開始の申立て等による場合（法令96①三）	・手形交換所による取引停止処分 ・電子債権記録機関（一定の要件を満たすものに限る）による取引停止処分

【一括評価金銭債権に係る貸倒引当金】

　その法人が有する売掛金，貸付金等の金銭債権を全体的に一括（合計）して，金銭債権の総額にその法人の貸倒実績率等を乗ずる方法により損失の見込み額を計算し，貸倒引当金の繰入限度額を算定します。

② **貸倒損失**（法法22③三）

　法人が金銭債権を有する場合で，その金銭債権が回収できないときには，その債権者である法人は回収できない金額を貸倒損失として損金の額に算入します。

　相手先が解散をし，清算事業年度である場合においても，通常事業年度と同様，個々の債権について，基本通達に基づき回収の有無を判断することになります。

詳しくは▶「第Ⅵ章　清算税務の基礎知識」の「6　貸倒損失」

区　　分	貸倒損失計上可能事由
金銭債権の全部又は一部の切捨てをした場合の貸倒れ（法基通9-6-1）	債務者の債務超過の状態が相当期間継続し，その金銭債権の弁済を受けることができないと認められる場合において，その債務者に対し書面により債務免除額を明らかにした場合

【 SECTION 3　清算事業年度 】

回収不能の金銭債権の貸倒れ（法基通9－6－2）	法人の有する金銭債権につき，その債務者の資産状況，支払能力等からみてその全額が回収できないことが明らかになった場合には，その明らかになった事業年度において貸倒れとして損金経理をすることができます（当該金銭債権について担保物があるときは，その担保物を処分する必要があります）。 なお，保証債務は，現実にこれを履行した後でなければ貸倒れの対象にすることはできません。
一定期間取引停止後弁済がない場合等の貸倒れ（法基通9－6－3）	債務者について次に掲げる事実が発生した場合には，その債務者に対して有する売掛債権について法人が当該売掛債権の額から備忘価額を控除した残額を貸倒れとして損金経理をしたとき 　イ　債務者との取引を停止した時（最後の弁済期又は最後の弁済の時が当該停止をした時以後である場合には，これらのうち最も遅い時）以後1年以上経過した場合（当該売掛債権について担保物のある場合を除きます） 　ロ　法人が同一地域の債務者について有する当該売掛債権の総額がその取立てのために要する旅費その他の費用に満たない場合において，当該債務者に対し支払を督促したにもかかわらず弁済がないとき 　（注）イの取引の停止は，不動産取引のようにたまたま取引を行った債務者に対して有する当該取引に係る売掛債権については，この取扱いの適用はありません。

(2) 個人債権者
① 営業債権の貸倒引当金設定
　営業上の債権に対する貸倒引当金の設定については，法人の場合の設定判断と同様になります。
② 営業債権の貸倒損失
　営業上の債権に対する貸倒損失処理については，法人の場合の損失処理判断と同様になります。
③ 相続税との関係
　貸付金債権等の相続税評価額は，元本の価額と利息の価額との合計額によって評価します（評基通204）。
　ただし，貸付金債権等の評価を行う場合において，その債権金額の全部又は一部が，課税時期において手形交換所（これに準ずる機関を含みます）において取引停止処分を受けたとき，会社更生手続の開始の決定があったときなど，その回収が不可能又は著しく困難であると見込まれるときにおいては，それらの金額は元本の価額に算入しません（評基通205）。

SECTION 4

残余財産確定日の属する清算事業年度

1 清算株式会社の法務

残余財産が確定した清算法人は，残余財産を分配し清算事業を終了させます。

(1) 残余財産の分配

清算株式会社は，残余財産の分配をしようとするときは，清算人の決定（清算人会設置会社にあっては，清算人会の決議）によって，次に掲げる事項を定めなければなりません（会504）。

① 残余財産の種類
② 株主に対する残余財産の割当てに関する事項

(2) 清算事務の終了等

清算株式会社は，清算事務が終了したときは，遅滞なく，一定の決算報告を作成しなければなりません（清算人会設置会社においては，決算報告は，清算人会の承認を受けなければなりません）（会507）。

清算人は，決算報告（清算人会設置会社においては，清算人会の承認を受けたもの）を株主総会に提出し，又は提供し，その承認を受けなければなりません（会507）。

株主総会の承認があったときは，任務を怠ったことによる清算人の損害賠償の責任は，免除されたものとみなします。ただし，清算人の職務の執行に関し不正の行為があったときは，この限りではありません（会507）。

(3) 帳簿資料の保存

清算人等は，清算株式会社の本店の所在地における清算結了の登記の時から10年間，清算株式会社の帳簿並びにその事業及び清算に関する重要な資料を保存しなければなりません（会508）。

(4) 清算結了の登記

清算が結了したときは，株主総会等で決算報告の承認を受けた日から2週間以内に，その本店の所在地において，清算結了の登記をしなければなりません（会929）。

2 清算株式会社の税務

(1) 基本的事項

① 清算事業年度の所得計算

清算所得課税が廃止され，平成22年10月1日以後に解散が行われる場合には，清算中の内国法人である普通法人又は協同組合等について，通常所得課税が行われることとされました。

区　分	計　算　方　法	適用日
清算所得課税 （財産課税方式）	残余財産の価額 －（解散時の資本金等の額＋解散時の利益積立金額）	平成22年 9月30日 以前に解散
通常所得課税 （損益課税方式）	益金の額－損金の額	平成22年 10月1日 以後に解散

② みなし事業年度（法法14①二十一）

清算中の法人の残余財産が事業年度の中途において確定した場合には，その事業年度開始の日から残余財産の確定の日までの期間が1事業年度となります。

【 SECTION 4　残余財産確定日の属する清算事業年度 】

③　残余財産の確定の日

　残余財産の確定の日については，法令等で明確に定められていません。通常，財産を現金化すること等で貨幣価値に裏付けられた財産額が確定し，まだ弁済が完了していない債務について，債務の金額を確定させることができた時点で，「財産－債務」により残余財産の確定がされたと考えられます。

　ただし，財産や債務の確定について，清算人等が判断するため，多少主観的な要素が入ってしまう可能性は否定できないかもしれません。

④　確定申告

【申告期限】（法法74②，77）

　清算中の内国法人につき，残余財産が確定した場合には残余財産確定事業年度終了の日の翌日から1月以内（1月以内に残余財産の最後の分配又は引渡しが行われる場合には，その行われる日の前日まで）に，税務署長に対し，確定した決算に基づき申告書を提出し，当該申告書の提出期限までに，その申告書に記載された法人税を国に納付しなければなりません。

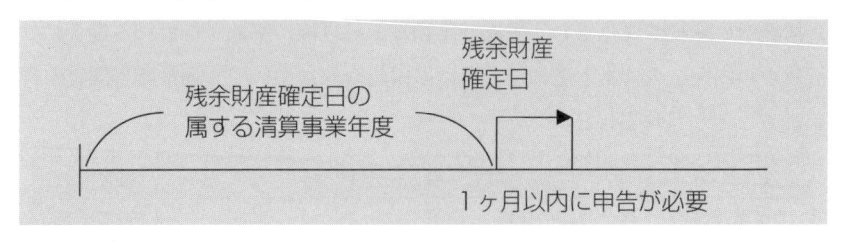

```
        残余財産
        確定日
  残余財産確定日の
  属する清算事業年度
                     1ヶ月以内に申告が必要
```

　確定申告書の提出期限の延長の特例は適用できません（法法75の2）。

【申告書類（計算書類の添付）】（法法74③，法規35）

　確定申告の申告書には当該事業年度の貸借対照表，損益計算書等を添付しなければならないこととされています。会社法では財産目録に基づき，処分価格により貸借対照表が作成されます（会規144，145）。

　したがって，税務申告上作成される貸借対照表と，会社法上作成される貸借対照表は，原則異なる価額が計上されるため，税務申告上の貸借対照表は，会社法上の貸借対照表とは別に作成する必要があります。

区　　分	貸借対照表のベースとなる金額	提　出　先
会社法	処分価格	株主総会等
税務申告	取得価額	税務署等

⑤ **中間申告不要**（法法71）

　通常事業年度の場合，一定の要件に該当する法人は，当該事業年度開始の日以後6月を経過した日から2月以内に，税務署長に対し，中間申告書を提出しなければなりません。

　ただし，清算事業年度の場合には，中間申告は不要になっています。

⑥ **みなし事業年度が1年未満の場合の注意点**

　残余財産確定日の属する清算事業年度は，残余財産確定日までが1事業年度とみなされることから，1年未満のケースが多いと考えられます。事業年度が1年未満の場合には，以下の規定について調整が必要となります。具体的計算式等は後述します。

❶ 普通減価償却費（耐令4，5）

❷ 交際費の損金算入限度額計算における定額控除額（措法61の4）

❸ 一般寄附金の損金算入限度額（法法37①，法令73）

❹ 中小法人の軽減税率適用所得金額（法法66，措法42の3の2）

❺ 法人住民税均等割額（地法52①，③）

⑦ **残余財産の分配**

　残余財産の分配により，金銭等を交付した場合において，その金銭等の額が，清算法人の資本金等の額を超えるときは，その超える部分の金額に係る金銭等は剰余金の配当等とみなされます。したがって，この超える部分の金額については，源泉所得税等の源泉徴収が必要になります。

【 SECTION 4　残余財産確定日の属する清算事業年度 】

[源泉所得税の額]

【自己資本等】　【みなし配当】

その他の額

資本金等の額

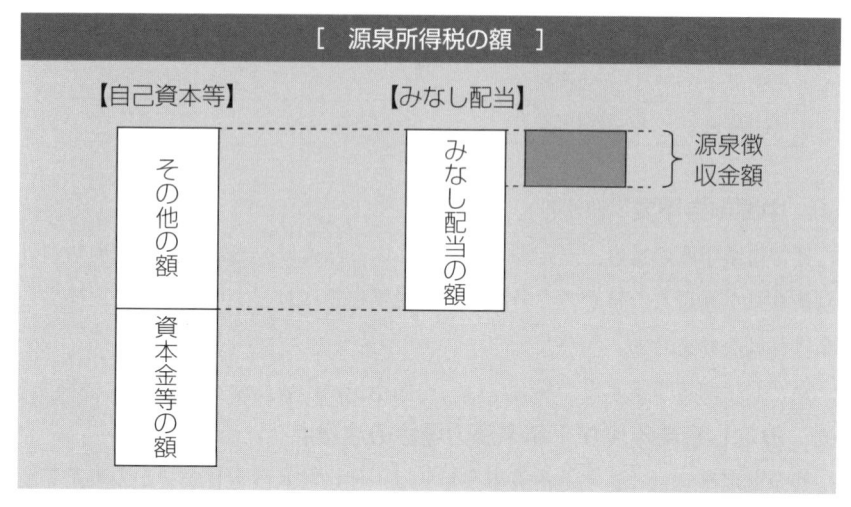

みなし配当の額

｝源泉徴収金額

⑧　現物分配

　残余財産の現物分配をした場合（適格現物分配の場合を除きます）には，時価で譲渡したものとして，その残余財産の確定の日を含む事業年度の所得の金額の計算上，益金の額又は損金の額に算入します（法法62の5①②）。

　ただし，この譲渡損益については，寄附金の損金不算入限度額の計算には関係させません（法令73②七）。

⑨　清算結了登記後の納税義務等

【清算結了登記後の法人の納税義務】

　清算結了登記後でも，その清算結了は実質的に判断すべきものであるから，当該法人は，各事業年度の所得に対する法人税を納める義務を履行するまではなお存続するものとされます（法基通1－1－7）。

【清算人等の第二次納税義務】

　清算人は，分配又は引渡しをした財産の価額の限度において，第二次納税義務があり，残余財産の分配又は引渡しを受けた者は，その受けた財産の価額の限度において，第二次納税義務があります（国税徴収法34）。

⑩ 関係機関への届出書の提出

　事業年度等の変更や代表者の変更，事業目的の変更など，会社に異動等があった場合には異動後速やかに「異動届出書」を提出することになっています（法法15，20，法令18）。

　清算結了が終了した場合，「異動届出書」に清算が終了した旨を記載し，清算結了登記が完了した登記事項証明書を添付して税務署や地方自治体等の関係機関に提出します。

(2) 税務計算

① 減価償却（有形固定資産）

【普通償却】

　通常事業年度と同様に適用できますが，事業の用に供している必要があるため，償却が可能な資産であるか検討が必要です。なお，通常有形固定資産は，清算処理により現金化されている場合が多いと考えられ，現物分配をする場合などを除いては，減価償却費を計上することは少ないと考えられます。

　減価償却費を計上する場合には，みなし事業年度が1年未満のケースが多いと考えられるため減価償却費の計算について調整が必要です。

　　　　　　　　　　　詳しくは▶　第Ⅱ章「2　解散事業年度」の18頁「減価償却」

　また，原則として一括償却資産の未償却残高は，残余財産確定日の属する清算事業年度で全額損金算入することになります（法令133の2④）。

【特別償却】

　残余財産確定日の属する清算事業年度において，適用できない特別償却のうち，主なものは以下のとおりです。

・エネルギー環境負荷低減推進設備等を取得した場合の特別償却（措法42の5）
・中小企業者等が機械等を取得した場合の特別償却（措法42の6）
・国内の設備投資額が増加した場合の機械等の特別償却（措法42の12の2）
・特定中小企業者等が経営改善設備を取得した場合の特別償却（措法42の12

【 SECTION 4　残余財産確定日の属する清算事業年度 】

の3）

② 交 際 費（措法61の4）

　事業年度が1年未満の場合には，定額控除限度額の調整が必要となります。

　なお，月数は，暦に従って計算し，1月に満たない端数を生じたときは，これを1月とします。

> （交際費の損金算入限度額計算における定額控除限度額計算式）
> $$\frac{800万円 \times 当該事業年度の月数}{12}$$

③ 寄 附 金（法法37①，法令73）

　事業年度が1年未満の場合には，損金算入限度額の調整が必要となります。

　なお，月数は，暦に従って計算し，1月に満たない端数を生じたときは，これを切り捨てます。

> （一般寄附金の損金算入限度額計算式）
> $$\left\{\left(\frac{資本金等の額}{12} \times 当該事業年度の月数 \times \frac{2.5}{1,000}\right) + \left(当該事業年度の所得金額 \times \frac{2.5}{100}\right)\right\} \times \frac{1}{4}$$

④　役員給与等及び役員退職金

　役員給与（賞与）等については，清算事業年度においても，役員給与の損金不算入（法法34①）の規定や過大な使用人給与の損金不算入（法法36）の規定は，通常事業年度どおり適用されます。

　役員退職金については，清算人に就任した取締役に，退職金を支給する場合，実質的に退職したと同様の事情にあると認められ（法基通9−2−32），役員退職金の打切り支給が認められます。

　役員退職金の損金算入時期は，原則，株主総会の決議等によりその額が具体的に確定した日の属する事業年度ですが，支払った日の属する事業年度に，その支払った額を損金経理した場合には，この処理が認められます（法基通9−

2-28)。

したがって、役員退職金の打切り支給について、清算事業年度で損金算入する場合には、清算事業年度中に退職金を支払い、その支払金額を損金経理する必要があります。

なお、過大役員退職金の損金不算入（法法34②、法令70）の規定は、通常事業年度どおり適用されます。

⑤ 引当金

貸倒引当金（法法52）や返品調整引当金（法法53）などの法人税法上の引当金の規定は、残余財産の確定事業年度は適用できません。

⑥ 準備金

租税特別措置法の準備金（措法55～57の8、措法58）の規定は清算事業年度では適用できません。

なお、解散の日に準備金の金額に相当する金額は、解散事業年度の所得の金額の計算上、益金の額に算入されるため、清算事業年度では既に準備金の金額はありません。

⑦ 圧縮記帳及び圧縮特別勘定

法人税法及び租税特別措置法に定める圧縮記帳の適用は基本的に認められません。

主な圧縮記帳等で適用できないものは以下となります。

- 国庫補助金等で取得した固定資産等の圧縮額の損金算入（法法42）
- 工事負担金で取得した固定資産等の圧縮額の損金算入（法法45）
- 保険金等で取得した固定資産等の圧縮額の損金算入（法法47）
- 交換により取得した資産の圧縮額の損金算入（法法50）
- 収用等に伴い代替資産を取得した場合の課税の特例（措法64）
- 特定の資産の買換えの場合の課税の特例（措法65の7）

次の圧縮特別勘定の計上も認められません。

- 国庫補助金等に係る特別勘定の金額の損金算入（法法43、法令81）
- 保険差益等に係る特別勘定の金額の損金算入（法法48、法令90）

【 SECTION 4　残余財産確定日の属する清算事業年度 】

・収用等に伴い特別勘定を設けた場合の課税の特例（措法64の２）
・特定の資産の譲渡に伴い特別勘定を設けた場合の課税の特例（措法65の８）

　なお，解散事業年度に，特別勘定の金額を有しているときは，解散事業年度の所得の金額の計算上，益金の額に算入されるため，清算事業年度では既に特別勘定の金額はありません。

⑧　所得の特別控除

　収用換地等の場合の所得の特別控除（措法65の２），特定土地区画整理事業等のために土地等を譲渡した場合の所得の特別控除（措法65の３）等の特別控除の規定については，清算事業年度においては適用が認められません。

　とくに，収用換地等については，会社の意思にかかわらず強制的に処分がなされるため，事前に収用換地等が行われる情報があれば，清算事業年度にかからないよう検討する必要があるかもしれません。

⑨　受取配当等の益金不算入（法法23）

　受取配当等の益金不算入の規定は通常事業年度どおり適用されます。

⑩　税　　率（法法66，措法42の３の２）

　各事業年度の所得に対する法人税の税率と同様になります。

　ただし，事業年度が１年未満となる場合には中小法人の軽減税率の適用について，一定の調整が必要となります。

　なお，月数は，暦に従って計算し，１月に満たない端数を生じたときは，これを１月とします。

（中小法人の軽減税率適用所得金額）

$$\frac{800万円}{12} \times 当該事業年度の月数$$

⑪ 税額控除

【適用されるもの】

　所得税額の控除（法法68），外国税額の控除（法法69），仮装経理に基づく過大申告の場合の更正に伴う法人税額の控除（法法70）は適用できます。なお，残余財産が確定した場合には，仮装経理法人税額に係る控除未済額は還付されることになります（法法135③一）。

　　　詳しくは▶「第Ⅵ章　清算税務の基礎知識」の「5　仮装経理に基づく過大申告の場合の更正」

【適用できないもの】

　残余財産確定日の属する清算事業年度において，適用できない税額控除のうち，主なものは以下のとおりです。

・試験研究を行った場合の法人税額の特別控除（措法42の4）
・試験研究を行った場合の法人税額の特別控除の特例（措法42の4の2）
・エネルギー環境負荷低減推進設備等を取得した場合の法人税額の特別控除（措法42の5）
・中小企業者等が機械等を取得した場合の法人税額の特別控除（措法42の6）
・雇用者の数が増加した場合の法人税額の特別控除（措法42の12）
・国内の設備投資額が増加した場合の法人税額の特別控除（措法42の12の2）
・特定中小企業者等が経営改善設備を取得した場合の法人税額の特別控除（措法42の12の3）
・雇用者給与等支給額が増加した場合の法人税額の特別控除（措法42の12の4）

⑫ 特別税額

　特別税額の規定のうち，特定同族会社に対する留保金課税の規定は，清算事業年度では適用ありませんが，使途秘匿金の支出がある場合の特別税額の規定は，残余財産確定日の属する清算事業年度でも適用があります。

【 SECTION 4　残余財産確定日の属する清算事業年度 】

【特定同族会社に対する留保金課税】
　一定の法人について，各事業年度の留保金額が留保控除額を超える場合には一定の計算式で計算した金額を通常の法人税額に加算します（法法67①）。

【使途秘匿金の支出がある場合の課税の特例】
　当該使途秘匿金の額に100分の40の割合を乗じて計算した金額を通常の法人税額に加算します（措法62）。

⑬　復興特別法人税・復興特別所得税
　復興特別法人税（財源確保法40）及び復興特別所得税の控除（財源確保法49）は，通常事業年度と同様の期間で適用があります。

（復興特別法人税の計算）
基準法人税×10％（財源確保法44，48）

　なお，事業年度が1年未満の場合には一定の調整が必要です。
　復興特別所得税は，平成25年1月1日～平成49年12月31日までの間に授受される利子配当等が対象になります（財源確保法8，9）。納付した復興特別所得税は，復興特別法人税から控除します。復興特別法人税から控除しきれない場合には申告により還付されます（財源確保法56）。
　残余財産確定日の属する清算事業年度の場合は復興特別法人税の申告期限も1月以内となります（財源確保法53②）。

⑭　欠損金の繰越控除
　青色申告書を提出した事業年度の欠損金の繰越し（法法57）及び青色申告書を提出しなかった事業年度の災害による欠損金の繰越し（法法58）（以下「欠損金額」）の控除は，残余財産確定日の属する清算事業年度においても適用可能です。
　解散事業年度開始の日前9年以内に開始した事業年度（平成20年4月1日以後終了事業年度分）において生じた欠損金額（既に損金算入されたもの等一定のものを除きます）は損金の額に算入します。
　ただし，中小法人以外は当該事業年度の所得金額の100分の80相当額が限度

【 第Ⅱ章　清算——任意清算 】

（平成24年4月1日以後開始事業年度）となります。

（注）
1　開始の日前9年以内に開始した事業年度については，平成20年3月31日以前終了事業年度分の欠損金額は7年間の繰越しになります（平成23年12月改正法附則14①）（下図参照）。

【3月決算法人の場合】

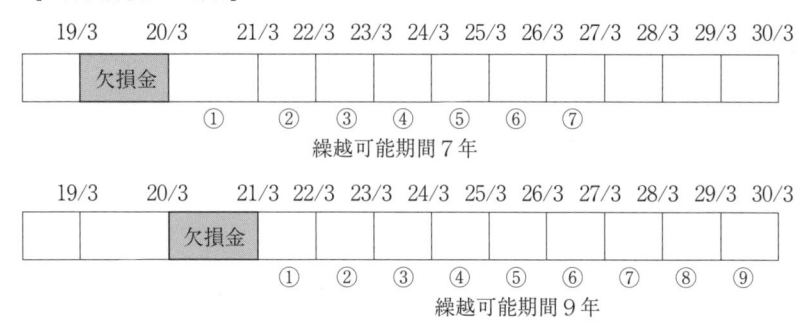

	19/3	20/3	21/3	22/3	23/3	24/3	25/3	26/3	27/3	28/3	29/3	30/3
		欠損金	①	②	③	④	⑤	⑥	⑦			

繰越可能期間7年

	19/3	20/3	21/3	22/3	23/3	24/3	25/3	26/3	27/3	28/3	29/3	30/3
		欠損金	①	②	③	④	⑤	⑥	⑦	⑧	⑨	

繰越可能期間9年

2　中小法人とは，普通法人のうち，資本金の額若しくは出資金の額が1億円以下であるもの（資本金の額が5億円以上の法人による完全支配関係がある法人等を除きます）等をいいます。

　　　　　詳しくは▶「第Ⅵ章　清算税務の基礎知識」の「3　繰越欠損金の損金算入」

⑮　**欠損金の繰戻還付制度**（法法80①，措法66の13①）

　欠損事業年度開始の日前1年以内に開始したいずれかの一定の事業年度の所得に対する法人税の額に，還付所得事業年度の所得の金額のうちに占める欠損事業年度の欠損金額（他に還付を受ける金額の計算の基礎とするものを除きます）に相当する金額の割合を乗じて計算した金額に相当する法人税の還付を請求することができる制度です。

　平成28年3月31日までの通常事業年度においては，欠損金の繰戻還付制度の適用が可能な法人は，中小企業者等（普通法人のうち，当該事業年度終了の時において資本金の額若しくは出資金の額が1億円以下であるもの等）に限られていますが，清算事業年度は中小企業者等に限られていません。

　　　　　詳しくは▶「第Ⅵ章　清算税務の基礎知識」の「4　欠損金の繰戻還付制度」

67

【 SECTION 4　残余財産確定日の属する清算事業年度 】

区　分	還付請求可能な事業年度（還付所得事業年度）	適用対象法人
通常事業年度	・欠損事業年度の1年前の事業年度（当期：欠損事業年度，前期：還付所得事業年度）	中小企業者等
清算事業年度	・解散事業年度の1年前の事業年度（当期：欠損事業年度，前期：還付所得事業年度） 【その他の要件】 ・「欠損金の繰戻しによる還付請求書」の提出期限は，申告書の提出と同時になります。	内国法人

　地方税（事業税，地方法人特別税，都道府県民税及び市町村民税）には欠損金の繰戻還付制度はありません。

⑯　地方税の取扱い

【法人住民税均等割額】（地法52①，③）

　事業年度が1年未満となる場合には法人住民税の均等割額について，一定の調整が必要となります。

　なお，月数は，暦に従って計算し，1月に満たないときは1月とし，1月に満たない端数を生じたときは切り捨てます。

（法人住民税均等割額計算）
$$\frac{当該均等割の額 \times 事務所等を有していた月数}{12}$$

【外形標準課税（資本割，付加価値割）】

　清算中の法人については，一定の場合を除きその資本金等の額はないものとみなすこととされ，申告不要となっています（地法72の21①ただし書，72の29①）。また，残余財産確定日の属する清算事業年度は，付加価値割の申告も必要ありません（地法72の29③）。

区　分	内　容
資本割の課税標準（地法72の21）	申告不要
付加価値割の課税標準（地法72の14）	申告不要

外形標準課税の申告について，整理をすると以下のようになります。

(○…申告必要，×…申告不要)

申　告　区　分	所得割	付加価値割	資本割
通常事業年度の確定申告	○	○	○
解散事業年度の確定申告	○	○	○
清算事業年度の確定申告	○	○	×
残余財産確定日の属する清算事業年度の確定申告	○	×	×

【事業税（地方法人特別税を含む）の損金算入】

　事業税（地方法人特別税を含む）等の申告納税方式による租税で損金算入されるものは，原則納税申告書が提出された日を含む事業年度に損金に算入されます（法基通9－5－1）。

　ただし，残余財産確定日の属する清算事業年度の事業税の額は，当該内国法人の当該事業年度の所得の金額の計算上，損金の額に算入します（法法62の5⑤）。

⑰　期限切れ欠損金の損金算入（法法59③，法令118）

　清算所得課税が廃止され，平成22年10月1日以後に解散が行われる場合には，清算中の内国法人である普通法人又は協同組合等について，通常所得課税が行われることとされました。

区　分	計　算　方　法	適用日
清算所得課税（財産課税方式）	残余財産の価額－（解散時の資本金等の額＋解散時の利益積立金額）	平成22年9月30日以前に解散
通常所得課税（損益課税方式）	益金の額－損金の額	平成22年10月1日以後に解散

　この課税方式の変更により，法人が解散した場合には，残余財産がないにもかかわらず課税される事態が考えられます。期限切れ欠損金の損金算入は，このような事態を防ぐため，残余財産がないと見込まれるときは，期限切れ欠損金に相当する金額を損金の額に算入するという制度です。

【 SECTION 4　残余財産確定日の属する清算事業年度 】

　返済のための財産がなく，債務を返済できない場合に，その債務を免除してもらうことで，任意整理が順調にすすむ場合があります。
　課税方式が損益課税方式の場合には，債務免除を受けるとその債務免除益は利益として課税対象となるため，青色欠損金等が少ない場合には，多額の納税が発生することも考えられ，任意整理処理に支障をきたすことが考えられます。
　そのため，内国法人が解散した場合に，残余財産がないと見込まれるときは，期限切れ欠損金について，青色欠損金等の控除後（かつ最終事業年度の事業税の損金算入前）の所得金額を限度として損金算入が認められます。
　なお，残余財産がないと見込まれるかどうかの判定は，清算中に終了する各事業年度終了の時の現況により行い，債務超過の状況にあるときは残余財産がないと見込まれるときに該当するものとされています。

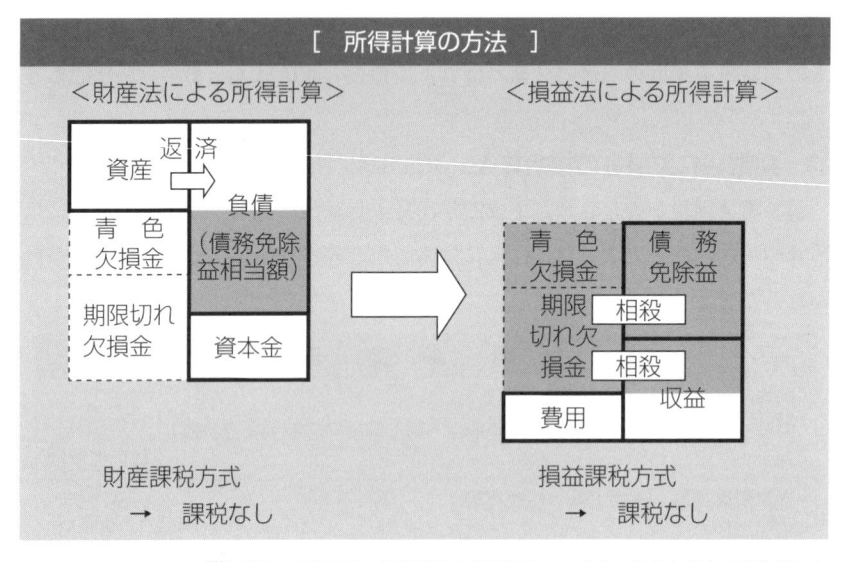

[所得計算の方法]

＜財産法による所得計算＞　　　　＜損益法による所得計算＞

財産課税方式　　　　　　　　　　損益課税方式
　→ 課税なし　　　　　　　　　　　→ 課税なし

　　詳しくは▶「第Ⅵ章　清算税務の基礎知識」の「3　繰越欠損金の損金算入」

⑱ 消　費　税

　残余財産確定日の属する清算事業年度も通常事業年度と同様，消費税の申告納税の義務があります。なお，課税期間は原則として法人税法上のみなし事業年度と同じ期間になります。

【 第Ⅱ章　清算——任意清算 】

基準期間が1年でない場合の課税売上高は，1年相当の売上高に換算します。

区　分	内　容
課税期間（消法2①十三，19①二）	課税期間の特例の適用を受けていない場合には，法人税法上の事業年度と同様になります。
申告期限（消法45④）	課税期間の末日の翌日から1月以内（当該翌日から1月以内に残余財産の最後の分配又は引渡しが行われる場合には，その行われる日の前日まで）に申告書を税務署長に提出しなければなりません。
基準期間（消法2①十四）	前々事業年度（前々事業年度が1年未満である法人については，その事業年度開始の日の2年前の日の前日から同日以後1年を経過する日までの間に開始した各事業年度を合わせた期間）をいいます。
基準期間が1年でない場合の課税売上高（消法9②二）	基準期間の課税売上高 $= \dfrac{\text{その基準期間の課税売上高}}{\text{その基準期間の月数の合計数}} \times 12$
届出関係（消法57①三，消規26①三）	事業を廃止した場合には，「事業廃止届出書」を速やかに当該事業者の納税地を所轄する税務署長に提出しなければなりません。

3　株主の税務

(1)　法人株主

①　株式の滅失

　株式を保有している会社が清算結了となり最終の残余財産の分配等が行われた場合には，株式は滅失等してなくなることになります。

②　みなし配当（所法25①三，所令61②三）

　みなし配当とは，株主等がその法人の解散による残余財産の分配等の一定の事由により，金銭等の交付を受けた場合において，その金銭等の額が，当該法人の資本金等の額のうちその交付の基因となった当該法人の株式等に対応する部分の金額を超えるときは，その超える部分の金額に係る金銭等は剰余金の配当等とみなすという規定です。すなわち，この超える部分の金額に係る金銭等は，配当金と同様とみなされて各種の規定が適用されます。

【 SECTION 4　残余財産確定日の属する清算事業年度 】

[　みなし配当の額　]

【自己資本等】	【みなし配当】
交付を受けた金銭 その他の資産の価額 / その他の額 資本金等の額	みなし配当の額

　みなし配当により取得した金銭は法人税額の計算上，受取配当等の益金不算入額の規定（法法23）や所得税額の控除の規定（法法68）の適用があります。

③　現物分配

　残余財産の現物分配を受けた場合（適格現物分配の場合を除きます）には，その取得価額は時価となります（法基通3－1－7の5）。

(2)　個人株主

①　相続税との関係

　株式を保有している会社が清算結了となり最終の残余財産の分配等が行われた場合には，株式は滅失等してなくなることになり，株式の財産価値はありません。

②　みなし配当（所法25①三，所令61②三）

　みなし配当とは，株主等がその法人の解散による残余財産の分配等の一定の事由により，金銭等の交付を受けた場合において，その金銭等の額が，当該法人の資本金等の額のうちその交付の基因となった当該法人の株式等に対応する部分の金額を超えるときは，その超える部分の金額に係る金銭等は剰余金の配当等とみなすという規定です。すなわち，この超える部分の金額に係る金銭等は，配当金と同様とみなされて各種の規定が適用されます。

【 第Ⅱ章　清算――任意清算 】

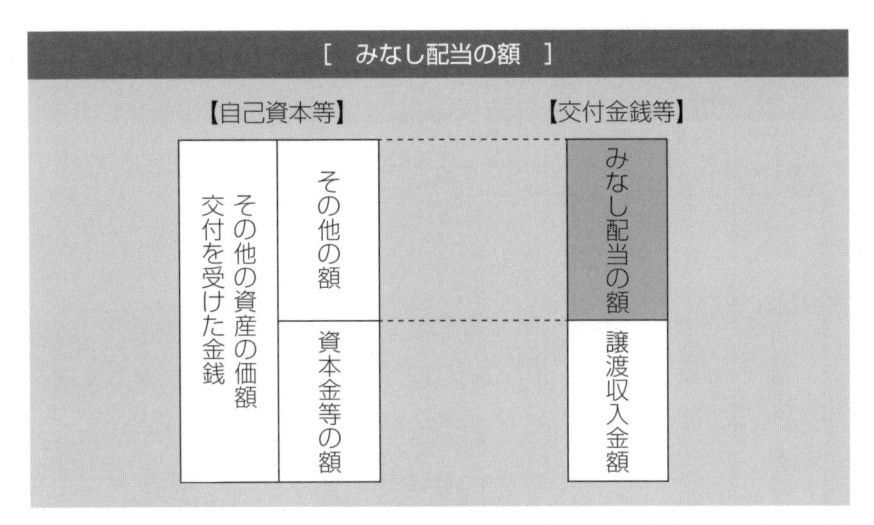

[みなし配当の額]

【自己資本等】　　　　【交付金銭等】

その他の資産の価額　交付を受けた金銭　｜　その他の額　資本金等の額　｜　みなし配当の額　｜　譲渡収入金額

　みなし配当により取得した金銭は所得税額の計算上，配当控除の規定（所法92）の適用があります。

③　株式等に係る譲渡所得等の収入金額（措法37の10③三）

　株主等がその法人の解散による残余財産の分配として交付を受ける金銭の額（みなし配当に該当する部分の金額を除きます）は，譲渡所得等に係る収入金額とみなします。

[譲渡所得等の収入金額]

【自己資本等】　　　　【交付金銭等】

その他の資産の価額　交付を受けた金銭　｜　その他の額　資本金等の額　｜　みなし配当の額　｜　譲渡収入金額

【 SECTION 4　残余財産確定日の属する清算事業年度 】

したがって，みなし配当や譲渡損益を整理すると以下のようになります。

[みなし配当と譲渡損益]

【自己資本等】

| 交付を受けた金銭その他の資産の価額 | その他の額 |
| | 資本金等の額 |

【譲渡益が発生する場合】

みなし配当の額
譲渡益の額 ／ 所有株式等の簿価
譲渡収入金額

【譲渡損が発生する場合】

みなし配当の額
譲渡損の額
所有株式等の簿価
譲渡収入金額

4 債権者の税務

(1) 法人債権者
① 貸倒引当金の設定（法法52）
残余財産が確定し，清算結了した法人に対する債権については，貸倒引当金の設定ではなく，必要に応じて貸倒損失の処理で対応することになります。

② 貸倒損失（法法22③三）
法人が金銭債権を有する場合で，その金銭債権が回収できないときには，その債権者である法人は回収できない金額を貸倒損失として損金の額に算入します。

ただし，私的な任意整理の場合は，通常債務の返済を前提としているため，実際に貸倒損失を計上する場合は債務免除を行う等の特別な場合に限られると考えられます。

また，貸倒損失の計上が寄附金に該当する可能性がないか注意が必要です。

詳しくは▶「第Ⅵ章 清算税務の基礎知識」の「6 貸倒損失」

(2) 個人債権者
営業上の債権に対する貸倒損失処理については，法人の場合の損失処理判断と同様になります。

5 保証人の税務

(1) 法人による保証
法人による保証につき債務の履行があった場合には，それが寄附金に該当するか否かが問題になります。

保証債務の履行が寄附金と判断されれば，寄附金の限度額計算の範囲内で損金算入が可能となります。

【 SECTION 4　残余財産確定日の属する清算事業年度 】

寄附金に該当しない場合には，保証をした法人に対して債権（求償権）が発生し，その求償権の行使が可能かどうかの判断により，貸倒損失の計上の有無に対する判断が必要になります。

(2) 個人による保証

個人による保証につき債務の履行があった場合には，資産の譲渡代金が回収不能となった場合の所得計算の特例（所法64②，所令180）により所得がなかったものとする規定があります。

これは，保証人，連帯保証人として債務を弁済した場合など，保証債務を履行するため資産の譲渡があった場合において，その履行に伴う求償権の全部又は一部を行使することができないこととなったときは，その行使することができないこととなった金額を回収することができないこととなった金額とみなして，譲渡所得の金額の計算上，なかったものとみなします。

この特例を受けるためには，次の３つの要件全てに当てはまることが必要です。

❶　本来の債務者が既に債務を弁済できない状態であるときに，債務の保証をしたものでないこと
❷　保証債務を履行するために土地建物などを売っていること
❸　履行をした債務の全額又は一部の金額が，本来の債務者から回収できなくなったこと

なお，所得がなかったものとする部分の金額は次の３つのうち一番低い金額となります。

① 肩代りをした債務のうち，回収できなくなった金額
② 保証債務を履行した人のその年の総所得金額等の合計額
③ 売った土地建物などの譲渡益の額

詳しくは▶「第Ⅵ章　清算税務の基礎知識」の「8　保証債務の特例」

【 第Ⅱ章 清算——任意清算 】

[任意清算の全体像]

	清算会社(債務者)	債権者	株主	経営者(保証人)
解散事業年度	従業員の整理解雇，解散決議株主総会，解散公告，関係機関への届出，みなし事業年度（1年未満の場合），適用に注意を要する規定の確認（特別償却，準備金，圧縮特別勘定，税額控除，欠損金の繰戻還付制度等）	貸倒引当金設定の有無，貸倒損失計上の有無	株式評価損計上の有無	
清算事業年度	財産目録等の作成，残余財産の分配，適用に注意を要する規定の確認（特別償却，準備金，圧縮記帳，圧縮特別勘定，所得の特別控除，税額控除，留保金課税，欠損金の繰戻還付制度，期限切れ欠損金の損金算入等）	貸倒引当金設定の有無，貸倒損失計上の有無	株式評価損計上の有無，みなし配当，現物分配，譲渡収入金額	
残余財産確定日の属する清算事業年度	残余財産の分配，関係機関への届出，みなし事業年度（1年未満の場合），適用に注意を要する規定の確認（特別償却，引当金，準備金，圧縮記帳，圧縮特別勘定，所得の特別控除，税額控除，留保金課税，欠損金の繰戻還付制度，事業税の損金算入，期限切れ欠損金の損金算入等）	貸倒損失計上の有無	株式の滅失，みなし配当，現物分配，譲渡収入金額	寄附金，保証債務の履行があった場合の譲渡所得の特例

SECTION 5

親子関係の場合の子会社清算

　会社の清算人は，解散時の在庫の処分，解散時に残る契約の履行など解散時において未了となっている残務を結了させるとともに，営業債権の回収，財産の換価処分などをして債務の弁済にあたります。

　その結果，任意清算の場合，債務の弁済が完了せず最終的に親会社が債権放棄せざるを得ない場合と債務の弁済が完了し財産が残った場合とが考えられます。後者の場合，残った財産は親会社などの株主に分配されることになります。

　ここでは，親会社と子会社との関係が法人税法上の完全支配関係にある場合とそれ以外の場合について次のケースごとに税務の取扱いをみていきます。

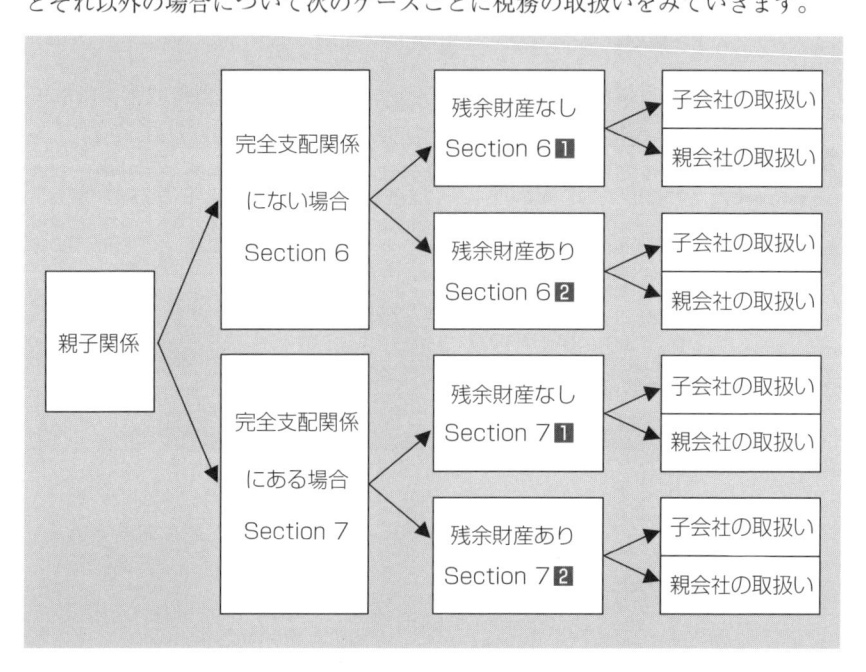

```
                                  ┌─ 残余財産なし ──┬─ 子会社の取扱い
                ┌─ 完全支配関係    │   Section 6 ❶   └─ 親会社の取扱い
                │   にない場合    │
                │   Section 6     └─ 残余財産あり ──┬─ 子会社の取扱い
                │                     Section 6 ❷   └─ 親会社の取扱い
  親子関係 ─────┤
                │                  ┌─ 残余財産なし ──┬─ 子会社の取扱い
                │  完全支配関係    │   Section 7 ❶   └─ 親会社の取扱い
                └─ にある場合    │
                    Section 7     └─ 残余財産あり ──┬─ 子会社の取扱い
                                      Section 7 ❷   └─ 親会社の取扱い
```

SECTION 6
完全支配関係にない子会社の清算

1　残余財産がない場合

(1)　債権放棄

　親会社が主導して任意清算を行う場合，親会社の有する子会社債権を放棄することがしばしば見受けられます。この場合の親会社，子会社の取扱いは次のとおりです。

①　子会社の取扱い

　平成22年度の税制改正により，清算所得課税制度が廃止されました。清算所得課税制度のもとでは清算事業年度中に親会社から子会社が債権放棄を受けても清算所得(注1)が生じなければ課税の問題は生じませんでした。

　しかしながら，上記税制改正にともない平成22年10月1日以降に解散した場合には，清算事業年度(注2)においても，各事業年度の益金の額から損金の額を控除する通常の所得課税となりました。

　これにより，子会社が親会社から受けた債権放棄に係る債務免除益の額は，解散事業年度のみならず清算事業年度においても益金の額に算入されることになりました。

　解散事業年度，清算事業年度ともに青色欠損金の損金算入の規定の適用があるので，これらの事業年度において債務免除益を含む益金の額が，青色欠損金の損金算入額を含む損金の額以下であれば課税の問題は生じません。

【 SECTION 6　親子関係の場合の子会社清算 】

（注）
1　清算所得＝残余財産の価額－（解散時の資本金等の額＋解散時の利益積立金額等）
2　解散の日の翌日から1年ごとの期間が事業年度とみなされます（法基通1－2－9）。また，事業年度の途中で残余財産が確定した場合には，事業年度開始の日から残余財産の確定した日までの期間が事業年度とみなされます。

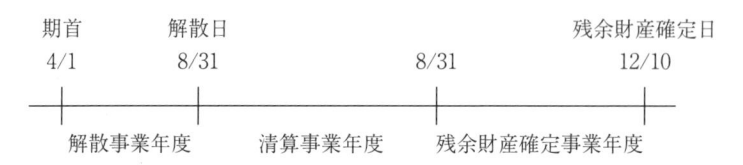

```
期首          解散日                         残余財産確定日
4/1           8/31           8/31             12/10
 ├─────────────┼──────────────┼─────────────────┤
   解散事業年度    清算事業年度    残余財産確定事業年度
```

②　親会社の取扱い

　親会社が子会社等の解散にともない債権放棄をした場合において，その放棄をしなければ今後より大きな損失を蒙ることになることが社会通念上明らかであると認められるためやむを得ず行うに至った相当な理由があると認められるときは，その債権放棄による経済的利益の額は，寄附金の額に該当しないとされています。

　なお，ここでいう子会社等には，当該法人と資本関係を有する者のほか，取引関係，人的関係，資金関係等において事業関連性を有する者が含まれるとされています（法基通9－4－1）。

　この通達の趣旨について，国税庁のタックスアンサー＜法人税＞では次のように解説しています。

No.5280　子会社等を整理・再建する場合の損失負担等に係る質疑応答事例等

　法人税の執行上，民商法重視の立場に立てば親子会社といえどもそれぞれ別個の法人ですから，仮に子会社が経営危機に瀕して解散等をした場合であっても，親会社としては，その出資額が回収できないにとどまり，それ以上に新たな損失負担をする必要はないという考え方があります。しかしながら，一口に子会社の整理といっても，親会社が，株主有限責任を楯にその親会社としての責任を放棄するようなことが社会的にも許されないといった状況に陥ることがしばしば生じ得ます。

　つまり，親会社が子会社の整理のために行う債権の放棄，債務の引受けその他の損失負担については，一概にこれを単純な贈与と決めつけることができない面が

> 多々認められるということであり，このようなものについて，その内容いかんにかかわらず，常に寄附金として処理する等のことは全く実態に即さないといえます。
> 　　　　　　　　　：
> 　　　　　　　（中略）
> 　　　　　　　　　：
> 　そこで，そのようなものについては，税務上も正常な取引条件に従って行われたものとして取り扱い，寄附金としての認定課税をしない旨を明らかにしたものです。

また，国税庁の質疑応答事例において経営危機に陥っていない子会社等に対する支援についての照会について下記のように回答しています。

> 【照会要旨】
> 　経営危機に陥っていない子会社等に対して支援を行った場合，法人税法上どのように取り扱われるのでしょうか。
> 　また，子会社等が経営危機に陥っているとは，どのような状況をいうのでしょうか。
>
> 【回答要旨】
> 　経営危機に陥っていない子会社等に対する経済的利益の供与は，その利益供与について緊急性がなく，やむを得ず行うものとは認められませんから，寄附金に該当することとなります。
> 　子会社等が経営危機に陥っている場合とは，一般的には，子会社等が債務超過の状態にあることなどから資金繰りが逼迫しているような場合が考えられます。
> 　なお，債務超過等の状態にあっても子会社等が自力で再建することが可能であると認められる場合には，その支援は経済合理性を有していないものと考えられます。
> 　子会社等の整理に当たり，整理損失が生じる子会社等は，一般的に実質債務超過にあるものと考えられます。

(2) 子会社の欠損金

　子会社の清算の過程において含み益のある資産の換価処分益，親会社からの債務免除益などにより清算事業年度の益金の額が損金の額を上回る場合があります。解散事業年度や清算事業年度においても青色欠損金の損金算入の規定の

【 SECTION 6　親子関係の場合の子会社清算 】

適用があります。
　確定申告書を提出する法人の各事業年度開始の日前9年(注1)以内に開始した事業年度で青色申告書を提出した事業年度に生じた欠損金額は，その各事業年度の所得金額の計算上損金の額に算入されます（法法57①，⑩，⑪）。
　ただし，この欠損金からは，この規定の適用を受けようとする事業年度前の各事業年度の所得金額の計算上損金の額に算入された欠損金額及び欠損金の繰戻し還付を受けるべき金額の計算の基礎となった欠損金額は除かれます。
　また，中小法人等(注2)以外の法人については，平成24年4月1日以後に開始する事業年度から，その控除限度額は，繰越控除をする事業年度のその繰越控除前の所得の金額の100分の80相当額とされましたが，この取扱は解散事業年度や清算事業年度においても適用があるので注意が必要です。

（注）
1　平成20年4月1日前に終了した事業年度において生じた欠損金額については7年です。
2　中小法人等とは，資本金の額又は出資金の額が1億円以下の法人のうち資本金の額又は出資金の額が5億円以上である法人等の100％子法人等を除く法人です。

【事例】

	中小法人等 （80％制限なし）	中小法人等以外の法人 （80％制限あり）
青色欠損金額	6,000万円	6,000万円
青色欠損金控除前所得金額	5,000万円	5,000万円
青色欠損金の損金算入額	5,000万円	4,000万円
課税所得金額	0	1,000万円

　中小法人等以外の法人は，財産の換価処分や債務免除益により解散事業年度や清算事業年度において所得が生じてしまうと，青色欠損金がいくら多額にあっても課税所得が出てしまう可能性があります。この場合には，次に取り上げる期限切れ欠損金の損金算入の規定で対応することになります。
　平成22年度の税制改正により，清算所得課税制度が廃止されましたが，これ

【 第Ⅱ章 清算──任意清算 】

に併せて，法人が解散した場合において，残余財産がないと見込まれるときには，期限切れ欠損金額に相当する金額は，清算中に終了する事業年度の所得の金額の計算上，損金の額に算入するとされました（法法59③）。

> 詳しくは▶「第Ⅵ章 清算税務の基礎知識」の「3 繰越欠損金の損金算入」

なお，残余財産がないと見込まれるときとは下記の場合をいいます。

残余財産がない状態	事業年度終了の時において債務超過の状態	法基通12-3-8
判定の時期	清算中に終了する各事業年度終了の時の現況（注）	法基通12-3-7
申告要件	確定申告書等に残余財産がないと見込まれることを説明する書類の添付。具体的には法人の清算中に終了する各事業年度終了の時における処分価格による実態貸借対照表	法基通12-3-9

（注） その後の清算中に終了する各事業年度終了の時において状況が変わって当初の見込みとは異なる結果となったとしても，過去において行った期限切れ欠損金額の損金算入に影響を与えませんので，さかのぼって修正する必要はありません（平成22年10月6日平成22年度税制改正に係る法人税質疑応答事例 問9）。

なお，期限切れ欠損金の損金算入の規定は清算事業年度においてのみ適用のある制度で，解散事業年度では適用がありませんので，親会社が債権放棄するタイミングに注意する必要があります。

【事例】

	期限切れ欠損金のない中小法人等以外の法人	期限切れ欠損金のある中小法人等以外の法人
期限切れ欠損金額	0	2,000万円
青色欠損金額	6,000万円	6,000万円
青色欠損金控除前所得金額	5,000万円	5,000万円
青色欠損金の損金算入額(80%)	4,000万円	4,000万円
期限切れ欠損金の損金算入額	－	1,000万円
課税所得金額	1,000万円	0

【 SECTION 6　親子関係の場合の子会社清算 】

　また，子会社の清算の過程において，子会社が過去に粉飾決算を行っていた，在庫管理が不十分なため帳簿在庫と実在庫に差違が生じた，あるいは売掛金の回収の過程で違算が生じていることが判明したなど，結果として実在性のない資産が会社の帳簿に計上されていることが判明することがあります。

　このような実在性のない資産は実態貸借対照表には計上されないため，残余財産がないと見込まれる判定には影響を及ぼしませんが，期限切れ欠損金額の算定上この実在性のない資産がどのように扱われるかが問題となります。

　任意清算におけるこのような場合の明確な取扱いについては明らかにされていませんが，参考となるものとして国税庁が法的整理等を前提とした質疑応答事例（平成22年10月6日「平成22年度税制改正に係る法人税質疑応答事例」問11）があります。

　この質疑応答事例が任意清算にまで適用があるか明らかではありませんが，実在性のない資産の計上根拠（発生原因）等を可能な限り調査しその記録を残しておくことが重要だと思われます。

　　詳しくは▶　第Ⅲ章「4　破産手続開始決定以後の税務」の134頁「実在性のない資産の取扱い」

(3)　子会社株式

　親会社が保有する子会社株式は，子会社株式の消滅損として親会社の各事業年度の所得の金額の計算上，損金の額に算入されます。

2　残余財産がある場合

(1)　債権放棄
①　子会社の取扱い

　子会社の債務の弁済の過程において最終的に弁済しきれない債務の額が残った場合，親会社が債権放棄することになると思われます。

　この場合，子会社では債務免除益が計上されますが，親会社では相当の理由があると認められるときは寄附金の額に該当しないとされています。

詳しくは▶　第Ⅱ章「6　完全支配関係にない子会社の清算」の79頁「子会社の取扱い」

(2) 子会社の欠損金

　清算事業年度における在庫の処分や財産の換価により所得が生じる場合があります。

　子会社において青色欠損金等がある場合は，青色欠損金等の損金算入の規定を適用することになります。

　また，中小法人等以外の法人については，青色欠損金等の控除限度額は繰越控除をする事業年度のその繰越控除前の所得の金額の100分の80相当額となります。

詳しくは▶　第Ⅱ章「6　完全支配関係にない子会社の清算」の81頁「子会社の欠損金」

(3) 残余財産の分配
① 子会社の取扱い

　金銭や現物で残余財産の分配をした場合，配当金の支払いとみなされる部分については，所得税及び復興特別所得税の源泉徴収が必要になります。

【金銭による分配】

　残余財産は最終的には株主に分配されますが，この分配により交付を受けた金銭の額から子会社の資本金等の額のうちその交付の基因となった株式等に対応する部分の金額を超えるときは，その超える部分の金額はみなし配当等になります（法法24①三）。

　また，子会社においてはその交付があった時に配当等とみなされる金額について源泉徴収をする必要があります（所法181①）。

【現物による分配】

　子会社の清算にあたって残余財産を株主に金銭以外の資産で現物分配することができ，これを行った子会社のことを現物分配法人といい，これを受けた法人を被現物分配法人といいます（法法2①十二の六，十二の六の二）。

【 SECTION 6　親子関係の場合の子会社清算 】

[　現物分配法人と被現物分配法人　]

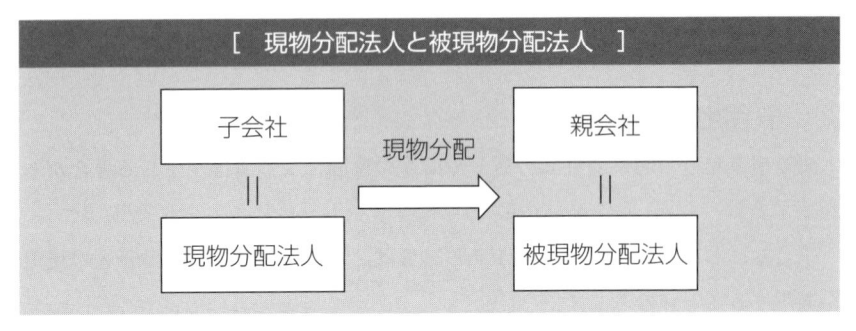

```
  子会社              現物分配         親会社
    ‖         ━━━━━━━━▶         ‖
 現物分配法人                      被現物分配法人
```

　この場合において，現物分配法人である子会社とその親会社が完全支配関係にある場合の現物分配を適格現物分配（法法2①十二の十五），それ以外の現物分配を非適格現物分配といいます。

[　適格現物分配と被適格現物分配　]

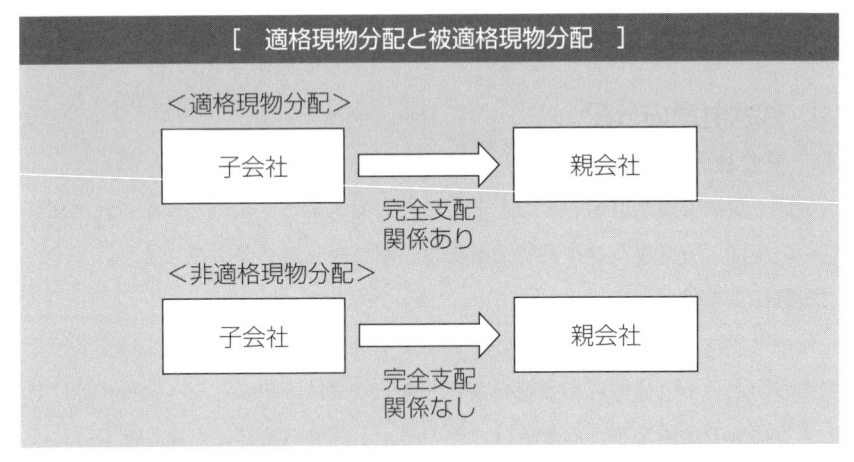

＜適格現物分配＞
```
  子会社    ━━━━━━━━▶    親会社
           完全支配
           関係あり
```

＜非適格現物分配＞
```
  子会社    ━━━━━━━━▶    親会社
           完全支配
           関係なし
```

　適格現物分配については後述しますが，非適格現物分配の場合においては，残余財産の全部の分配又は引渡しにより被現物分配法人（親会社）に資産の移転をするときは，その残余財産の確定の時の価額による譲渡をしたものとし，その譲渡に係る譲渡利益額又は譲渡損失額は，その残余財産の確定の日の属する事業年度の所得の金額の計算上，益金の額又は損金の額に算入するとされています（法法62の5①②）。

　また，この分配により交付を受けた現物分配に係る資産の価額から子会社の資本金等の額のうちその交付の基因となった株式等に対応する部分の金額を超

えるときは，その超える部分の金額はみなし配当等になります（法法24①三）。

したがって，子会社においてはその交付があった時に配当等とみなされる金額について源泉徴収をする必要があります（所法181①）。

【事例】

解散子会社のB／S（完全支配関係なし）
（X1年4月1日～X2年3月31日）

（単位：円）

残余財産	簿　価	純資産	簿　価
預　　　金	50,000,000	資　本　金　等	10,000,000
土　　　地	100,000,000	利　益　積　立　金	140,000,000
計	150,000,000	計	150,000,000

残余財産確定日　　　：X2年3月31日

土地の時価　　　　　：120,000,000円

所得税・復興特別所得税率：20.42％

※　親会社へ土地を含む残余財産の分配をしました。

<仕訳>

・土地の譲渡益

　　（諸　　　　口）　120,000,000　　（土　　　　　地）　100,000,000
　　　　　　　　　　　　　　　　　　　（土　地　譲　渡　益）　20,000,000

・法人税等納税

　　（法　人　税　等）　6,597,500　　（預　　　　　金）　6,597,500

・みなし配当

　　（利　益　積　立　金）　153,402,500（注1）（預　　　　　金）　12,077,710
　　（資　本　金　等）　10,000,000　　（預　り　源　泉　税）　31,324,790（注2）
　　　　　　　　　　　　　　　　　　　（諸　　　　　口）　120,000,000

　　（注1）　みなし配当：140,000,000＋20,000,000－6,597,500

　　（注2）　153,402,500×20.42％

・預り源泉税納税

　　（預　り　源　泉　税）　31,324,790　　（預　　　　　金）　31,324,790

【 SECTION 6　親子関係の場合の子会社清算 】

<税額の計算（東京都の場合）>

① 事業税	400万円以下⇒2.7% 400万円〜800万円⇒4.0% 800万円超⇒5.3% 地方法人特別税⇒81%	4,000,000円×2.7%＝108,000円 4,000,000円×4.0%＝160,000円 12,000,000円×5.3%＝636,000円 計904,000円 904,000円×81%＝732,200円 計1,636,200円
② 法人税率 （中小法人等）	 800万円⇒15% 800万円超⇒25.5%	20,000,000円－※1,636,200円 ＝18,363,800円 ※　事業税は，残余財産確定事業 　　年度で損金算入します。 8,000,000円×15%＝1,200,000円 10,363,000円×25.5% ＝2,642,565円 計3,842,500円
③ 復興法人特別税	10%	3,842,000円×10%＝384,200円
④ 地方税	法人割⇒17.3% 均等割⇒7万円	3,842,000円×17.3%＝664,600円 70,000円 計734,600円
①〜④計		6,597,500円

② 親会社の取扱い

　金銭や現物で残余財産の分配を受けた場合，子会社株式の譲渡損益とみなされる部分と，配当金とみなされる部分があり，これらに関連する規定の適用を受けます。

【金銭による分配】

　子会社より交付を受けた金銭の額から子会社の資本金等の額のうちその交付の基因となった株式等に対応する部分の金額を超えるときは，その超える部分の金額はみなし配当等になります（法法24①三）。

　このみなし配当等に係る子会社の株式が関係法人株式等（法法23⑥）に該当する場合は，みなし配当の金額から関係法人株式等に係る負債利子額（法法23④二）を控除した金額が益金不算入額となります。

【現物による分配】

　子会社の清算にあたって金銭以外の資産で受けた現物分配が非適格現物分配である場合には，その現物分配に係る資産の価額から子会社の資本金等の額のうちその交付の基因となった株式に対応する部分の金額を超えるときは，その超える部分の金額はみなし配当等（法法24①三）になり，金銭による分配と同じく受取配当等の益金不算入額の計算にあたっては負債利子額が控除されます。

【子会社株式】

　子会社株式の譲渡に係る対価の額（みなし配当の額を控除した金額）からその譲渡に係る原価の額を控除した金額は，残余財産の分配又は引渡しの日の属する事業年度の所得の金額の計算上，益金の額又は損金の額に算入されます（法法61の2①，法規27の3）。

[みなし配当と譲渡損益]

【自己資本等】	【譲渡益が発生する場合】	【譲渡損が発生する場合】
交付を受けた金銭その他の資産の価額 / その他の額・資本金等の額	みなし配当の額 / 譲渡収入金額（譲渡益の額・子会社株式等の簿価）	みなし配当の額 / 譲渡収入金額 ／ 子会社株式等の簿価・譲渡損の額

【 SECTION 6　親子関係の場合の子会社清算 】

【事例】（前の事例における親会社の処理）

解散子会社のB／S（完全支配関係なし）
（X1年4月1日～X2年3月31日）

（単位：円）

残余財産	簿　価	純資産	簿　価
預　　　　金	50,000,000	資 本 金 等	10,000,000
土　　　　地	100,000,000	利 益 積 立 金	140,000,000
計	150,000,000	計	150,000,000

残余財産確定日　　　　　　　：X2年3月31日
土地の時価　　　　　　　　　：120,000,000円
子会社株式の簿価　　　　　　：15,000,000円
みなし配当の額　　　　　　　：153,402,500円
仮払所得税・復興特別所得税　：31,324,790円

<仕訳>

・土地の取得
　　（土　　　　地）　120,000,000　　（諸　　　　口）　120,000,000
・みなし配当
　　（諸　　　　口）　110,000,000　　（みなし配当）　153,402,500
　　（預　　　　金）　 12,077,710
　　（仮 払 源 泉 税）　 31,324,790
・株式譲渡損
　　（諸　　　　口）　 10,000,000　　（子 会 社 株 式）　15,000,000
　　（株 式 譲 渡 損）　 5,000,000

3　まとめ（完全支配関係にない場合）

	残余財産がない場合 子会社	残余財産がない場合 親会社	残余財産がある場合 子会社	残余財産がある場合 親会社
債権放棄	・益　金	・相当の理由 あり→損　金 なし→寄附金	・益　金	・相当の理由 あり→損　金 なし→寄附金
子会社の欠損金	・青色欠損金の損金算入 ・期限切れ欠損金の損金算入	－	・青色欠損金の損金算入	－
残余財産の分配	－	－	・金銭分配 みなし配当 ・現物分配 時価による →譲渡損益とみなし配当	・金銭分配 みなし配当 （受取配当金の益金不算入） ・現物分配 時価による →資産取得とみなし配当 （受取配当金の益金不算入）
子会社株式	－	・株式消滅損	－	・株式譲渡損益

SECTION 7
完全支配関係にある子会社の清算

完全支配関係とは，次の①又は②の関係をいいます（法法2①十二の七の六）。

❶ 当事者間の完全支配の関係
　一の者(注1)が法人の発行済株式等の全部を直接又は間接に保有する関係(注2)

❷ 法人相互間の関係
　一の者との間(注1)に当事者間の完全支配の関係がある法人相互の関係

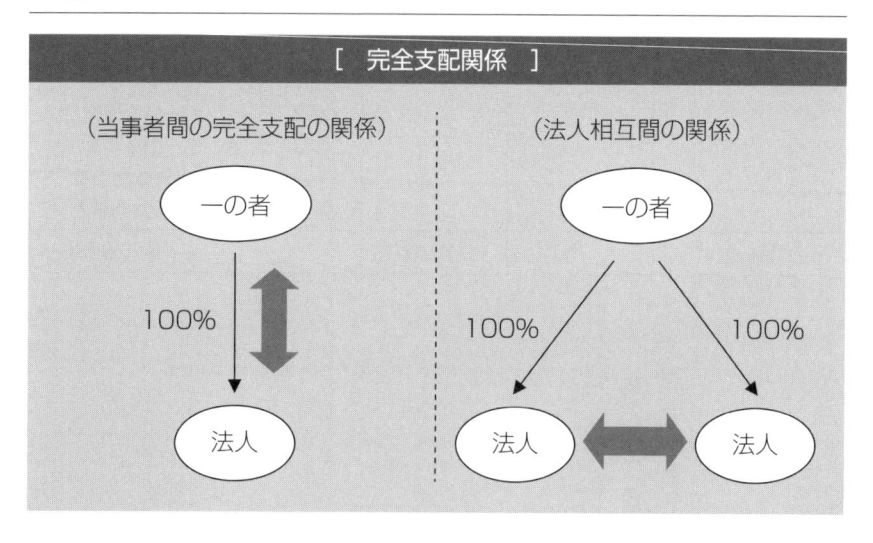

[完全支配関係]

（当事者間の完全支配の関係）　　（法人相互間の関係）

完全支配関係の判定上，法人の発行済株式等（自己株式を除く）からは，従業員持株会所有株式及び役員又は使用人のストックオプション行使により所有株式の合計が5％未満である場合の株式を除いたところで判定するとされています（法令4の2②）。

(注)
1　一の者が個人の場合には，その者と特殊関係のある次の個人も含めます（法令4①一，4の2②）。
　①　株主等の親族
　②　株主等と婚姻の届出をしていないが事実上婚姻関係と同様の事情にある者
　③　個人である株主等の使用人
　④　上記①～③に掲げる者以外の者で個人である株主等から受ける金銭その他の資産によって生計を維持しているもの
　⑤　上記②～④に掲げる者と生計を一にするこれらの者の親族
2　直接又は間接に保有する関係とは次の場合をいいます（法令4の2②）。

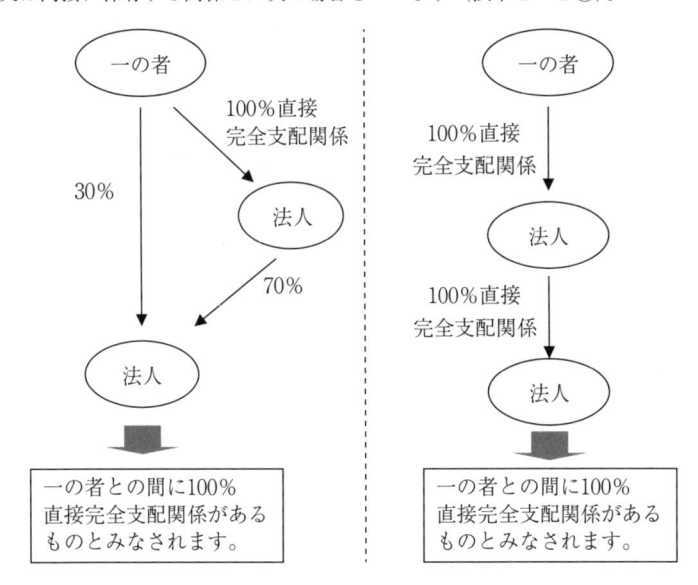

```
   一の者                                 一の者
    │ \                                    │
  30%  \ 100%直接                       100%直接
    │   完全支配関係                    完全支配関係
    │    \                                 │
    │     法人                            法人
    │    /                                 │
    │   / 70%                          100%直接
    │  /                               完全支配関係
    │ /                                    │
   法人                                   法人
    ▼                                     ▼
┌─────────────┐                  ┌─────────────┐
│一の者との間に100％│                  │一の者との間に100％│
│直接完全支配関係がある│                │直接完全支配関係がある│
│ものとみなされます。│                  │ものとみなされます。│
└─────────────┘                  └─────────────┘
```

【 SECTION 7　完全支配関係にある子会社の清算 】

1　残余財産がない場合

(1)　債権放棄

　親会社が主導して任意清算を行う場合，親会社が有する子会社債権を放棄することがしばしば見受けられます。この場合の親会社，子会社の取扱いは次のとおりです。

①　子会社の取扱い

　平成22年10月1日以降に解散した場合には，清算事業年度においても，各事業年度の益金の額から損金の額を控除する通常の所得課税になりました。

　これにより，原則として子会社が親会社から受けた債権放棄に係る債務免除益の額は，解散事業年度のみならず清算事業年度においても益金の額に算入されることになりました。

　ただし，完全支配関係にある親・子会社の場合には，親会社の債権放棄が寄附金に該当するか否かで受贈益の取扱いが異なります。

【親会社において寄附金に該当する場合】

　完全支配関係（法人による完全支配関係に限る）にある親会社から受けた債権放棄などの受贈益の額は，子会社の各事業年度の所得の金額の計算上，益金の額に算入しないとされています（法法25の2）。

　この取扱いは法人による完全支配関係に限られる点について注意する必要があります。

　例えば次のような関係の場合は，法人による完全支配関係ではないのでこの規定の適用はありません。

【 第Ⅱ章　清算——任意清算 】

[完全支配関係ではない例]

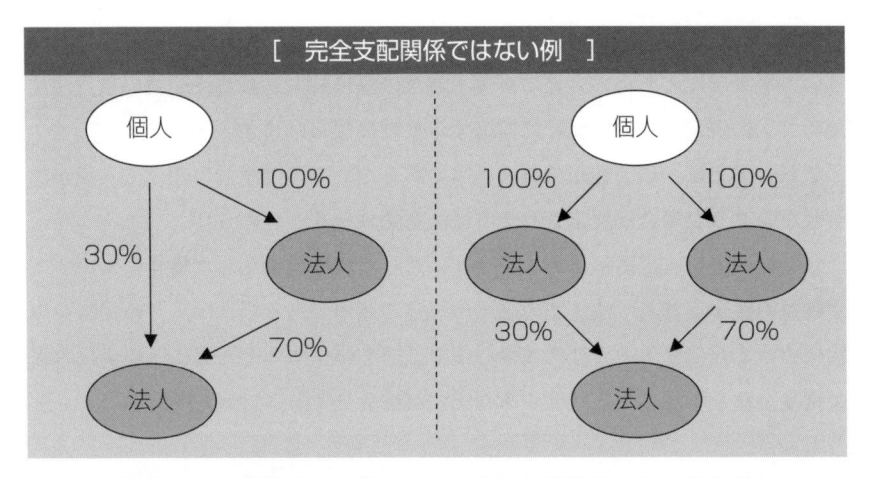

(図：個人→法人100%、個人→法人30%、法人→法人70% ／ 個人→法人100%、個人→法人100%、法人→法人30%、法人→法人70%)

　また，対象となる受贈益は，法人による完全支配関係にある親会社において，寄附金の損金不算入（法法37）の規定を適用しないとした場合にその親会社の各事業年度の所得の金額計算上損金の額に算入される寄附金の額（法法37⑦に規定する寄附金）に対応するものに限られます。

【親会社において寄附金に該当しない場合】
　完全支配関係にある親会社から子会社が受けた債権放棄による経済的利益の額が，親会社において今後より大きな損失を蒙ることになることが社会通念上明らかであると認められるためやむを得ずその損失負担等をするに至った等そのことについて相当な理由があると認められるため寄附金の額に該当しない場合は，完全支配関係のある法人間の受贈益の益金不算入の規定の適用はありません（法基通4-2-5）。

② 　親会社の取扱い
　完全支配関係（法人による完全支配関係に限る）にある子会社に対する債権放棄で寄附金に該当するものについて，子会社において受贈益の益金不算入となるものは，親会社の各事業年度の所得の金額の計算上，損金の額に算入されません（法法37②）。この取扱いは法人による完全支配関係に限られる点について注意する必要があります。
　また，対象となる寄附金は，法人による完全支配関係にある子会社において，

【 SECTION 7　完全支配関係にある子会社の清算 】

受贈益の益金不算入（法法25の２）の規定を適用しないとした場合にその子会社の各事業年度の所得の金額の計算上益金の額に算入される受贈益の額（法法25の２②に規定する受贈益）に対応するものに限られます。

　これは例えば，子会社が公益法人等であるためその受贈益の額は法人税が課されないような場合が想定されます（法基通９－４－２の６）。

　親会社が完全支配関係にある子会社に対して債権放棄をした場合において，受贈益の益金不算入（法法25の２）の規定の適用がある場合は，その受贈益の額について親会社の子会社株式等の帳簿価額を修正するとともに，親会社の利益積立金額を増加させる必要があります（法令９①七，119の３⑥）。

【事例】

　親会社が1,000債権放棄し，これが親会社において寄附金に該当し，子会社において受贈益の益金不算入となりました。

＜子会社の処理＞
　　（親 会 社 債 務）　　1,000　　（受　贈　益）　　1,000
　　　　　　　　　　　　　　　　　└─▶別表四　減算・流出

＜親会社の処理＞
・寄附金の支出
　　（寄　　附　　金）　　1,000　　（子 会 社 債 権）　　1,000
　　　└─▶別表四　加算・流出
・帳簿価額修正
　　（子 会 社 株 式）　　1,000　　（利 益 積 立 金 額）　　1,000
　　　　　　　　　　　　　　　　　└─▶別表五(一)　当期の増加

(2)　欠　損　金

①　子会社の取扱い

　会社清算の過程において含み益のある資産の換価処分，親会社からの債務免除益等により清算事業年度の益金の額が損金の額を上回る場合があります。解散事業年度や清算事業年度においても青色欠損金の損金算入の規定の適用があります。

【 第Ⅱ章　清算──任意清算 】

　確定申告書を提出する法人の各事業年度開始の日前9年以内に開始した事業年度で青色申告書を提出した事業年度に生じた欠損金額は，その各事業年度の所得金額の計算上損金の額に算入されます（法法57①，⑩，⑪）。

　また，中小法人等以外の法人については，平成24年4月1日以後に開始する事業年度から，その控除限度額は，繰越控除をする事業年度のその繰越控除前の所得の金額の100分の80相当額とされましたが，この取扱いは解散事業年度や清算事業年度においても適用があるので注意が必要です。

　　　詳しくは▶　第Ⅱ章「6　完全支配関係にない子会社の清算」の81頁「子会社の欠損金」

　中小法人等以外の法人は，財産の換価処分や債務免除益により解散事業年度や清算事業年度において所得が生じてしまうと，青色欠損金がいくら多額にあっても課税所得が出てしまう可能性があります。この場合には，つぎに取り上げる期限切れ欠損金の損金算入の規定で対応することになります。

　平成22年度の税制改正において，残余財産がないと見込まれるときには，清算中に終了する事業年度前の各事業年度において生じた期限切れ欠損金額は，青色欠損金額等の控除後の所得の金額を限度として，当該適用年度の所得の金額の計算上，損金の額に算入するとされました（法法59③）。

　　　詳しくは▶　「第Ⅵ章　清算税務の基礎知識」の「3　繰越欠損金の損金算入」

　また，実在性のない資産があった場合，実在性のない資産は実態貸借対照表には計上されないため，残余財産がないと見込まれる判定には影響を及ぼしませんが，期限切れ欠損金額の算定上この実在性のない資産がどのように扱われるかが問題となります。

　任意清算におけるこのような場合の明確な取扱いについては明らかにされていませんが，参考となるものとして国税庁が法的整理等を前提とした質疑応答事例（平成22年10月6日「平成22年度税制改正に係る法人税質疑応答事例」問11）があります。

　この質疑応答事例が任意清算にまで適用があるか現時点では明らかではありませんが，実在性のない資産の計上根拠（発生原因）等可能な限り調査しその記録を残しておく必要があると思われます。

【 SECTION 7　完全支配関係にある子会社の清算 】

② 親会社の取扱い

　親会社との間に完全支配関係がある子会社で親会社が発行済株式等の全部若しくは一部を有するものの残余財産が確定した場合において，子会社の残余財産の確定の日の翌日前9年以内に開始した各事業年度（以下，「前9年内事業年度」という）において生じた未処理欠損金があるときは，親会社の青色欠損金の繰越控除の規定（法法57①）については，それぞれ未処理欠損金額の生じた前9年内事業年度開始の日の属する親会社の各事業年度において生じた欠損金額とみなされます（法法57②）。

　なお，この規定は青色未処理欠損金の引継ぎについて定めたものですから，期限切れ欠損金は引き継げないので注意が必要です。

　ここでいう未処理欠損金とは，子会社が欠損金額の生じた前9年内事業年度について青色申告書である確定申告書を提出していること等一定の要件を満たしている場合における欠損金額に限るものとし，子会社の前9年内事業年度の所得の金額の計算上損金の額に算入されたもの及び欠損金の繰戻しより還付を受けるべき金額の計算の基礎となったものを除いた金額をいいます（法法57②，法令112①）。

　また，子会社に株主等が2以上ある場合には，未処理欠損金額を子会社の発行済株式等（自己株式等を除く）の総数又は総額で除し，これに親会社の有する子会社の株式等の数又は金額を乗じて計算した金額とされます（法法57②）。

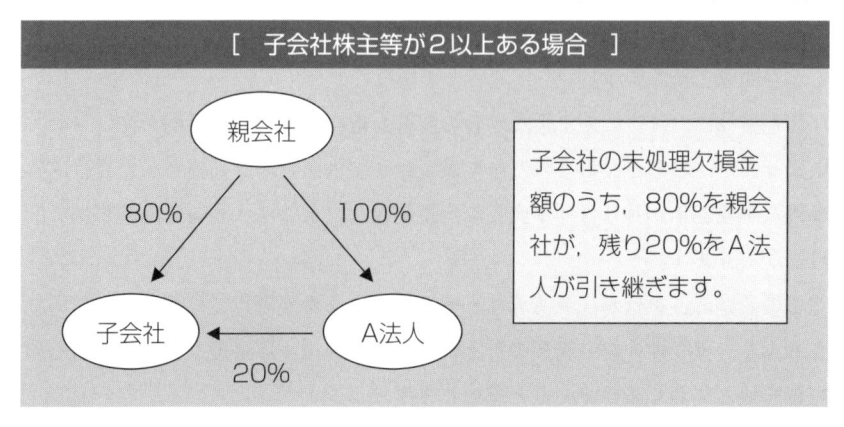

[子会社株主等が2以上ある場合]

親会社 →（80%）子会社
親会社 →（100%）A法人
A法人 →（20%）子会社

子会社の未処理欠損金額のうち，80%を親会社が，残り20%をA法人が引き継ぎます。

【 第Ⅱ章　清算──任意清算 】

　親会社の残余財産の確定の日の翌日の属する事業年度開始の日以後に開始した子会社の前9年内事業年度において生じた未処理欠損金額にあっては，残余財産の確定の日の翌日の属する事業年度の前事業年度とされます。

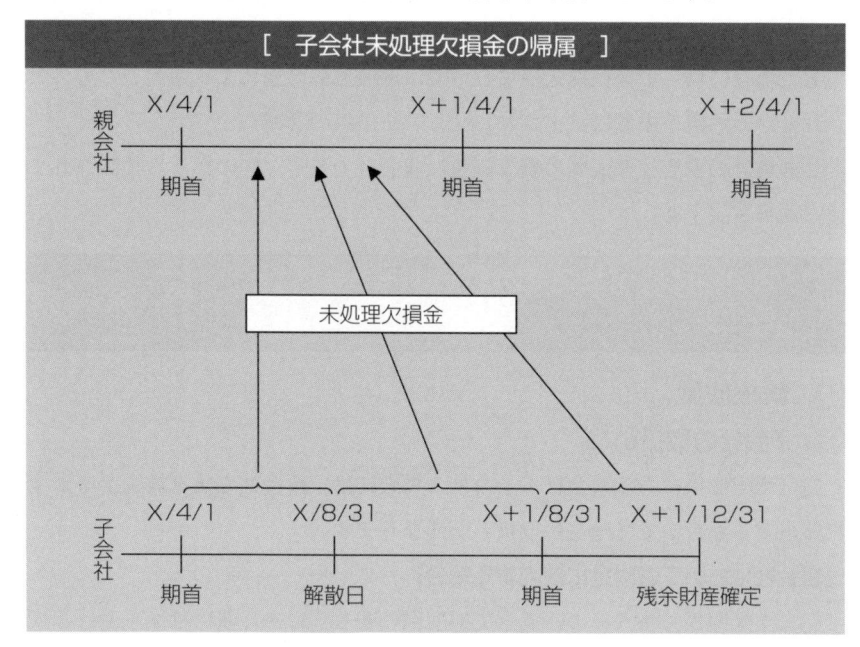

[　子会社未処理欠損金の帰属　]

```
親会社    X/4/1              X+1/4/1            X+2/4/1
          ├─期首──────────────┼─期首──────────────┼─期首─
                ↑  ↑  ↑
                │  │  │
              ┌─────────────┐
              │  未処理欠損金  │
              └─────────────┘
                ↑
子会社   X/4/1    X/8/31      X+1/8/31  X+1/12/31
         ├─期首──┼─解散日─────┼─期首────┼─残余財産確定
```

　ただし，未処理欠損金額の引継ぎには制限があり，残余財産が確定した子会社未処理欠損金額には，残余財産の確定の日の翌日の属する事業年度開始の日の5年前の日，子会社の設立の日若しくは親会社の設立の日のうち最も遅い日から継続して50％超の支配関係（法法2①十二の七の五）にない場合には，次に掲げる欠損金額を含まないものとされています（法法57③）。

・子会社の支配関係事業年度（子会社と親会社との間に最後に支配関係があることとなった日の属する事業年度をいう）前の各事業年度で前9年内事業年度に該当する事業年度において生じた欠損金額
・子会社支配関係事業年度以後の各事業年度で前9年内事業年度に該当する事業年度において生じた欠損金額のうち特定資産に係る譲渡等損失額の損金不算入（法法62の7②）に規定する特定資産譲渡等損失額に相当する金

【 SECTION 7　完全支配関係にある子会社の清算 】

額から成る部分の金額として一定の金額

(3)　子会社株式

　親会社が完全支配関係にある子会社から残余財産の分配を受けないことが確定した場合には，子会社株式等については譲渡原価の額により譲渡したものとされるため消滅差損益は計上されません（法法61の2⑯）。

　この場合の子会社株式等の帳簿価額は親会社の資本金等の額から控除されます（法令8①十九）。

2　残余財産がある場合

(1)　債権放棄
①　子会社の取扱い

　完全支配関係にある親会社・子会社の場合には，親会社の債権放棄が寄附金に該当するか否かで受贈益の取扱いが異なります。

【親会社において寄附金に該当する場合】

　完全支配関係（法人による完全支配関係に限る）にある親会社から受けた債権放棄など受贈益の額は，子会社の各事業年度の所得の金額の計算上，益金の額に算入しないとされています（法法25の2）。

【親会社において寄附金に該当しない場合】

　完全支配関係にある親会社から子会社が受けた債権放棄による経済的利益の額が，相当な理由があると認められるため寄附金の額に該当しない場合は，完全支配関係のある法人間の受贈益の益金不算入の規定の適用はありません（法基通4-2-5）。

　　　　　　詳しくは▶　第Ⅱ章「7　完全支配関係にある子会社の清算」の94頁「子会社の取扱い」

②　親会社の取扱い

　完全支配関係（法人による完全支配関係に限る）にある子会社に対する債権放棄で寄附金に該当するものについて，子会社において受贈益の益金不算入と

なるものは，親会社の各事業年度の所得の金額の計算上，損金の額に算入されません（法法37②）。

この場合において，その債権放棄の額について親会社の子会社株式等の帳簿価額を修正するとともに，親会社の利益積立金額を増加させる必要があります（法令9①七，119の3⑥）。

> 詳しくは▶ 第Ⅱ章「7　完全支配関係にある子会社の清算」の95頁「親会社の取扱い」

(2) 子会社の欠損金

清算事業年度における在庫の処分や財産の換価により所得が生じる場合があります。

子会社において青色欠損金等がある場合は，青色欠損金等の損金算入の規定を適用することになります。

> 詳しくは▶ 第Ⅱ章「7　完全支配関係にある子会社の清算」の96頁「子会社の取扱い」

(3) 残余財産の分配
① 子会社の取扱い

金銭で残余財産の分配をした場合，配当金の支払いとみなされる部分については，所得税及び復興特別所得税の源泉徴収が必要になります。

また，適格現物分配により親会社にその有する資産の移転をしたときは，譲渡損益は認識しません。

【金銭による分配】

残余財産は株主に分配されることになりますが，この分配により交付を受けた金銭の額から子会社の資本金等の額のうちその交付の基因となった株式に対応する部分の金額を超えるときは，その超える部分の金額はみなし配当等（法法24①三）になります。

また，子会社においてはその交付があった時に配当等とみなされる金額について源泉徴収をする必要があります（所法181①）。

【 SECTION 7　完全支配関係にある子会社の清算 】

【現物による分配】
　子会社の清算にあたって残余財産を株主に金銭以外の資産で現物分配することもでき，これを行った子会社のことを現物分配法人といい，これを受けた法人を被現物分配法人といいます（法法2①十二の六，十二の六の二）。

[現物分配法人と被現物分配法人]

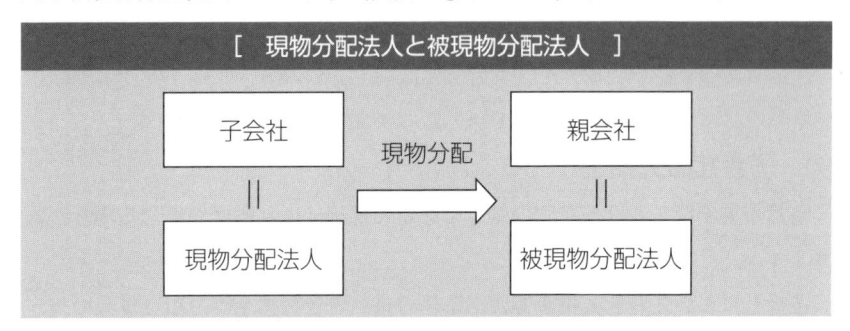

子会社　現物分配　親会社
＝　　　　　　　　＝
現物分配法人　　　被現物分配法人

　この場合において，現物分配法人である子会社と被現物分配法人である親会社が完全支配関係にある場合の現物分配を適格現物分配（法法2⑫十二の十五）といいます。

[適格現物分配と非適格現物分配]

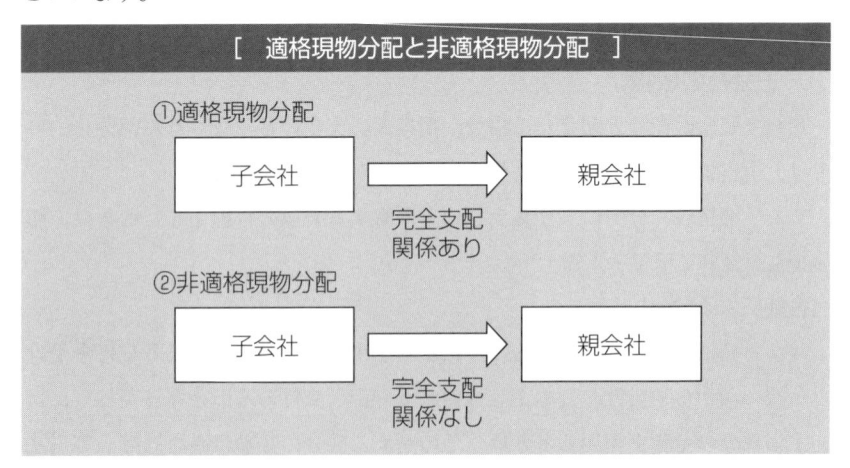

①適格現物分配
子会社　→　親会社
　　完全支配
　　関係あり

②非適格現物分配
子会社　→　親会社
　　完全支配
　　関係なし

　子会社が適格現物分配により親会社にその有する資産の移転をしたときは，親会社に移転をした資産の適格現物分配の直前の帳簿価額（適格現物分配が残余財産の全部の分配である場合には，その残余財産の確定の時の帳簿価額）による譲渡をしたものとして，譲渡損益を認識しないで子会社の各事業年度の所

得の金額を計算します（法法62の5③）。

この場合において，子会社は適格現物分配となった資産のその交付の直前の帳簿価額を基にみなし配当の金額を計算します（法法24①）。また，この適格現物分配に係るみなし配当については源泉徴収をする必要がありません（所法24①）。

みなし配当相当額は子会社の利益積立金額から減算し（法令9①八），資本金等の額に対応する部分は資本等の額から減算することになります（法令8①十六）。

【事例】

解散子会社のB／S（完全支配関係あり）
（X1年4月1日〜X2年3月31日）

（単位：円）

残余財産	簿　価	純資産	簿　価
預　　　金	50,000,000	資　本　金　等	10,000,000
土　　　地	100,000,000	利　益　積　立　金	140,000,000
計	150,000,000	計	150,000,000

残余財産確定日　　　　　：X2年3月31日
土地の時価　　　　　　　：120,000,000円
所得税・復興特別所得税率：20.42％

＜仕訳＞

・土地の譲渡

（諸　　　　口）100,000,000　　（土　　　　地）100,000,000

・法人税等

帳簿価額により譲渡したものとされるため，課税所得はなし。

・みなし配当

（利　益　積　立　金）140,000,000　　（預　　　　金）40,470,667
（資　本　金　等）10,000,000　　（預　り　源　泉　税）9,529,333
　　　　　　　　　　　　　　　　（諸　　　　口）100,000,000

103

【 SECTION 7　完全支配関係にある子会社の清算 】

・預り源泉税

　　（預　り　源　泉　税）　　9,529,333　　　　（預　　　　　金）　9,529,333

＜源泉所得税額の計算＞

・金銭部分に対応するみなし配当の額

　　$140,000,000円 \times \dfrac{50,000,000円}{150,000,000円} = 46,666,666円$

・源泉所得税及び復興特別所得税

　　$46,666,666円 \times 20.42\% = 9,529,333円$

②　親会社の取扱い

　金銭で残余財産の分配を受けた場合，配当金の支払いとみなされる部分については益金不算入となります。

　また，子会社株式等については譲渡原価の額により譲渡したものとされるため消滅差損益は計上されず，資本金等の額で調整されます。

【金銭による分配】

　子会社より交付を受けた金銭の額から子会社の資本金等の額のうちその交付の基因となった株式に対応する部分の金額を超えるときは，その超える部分の金額はみなし配当等になります（法法24①三）。

　完全子法人株式等（法法23⑤）から受けるみなし配当等については，負債利子額を控除することなくその全額が益金不算入額となります（法法23④一）。

【現物による分配】

　完全支配関係にある子会社の解散により親会社が適格現物分配を受けた場合においては，現物分配に係る資産の交付直前の資産の帳簿価額に相当する金額が，その子会社の資本金等の額のうちその交付の基因となった子会社の株式等に対応する部分の金額を超える部分の金額は，みなし配当とされます（法法24①）。ただし，この適格現物分配に係るみなし配当の額は受取配当金の益金不算入の規定の適用はありません（法法23①）。

　親会社が完全支配関係にある子会社から適格現物分配により資産の移転を受けたことにより生ずる収益の額は，その内国法人の各事業年度の所得の金額の

計算上，益金の額に算入しないこととされ（法法62の5④），その資産の取得価額は，適格現物分配をした完全支配関係にある子会社の帳簿価額に相当する金額となります（法令123の6①）。また，残余財産の移転の時期は，実際に現物分配した時になると考えられますが，残余財産の全部の分配の場合には，残余財産の確定の日の翌日に行われたものとしてされます（法令123の6②）。

親会社を被現物分配法人とする適格現物分配に係るみなし配当相当額は親会社の利益積立金額に加算されます（法令9①四）。

【子会社株式】

親会社が有する子会社株式等については譲渡原価の額により譲渡したものとされるため消滅差損益は計上されず（法法61の2⑯），次の算式により計算した金額をその親会社の資本等の額から減算します（法令8①十九）。

| 残余財産の分配に係るみなし配当の額 | ＋ | 子会社株式の帳簿価額 | − | 残余財産分配額 |

【事例】（前の事例における親会社の処理）

解散子会社のB／S（完全支配関係あり）
（X1年4月1日〜X2年3月31日）

（単位：円）

残余財産	簿　価	純資産	簿　価
預　　　金	50,000,000	資 本 金 等	10,000,000
土　　　地	100,000,000	利 益 積 立 金	140,000,000
計	150,000,000	計	150,000,000

残余財産確定日　：X2年3月31日
土地の時価　　　：120,000,000円
子会社株式の簿価：15,000,000円
みなし配当の額　：140,000,000円
源泉徴収税額　　：9,529,333円

【 SECTION 7　完全支配関係にある子会社の清算 】

＜仕訳＞

・土地の取得
（土　　　　地）　100,000,000　（諸　　　　口）　100,000,000

・みなし配当
（諸　　　　口）　 90,000,000　（利 益 積 立 金）　140,000,000
（預　　　　金）　 40,470,667
（仮 払 源 泉 税）　 9,529,333

・株式譲渡損
（諸　　　　口）　 10,000,000　（子 会 社 株 式）　 15,000,000
（資 本 金 等）　 5,000,000

3 まとめ（完全支配関係がある場合）

	残余財産がない場合		残余財産がある場合	
	子会社	親会社	子会社	親会社
債権放棄	・相当の理由あり→益金 なし→益金不算入	・相当の理由あり→損金 なし→損金不算入 子会社株式等の帳簿価額修正	・相当の理由あり→益金 なし→益金不算入	・相当の理由あり→損金 なし→損金不算入 子会社株式等の帳簿価額修正
子会社の欠損金	・青色欠損金の損金算入 ・期限切れ欠損金の損金算入	・子会社未処理青色欠損金の引継ぎあり ―	・青色欠損金の損金算入	・子会社未処理青色欠損金の引継ぎあり
残余財産の分配	―	―	・金銭分配 →みなし配当 ・現物分配 簿価による譲渡 譲渡損益→なし みなし配当 →利益積立金減算	・金銭分配 →受取配当金益金不算入 ・現物分配 簿価により取得 みなし配当 →利益積立金加算
子会社株式	―	・消滅差損益なし 資本金等の額で調整	―	・消滅差損益なし 資本金等の額で調整

SECTION 8

ケーススタディ

債務の弁済が可能なケース

　甲はA株式会社（以下，A社）の100％株主です。甲には後継者がおらず，またA社はここ数年赤字で将来の業績の好転が見込まれません。幸い過去の利益の蓄積と土地の含み益があることから会社の財産を処分すれば債務の弁済が可能です。そこでA社をX1年9月30日に解散し，1年後のX2年9月30日に残余財産が確定しました。

(1) A株式会社の処理

解散事業年度末の貸借対照表
（X1年9月30日現在）

（単位：円）

勘定科目	簿　価	時　価	勘定科目	簿　価
現　　　　金	200,000,000	200,000,000	買　掛　金	200,000,000
売　掛　金	200,000,000	200,000,000	資　本　金	10,000,000
建　　　　物	20,000,000	0	繰越利益剰余金	290,000,000
他 固 定 資 産	30,000,000	0		
土　　　　地	50,000,000	600,000,000		
計	500,000,000	1,000,000,000	計	500,000,000

※　消費税は考慮しないものとします。

【 第Ⅱ章　清算――任意清算 】

① 残余財産確定事業年度の換価，債権回収及び債務の弁済仕訳

(単位：円)

(現 金)		200,000,000	(売 掛 金)		200,000,000
(買 掛 金)		200,000,000	(現 金)		200,000,000
(販 管 費)		100,000,000	(現 金)		100,000,000
(固定資産除却損)		50,000,000	(建 物)		20,000,000
			(他 固 定 資 産)		30,000,000
(現 金)		600,000,000	(土 地)		50,000,000
			(土 地 譲 渡 益)		550,000,000
(法 人 税 等)		158,951,800	(未払法人税等)		158,951,800

税額の計算（東京都の場合）は，以下のように行います。

　（土地譲渡益）550,000,000円－（人件費）100,000,000円

　　－（固定資産除却損）50,000,000円＝（所得金額）400,000,000円

※　申告調整はないものとします。

① 事業税	400万円以下⇒2.95%	4,000,000円×2.95% ＝118,000円
	400万円～800万円⇒4.365%	4,000,000円×4.365% ＝174,600円
	800万円超⇒5.78%	392,000,000円×5.78% ＝22,657,600円 　　　　計22,950,200円 4,000,000円×2.7% ＝108,000円 4,000,000円×4% ＝160,000円 392,000,000円×5.3% ＝20,776,000円 計21,044,000円
	地方法人特別税⇒81%	21,044,000円×81% 　　　　＝17,045,600円 再計39,995,800円

【 SECTION 8　ケーススタディ 】

② 法人税率 （中小法人等）		400,000,000円 －39,995,800円 ＝360,004,200円 ※ 事業税は，残余財産確定事業年度で損金算入します。
	800万円⇒15%	8,000,000円×15% ＝1,200,000円
	800万円超⇒25.5%	352,004,000円×25.5% ＝89,761,020円 計90,961,000円
③ 復興法人特別税	10%	90,961,000円×10% ＝9,096,100円
④ 地方税	法人割⇒20.7%	90,961,000円×20.7% ＝18,828,900円
	均等割⇒7万円	70,000円 計18,898,900円
①～④計		158,951,800円

残余財産確定時貸借対照表
（X2年9月30日現在）

（単位：円）

勘定科目	金　額	勘定科目	金　額
預　　　　金	700,000,000	未払法人税等	158,951,800
		資　本　金	10,000,000
		繰越利益剰余金	531,048,200
合　　計	700,000,000	合　　計	700,000,000

清算確定事業年度の損益計算書
（X1年10月1日～X2年9月30日）

（単位：円）

勘定科目	金　額	勘定科目	金　額
販　管　費	100,000,000	土地譲渡益	550,000,000
固定資産除却損	50,000,000		
法　人　税　等	158,951,800		
当期純利益	241,048,200		
合　　計	550,000,000	合　　計	550,000,000

② 残余財産分配の仕訳

【法人税等支払い】

（未 払 法 人 税 等）　158,951,800　（預　　　　　金）　158,951,800

【みなし配当】

（資　　本　　金）　 10,000,000　（預 り 源 泉 税）　108,440,042（注）
（利 益 積 立 金）　531,048,200　（預　　　　　金）　432,608,158

【源泉税】

（預 り 源 泉 税）　108,440,042　（預　　　　　金）　108,440,042

（注）　531,048,200円×（源泉所得税，復興特別所得税）20.42％＝108,440,042円

(2) 株主甲の処理

甲にはX2年にはA社清算にともなうみなし配当以外に所得はないものとします。また，所得控除は基礎控除のみとします。

（単位：円）

① 所得税

配当所得	531,048,200	
所得控除	380,000	
課税所得金額	530,668,000	（千円未満切捨）
所得税額	209,471,200	530,668,000×40％－2,796,000 ＝209,471,200
配当控除	27,033,400	10,000,000×10％＝1,000,000 （530,668,000－10,000,000）×5％ ＝26,033,400 計27,033,400
復興特別所得税	3,831,193	209,471,200－27,033,400 ＝182,437,800 182,437,800×2.1％＝3,831,193
源泉所得税	108,440,042	
納付税額	77,828,900	（百円未満切捨）

【 SECTION 8　ケーススタディ 】

②　住民税		
配当所得	531,048,200	
所得控除	330,000	
課税所得金額	530,718,000	（千円未満切捨）
住民税額	53,071,800	530,718,000×10％＝53,071,800
配当控除	7,570,052	10,000,000×2.8％＝280,000 (530,718,000−10,000,000)×1.4％ ＝7,290,052 計7,570,052
均等割額	5,000	
合計	45,506,700	（百円未満切捨）

【 第Ⅱ章　清算――任意清算 】

全額放棄を受けるケース

　A株式会社（以下，A社）の100％子会社であるB株式会社（以下，B社）はA社の製品の一部を扱う販売会社です。B社は長引く不況で債務超過になっていて業績の回復が見込まれないことから清算を考えています。

　B社の債務の大部分はA社からの買掛金と借入金で，最終的にはA社が債権放棄をして任意清算を予定しています。

　なお，A社が行う債権放棄は，その放棄をしなければ今後より大きな損失を蒙ることになることが社会通念上明らかであると認められると考えています。

(1) B株式会社の処理

解散事業年度末の貸借対照表
（Ｘ１年９月30日現在）

（単位：円）

勘定科目	簿　価	勘定科目	簿　価
現　預　金	100,000,000	Ａ 社 買 掛 金	200,000,000
売　掛　金	200,000,000	Ａ 社 借 入 金	1,000,000,000
		資　本　金	100,000,000
		繰越利益剰余金	△1,000,000,000
計	300,000,000	計	300,000,000

※　期首利益積立金額（別表五㈠31①欄）△1,000,000,000円です。
　　青色欠損金額700,000,000円です。
　　消費税は考慮しないものとします。

① 残余財産確定事業年度の債権回収及び債務の弁済仕訳

（単位：円）

（預　　　　金）	200,000,000	（売　掛　金）	200,000,000
（販　管　費）	100,000,000	（預　　　　金）	100,000,000
（法 人 税 等）	180,000	（未払法人税等）	180,000
（Ａ 社 買 掛 金）	199,820,000	（預　　　　金）	199,820,000

113

【 SECTION 8　ケーススタディ 】

（A 社 買 掛 金）　　　　180,000　　（債 務 免 除 益）1,000,180,000
（A 社 借 入 金）1,000,000,000

残余財産確定時貸借対照表
(X2年9月30日現在)

(単位：円)

勘定科目	金　額	勘定科目	金　額
預　　　　　金	180,000	未 払 法 人 税 等	180,000
		資　　本　　金	100,000,000
		繰 越 利 益 剰 余 金	△100,000,000
合　　　　計	180,000	合　　　　計	180,000

残余財産確定事業年度の損益計算書
(X1年10月1日～X2年9月30日)

(単位：円)

勘定科目	金　額	勘定科目	金　額
販　　管　　費	100,000,000	債 務 免 除 益	1,000,180,000
法　人　税　等	180,000		
当 期 純 利 益	900,000,000		
合　　　　計	1,000,180,000	合　　　　計	1,000,180,000

②　課税所得金額の計算

当期利益	900,000,000	
損金経理納税充当金	180,000	
青色欠損金の損金算入	△700,000,000	資本金1億円のため中小法人等に該当
期限切れ欠損金の損金算入	△200,180,000	期限切れ欠損金額300,000,000円 ＞200,180,000円 ∴　200,180,000円
所得金額	0	

(2)　A株式会社の処理

(単位：円)

(預　　　　　金)	199,820,000	(A 社 売 掛 金)	199,820,000
(貸 倒 損 失)	1,000,180,000	(A 社 売 掛 金)	180,000
		(A 社 貸 付 金)	1,000,000,000
(資 本 金 等)	100,000,000	(B 社 株 式)	100,000,000

(注)　B社株式の帳簿価額は100,000,000円とします。

第 III 章

清算——法的清算

SECTION 1
破　産

1　破産手続の概要

　破産手続とは，債務者が支払不能又は債務超過で債務の全額を返済できない場合に，裁判所の監督のもと，債務者の財産を包括的に管理・換価して，債権者に適正かつ公平に配当し，債務者の清算を図る法的手続をいいます（破産法1）。

　この破産手続は法人，個人ともに利用することができますが，本書では法人の破産手続に関して解説します。

2　破産手続の流れ

　破産手続は裁判所に破産手続開始の申立てを行うことからスタートします。申立てを受けた裁判所は，必要に応じて，債務者の財産について一定の保全処分を行います。

　その後裁判所は，破産手続開始の申立てについて，申立てを棄却する特段の事由がなければ破産手続開始の決定をします。破産手続開始決定がされると裁判所から破産管財人が選任され，以後，この破産管財人により破産手続が遂行されていくことになります。

　破産管財人は，債権について金額や内容の調査等を行うとともに，債務者の財産を換金し，公平に債権者へ配当を行います。

　破産管財人により全ての財産の換金が行われ，最終の配当が行われると裁判

【 SECTION 1　破　　産 】

所から破産手続終結の決定がされ破産手続の終了となります。

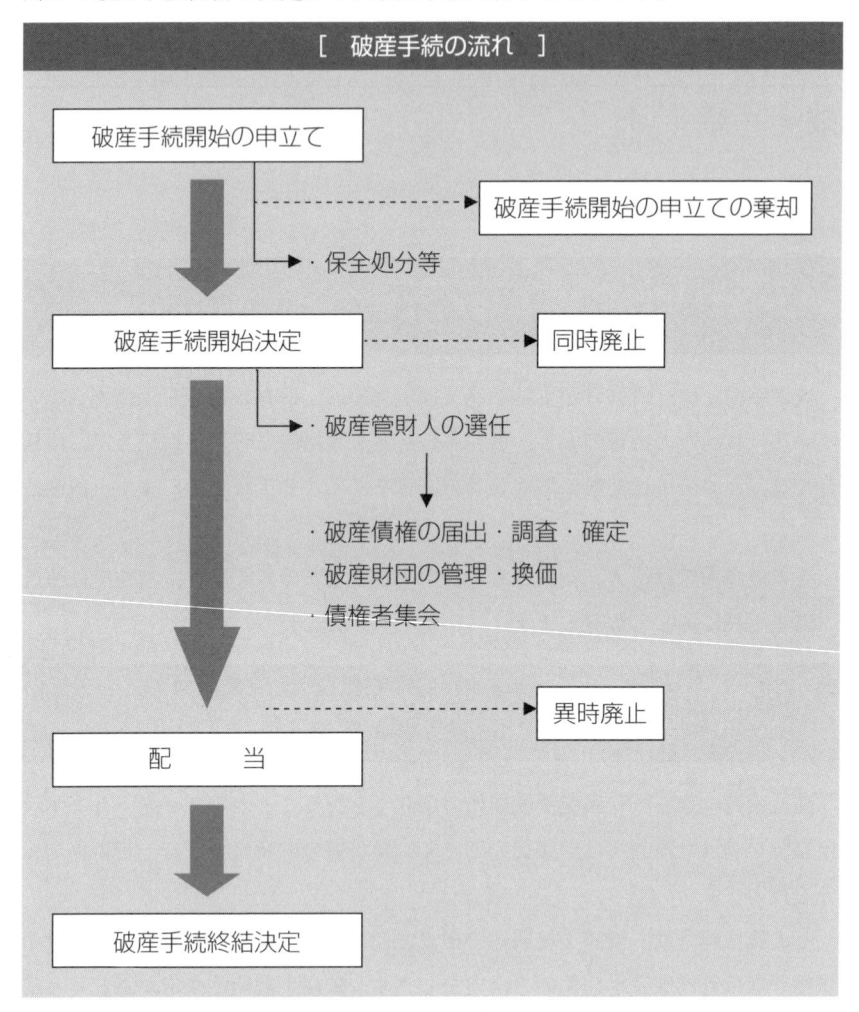

[破産手続の流れ]

```
破産手続開始の申立て
    │
    ├──────────────→ 破産手続開始の申立ての棄却
    │
    └→・保全処分等
    ↓
破産手続開始決定 ──────────→ 同時廃止
    │
    └→・破産管財人の選任
        ↓
     ・破産債権の届出・調査・確定
     ・破産財団の管理・換価
     ・債権者集会
    │
    ├──────────────→ 異時廃止
    ↓
配　　当
    ↓
破産手続終結決定
```

(1) 破産手続開始の申立て

① 破産原因

　破産手続は，債務者に破産原因があるときに，申立てによって開始します。この破産手続自体は，自然人である個人，法人ともに認められています。

ただし，破産原因については自然人である個人と法人とでは範囲が異なります。自然人の場合には支払不能，法人の場合には支払不能又は債務超過（債務者が，その債務につきその財産をもって完済することができない状態）であることが破産原因となります（破産法15，16）。

② 申立権者

破産の申立てができるのは，債務者又は債権者ですが，実務上は債務者自らが申立てを行うケースが大半を占めます（破産法18）。

③ 管　　轄

破産の申立ては，原則として，破産会社の本店所在地を管轄する地方裁判所に行います（破産法5①）。ただし，親会社と子会社を同時に処理を行う場合などは親会社を管轄する裁判所に申立てを行うこともできます（破産法5③）。

④ 申立の費用

破産手続の申立てに際しては，破産手続の費用その他管財人の報酬等一定の金額を予納しなければなりません。この金額は一律ではなく，債務者の財産の状況や負債総額等を考慮して定められます（破産法22）。

⑤ 提出書類

破産手続の申立ては，一定の事項を記載した書類に必要な資料を添付したものを提出することにより行われます（破産法20）。

【必要書類】

① 破産手続開始申立書

② 債権者一覧表

③ 債務者一覧表

④ 委任状

⑤ 資産目録

⑥ 代表者の陳述書

⑦ 破産申立てについての取締役会議事録又は取締役の同意書

【 SECTION 1　破　　産 】

【添付書類】
① 法人登記の全部事項証明書（3ヶ月以内のもの）
② 貸借対照表，損益計算書（直近2期分）
③ 清算貸借対照表（破産申立日時点のもの）
④ 法人税等の申告書の写し（直近2期分）
⑤ 定款
⑥ 不動産登記の全部事項証明書（3ヶ月以内のもの）
⑦ 賃貸借契約書の写し
⑧ 預貯金の通帳の写し

(2) 保全処分
　裁判所は，破産手続開始の申立てがあった場合には，申立てがあった日から破産手続開始の決定をする日までの期間に債務者の財産が散逸しないように債務者の財産の処分禁止の仮処分その他財産を保全するために必要な処分を命ずることができます（破産法25，28）。

(3) 破産手続開始決定
① 開始決定
　裁判所は，破産手続開始の申立てがあった場合において，破産手続開始の原因となる事実があり，かつ，次に掲げる事項のいずれかにも該当しないときは，破産手続開始の決定をします（破産法30①，②）。
① 破産手続の費用の予納がないとき
② 不当な目的で破産手続開始の申立てがされたとき，その他申立てが誠実にされたものでないとき

② 開始決定の効果
　破産手続開始決定がされると，破産者の有する全ての財産は破産財団となり，破産者は財産の管理処分ができなくなります（破産法34，78）。
　また，破産手続開始決定は法人の解散事由に該当するため，原則として事業

継続ができなくなります。さらに取締役や監査役等の役員は，破産手続の開始決定＝委任契約の終了となるため，役員を退任しなければなりません。

③　同時廃止・異時廃止

　破産手続開始時にほとんど財産がなく，配当できる可能性がない場合には，裁判所は，破産手続開始決定と同時に破産手続の廃止の決定をします。これを同時廃止といいます。

　また，破産手続開始後，手続の過程において財産がないことが判明し，配当することが困難となった場合にも，その時点で破産手続の廃止を決定します。これを異時廃止といいます。

④　破産管財人の選任

　破産手続開始決定が出された場合，裁判所は破産管財人を選任します（破産法74）。この破産管財人により，破産財団に属する財産の管理及び処分が行われていくことになります（破産法78）。

(4)　破産債権の届出・調査・確定

　破産債権者は，裁判所の定めた債権届出期間内に破産債権を届け出る必要があります（破産法111①）。この届出によって破産債権者は配当手続に参加できるようになります。

　破産管財人は，この届出のあった破産債権についてその存在や金額等について調査を行い，調査結果に基づき破産債権の認否を行い，破産債権を確定させます（破産法124）。

(5)　債権者集会

　破産手続開始決定がされると裁判所において第1回目の債権者集会が開催されます。この債権者集会では，破産管財人から債務者が破産手続開始に至った事情や債務者の破産時の財産状況等の報告が行われます（破産法157①，158）。

　その後破産管財人により最後の配当が行われた後には計算報告のための債権者集会が行われます。第1回目の債権者集会については必ず開催しなければな

【 SECTION 1　破　　産 】

りませんが，現実に債権者集会に出席する債権者は少ないため，計算報告のための債権者集会に代えて書面による報告に変更することもできます。

(6)　破産財団の管理

破産管財人は，破産手続開始後遅滞なく，破産財団に属する財産の破産手続開始時の価額を算定し，その後，直ちに破産開始時の財産目録及び貸借対照表を作成し，裁判所へ提出しなければなりません（破産法153①，②）。

破産管財人はこの財産目録に基づいて換価の必要な資産について売却等の処分を行います。この際，債権者の引当となる財団財産がなるべく大きくなるように一般的に有利とされる任意売却の方法で換価を目指しますが，時間の制約等もあるため，任意売却が難しいと判断される場合には競売等の方法により換価が行われます。

(7)　配　　当

破産管財人は破産財団の全資産を換価して得た金銭から財団の管理等のために必要な費用を支払い，残額があればその残額については債権者に対しその債権金額の割合に応じて配当を行います。配当には債権の種類により優先順位が定められており，上位の債権について全額の配当がなされないと次の順位の債権への配当はされません。

[　配当の優先順位　]

順位	名　称	例
1	財団債権	・破産財団の管理・換価等のために生じた費用 ・破産管財人の報酬 ・破産手続開始決定前の原因に基づいて生じた租税債権のうち破産手続開始当時まだ納期限の到来していないもの又は納期限から1年を経過していないもの ・破産手続開始前3ヶ月分の労働債権
2	優先的破産債権	・財団債権とならない租税債権 ・破産手続開始前3ヶ月を超えた分の労働債権

| 3 | 一般債権 | ・仕入先への買掛金,支払手形
・金融機関からの借入金 |
| 4 | 劣後的破産債権 | ・破産手続開始後の利息の請求権
・破産手続開始後の延滞税,利子税又は延滞金の請求権 |

(8) 破産手続終結決定

　裁判所は,最終の配当が完了した後,破産管財人による債権者へ計算報告等が終了したときに破産手続の終結の決定をします。

3　破産手続申立て時の税務

(1) 破産会社

　破産手続開始の申立て時の税務については,特段注意すべき点はありません。原則として,破産手続開始前と同じ処理を行うこととなります。ただし,申立書に添付する書類の中に財産目録が含まれていますが,この財産目録は取得価額により作成するのではなく,処分価額により作成する必要があります。

(2) 債権者
① 概　要

　債務者が破産手続開始の申立てを行った時点では,債権者は保有する債権の回収可能性を考慮した処理を行うことになります。具体的には貸倒損失の計上や貸倒引当金の設定が考えられます。ただし,この時点では回収不能となる金額が明らかになっていないため,書面等により債務免除を行った場合等を除き,貸倒損失の計上はできません。

② 貸倒引当金の計上

　債務者が破産手続開始の申立てを行った時には,債権者は貸倒引当金の計上について検討することになります。

【 SECTION 1 破　　産 】

　税務上は，事業年度終了の時において有する金銭債権の金額の50％に相当する金額を個別評価金銭債権（実質的に債権と見られない部分の金額及び担保権の実行等により取立ての等の見込みがあると認められる部分の金額を除く）に係る貸倒引当金として繰り入れることが認められています（形式基準）（法法52，法令96①三）。

　また，事業年度終了の時において有する金銭債権に係る債務者につき，債務超過の状態が概ね1年以上継続し，かつ，その営む事業に好転の見通しがないこと，災害，経済事情の急変等により多大な損害が生じたこと等の事由により，その金銭債権の一部の金額につき取立て等の見込みがないと認められる場合は，取立て等の見込みがない金額を個別評価金銭債権に係る貸倒引当金として繰り入れることも認められています（実質基準）（法令96①二，法基通11－2－6）。

　債権者はこのうち有利な方を適用して貸倒引当金を繰り入れることができます。なお，形式基準と実質基準については次ページの図をご参照ください。

　ただし，次のいずれかに該当する法人は貸倒引当金の計上が認められていませんので注意してください（法法52①）。

❶　期末資本金の額が1億円超

❷　資本金が5億円以上である法人の100％子会社など

(3)　株　　　主

　破産手続開始申立ての時期において，株主に係る税務上の問題は特段ありません。

【 第Ⅲ章　清算──法的清算 】

[貸倒引当金の繰入限度額（形式基準）]

- 更生計画認可決定等による長期棚上げの場合
- 債務者の債務超過状態の継続による場合
- **更生手続開始の申立て等による場合**
- 外国政府の履行遅延の場合

- 更生手続開始の申立て
- 再生手続開始の申立て
- **破産手続開始の申立て**
- 特別清算開始の申立て
- 手形交換所による取引停止処分／電子債権記録機関の取引停止処分

繰入限度額：金銭債権の額の50％相当額　金銭債権の額には，債務者からの受入額・担保権の実行による取立見込額を除く

[貸倒引当金の繰入限度額（実質基準）]

- 更生計画認可決定等による長期棚上げの場合
- **債務者の債務超過状態の継続による場合**
- 更生手続開始の申立て等による場合
- 外国政府の履行遅延の場合

→ 債務者が債務超過の状態が相当期間継続
- 営む事業に好転の見通しがない
- かつ
- 災害，経済事情の急変等により多大な損害が生じた

繰入限度額：金銭債権の一部の金額につきその取立等の見込みがないと認められる金額

【 SECTION 1　破　　産 】

4　破産手続開始決定以後の税務

(1)　破産会社
①　概　　要
　破産手続開始決定以後の税務・会計に関する作業は破産管財人が行うことになります。また，破産手続は破産法に定められた手続であるため，破産会社の会計も，会社法の規定ではなく破産法に準拠して処理を行います。具体的には以下の点で会社法における清算とは異なる特徴があります。

	会社法	破産法
① 計算書類の作成者	清算人	破産管財人
② 清算事務年度の規定	規定あり（会494） 清算の開始原因があった日の翌日から1年	規定なし 定款で定められた事業年度
③ 承認，報告等	株主総会における承認	裁判所，債権者へ報告

　税務に関しては期限切れ欠損金の損金算入，欠損金の繰戻還付，仮装経理があった場合の取扱い，実在しない資産の取扱い，帳簿不備の場合の申告などの検討事項があります。

②　事業年度
　破産会社の事業年度については，破産手続開始決定は会社の解散事由に該当するため（会471），その事業年度開始の日から破産手続開始決定があった日までの期間が1つの事業年度（解散事業年度）となります（法法14①一）。

　破産手続開始決定があった後は，破産法に準拠して手続がすすめられるため，会社法に規定されている清算事務年度の規定（会494）の適用は受けず，破産手続開始決定の日の翌日から定款に定められた事業年度終了の日までの期間が事業年度となり，以後定款に規定されている期間がそのまま事業年度となります。

また，破産会社の最後の事業年度については，通常の清算ではその事業年度開始の日から残余財産確定の日までの期間を1つの事業年度とみなしていますが（法法14①二十一），破産会社では残余財産が生じることはないため，残余財産確定の日（事業年度終了の日）はいつになるのかという問題があります。破産手続における残余財産確定の日については明文での規定はありませんが，一般的には財産の全部を換価した日が残余財産確定の日に該当すると考えられています。

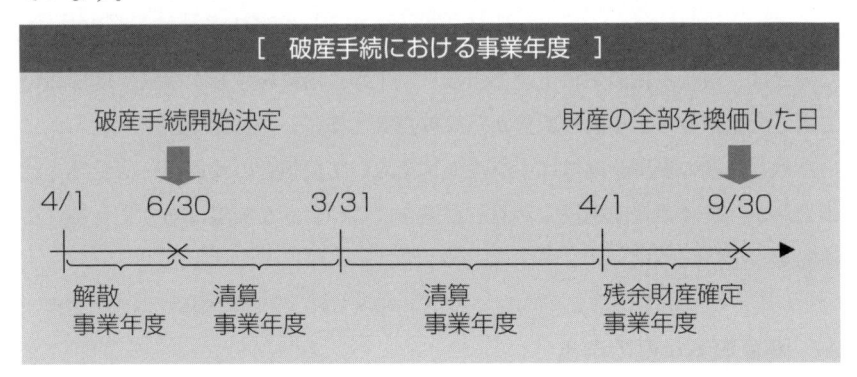

[破産手続における事業年度]

破産手続開始決定　　　　　　　　　　　　　財産の全部を換価した日

4/1　　6/30　　　3/31　　　　　4/1　　9/30

解散　　　　清算　　　　清算　　　　残余財産確定
事業年度　　事業年度　　事業年度　　事業年度

③ 解散事業年度の申告等

　解散事業年度の法人税等の申告については，破産手続開始決定の日の翌日から2ヶ月以内に行わなければなりません。ただし，申告期限延長の特例の適用を受けている場合には3ヶ月以内となります。

　この解散事業年度の申告については，通常，事業年度が1年とならないことが多いため，交際費の損金算入限度額の計算や均等割の計算については月割計算が必要となります。

　また，解散事業年度の確定申告書に添付する貸借対照表は，破産法による処分価格基準により作成されたものではなく，従来の基準により継続的に作成されたものでなければなりません。

　確定申告書以外の提出書類としては，解散を理由とする異動届出書を破産手続開始決定後速やかに納税地の所轄税務署長等に提出しなければなりません。

【 SECTION 1 　破　　産 】

④　欠損金の繰戻還付請求

　破産手続開始決定があった事業年度の決算では一般に多額の赤字が計上されます。破産手続では少しでも多くの配当原資を確保する必要があること及び今後事業が継続される予定がないため繰越欠損金の損金算入に実効性がないことから，仮に前年度に支払った法人税がある場合には，破産管財人は欠損金の繰戻還付請求を行う必要があります。

　通常の事業年度では，欠損事業年度開始の日前1年以内に開始した事業年度の所得に対してしか欠損金の繰戻しはできませんが，破産手続開始決定があった場合は，破産手続開始決定があった日前1年以内に終了した事業年度において生じた欠損金を2年前の所得から繰越控除することが可能です。

　なお，通常の事業年度では中小法人等を除いて欠損金の繰戻還付は受けられませんが，破産手続開始決定があった場合はこのような制限はありません（法法80④，措法66の13）。

　　　　　　　　詳しくは▶「第Ⅵ章　清算税務の基礎知識」の「4　欠損金の繰戻還付制度」

⑤　清算事業年度の申告

　清算事業年度の法人税等の申告については，事業年度終了の日の翌日から2ヶ月以内に行わなければなりません。

⑥　期限切れ欠損金の損金算入

　法人が破産した場合において，清算事業年度中に残余財産がないと見込まれるときは，期限切れ欠損金に相当する金額を損金の額に算入するというものです（法法59③）。

　この場合において，残余財産がないと見込まれるかどうかの判定は，清算中に終了する各事業年度終了の時の現況により行い，債務超過の状況にあるときは残余財産がないと見込まれるときに該当するものとされています（法基通12－3－7，12－3－8）。破産会社は，通常，債務超過の状況にあるため，事業年度終了の時点では，残余財産がないと考えられます。このため，期限切れ欠損金の損金算入が可能となります。

　　　　　　　　詳しくは▶「第Ⅵ章　清算税務の基礎知識」の「3　繰越欠損金の損金算入」

⑦　消費税の申告

　破産会社の清算事業年度における税金については，多額の欠損金等があるためほとんど生じないという誤解があります。確かに法人税等については均等割の納税だけで済むことがほとんどですが，消費税についてはこの限りではありません。消費税は，その事業年度の基準期間における課税売上高（又はその事業年度に係る特定期間における課税売上高）が1,000万円を超えているならば，課税資産の譲渡等について申告，納税が必要となります（消法9①，9の2①）。

　特に破産財団の財産を換価する過程で建物などの高額な資産を譲渡した場合には，納付すべき消費税の金額も大きくなることが予想されます。この換価の過程で生じた消費税は財団債権に該当するため，納税資金をきちんと確保しておくことが必要です。

　消費税については，納税金額の確保以外にも簡易課税制度の適用（消法37）や早期に還付を受けるための課税期間の短縮の適用（消法19①四，四の二）についても検討する必要があります。

(2)　債　権　者

　破産手続開始決定の時期において，債権者に係る税務会計の問題としては貸倒損失の計上があります。ただし，この時点では回収不能となる金額が明らかになっていないため，書面等により債務免除を行った場合等を除き，貸倒損失の計上はできません。

(3)　株　　主
①　概　　要

　破産手続が開始された会社の株主は，通常，出資した金額の全てが回収不能となります。なぜならば，そもそも破産会社は債務超過の状態であり，債務者へ債務を返済することさえできない状態にあるからです。株主の税金を計算する場合，この回収不能額の取扱いが問題となります。個人株主の場合と法人株主の場合では取扱いも異なりますので，それぞれの場合に分けて説明します。

【 SECTION 1　破　　産 】

② 個人株主の税務

　個人株主の場合，株式の発行会社が破産等をして，その所有する株式の価値が失われたとしても，その損失の金額は原則として他の株式等の譲渡益や給与所得，事業所得等の他の所得から控除することはできません。

③ 法人株主の税務

【原則的な取扱い】

　法人株主の場合には，株式の発行会社が破産等をして，その所有する株式の価値が失われたときであっても，その会社の破産手続が終了するまでは，原則として損失は計上しません。

【有価証券評価損の計上】

　法人が保有する株式の価値喪失の損失は，原則的な取扱いに記載したとおり，株式の発行会社が清算結了するまで計上を待たなければなりませんが，会社の清算結了前であっても損失の一部を有価証券評価損として計上できる場合があります（法法33②，法令68①二）。この有価証券評価損の計上については，上場有価証券等とそれ以外の有価証券とでは要件が異なります。

❶　上場有価証券等の場合
→有価証券の価額が著しく低下したこと（注1）

❷　上場有価証券等以外の有価証券の場合
→その有価証券を発行する法人の資産状態が著しく悪化したため，その価額が著しく低下したこと（注2）

（注）
　1　「有価証券の価額が著しく低下したこと」とは，その有価証券のその事業年度終了の時における価額がその時の帳簿価額の概ね50％相当額を下回ることとなり，かつ，近い将来その価額の回復が見込まれないことをいいます（法基通9−1−7）。
　2　「有価証券を発行する法人の資産状態が著しく悪化したこと」とは，次に掲げる事実をいいます（法基通9−1−8）。
　　①　有価証券を取得して相当の期間経過した後にその発行法人について次の事実が生じたこと
　　　・特別清算開始の命令があったこと
　　　・破産手続開始の命令があったこと

・再生手続開始の決定があったこと
　　・更正手続開始の決定があったこと
　② 事業年度終了の日におけるその有価証券発行法人の1株又は1口当たりの純資産価額がその有価証券を取得した時の発行法人の1株又は1口当たりの純資産価額に比べて概ね50％以上下回ることとなったこと

④ 親会社による100％子会社の整理

　平成22年10月1日以後はグループ法人税制の影響により，100％子会社などの清算結了があったとしても，親会社では株式消滅損を計上することができなくなりました。その代わり，子会社において残余財産確定日前9年以内に生じた繰越欠損金のうち，未使用の金額を引き継ぐこととされました（法法57②）。

(4) 仮装経理をした場合の更正の特例

　破産会社では，粉飾決算等を行っていたため，過大に税額を納めていることがあります。この場合，更正の請求をすることにより還付を求めることになりますが，仮装経理があった場合の還付は，原則として，更正の日の属する事業年度前1年間の事業年度に係る法人税額のみであり，残額については，その更正を行った事業年度開始の日から5年以内に開始する各事業年度の所得に対する法人税額から順次控除することとされています（法法70，135）。

　しかし，破産手続開始決定があった場合には過大に納付した税額のうち既に還付又は控除を受けた金額を除いた部分の金額をその破産手続開始決定のあった日の属する事業年度の確定申告書の提出期限までに還付を受けることができます（法法135③）。

　　詳しくは▶「第Ⅵ章　清算税務の基礎知識」の「5　仮装経理に基づく過大申告の場合の更正」

(5) 実在性のない資産の取扱い
① 概　　要

　破産手続開始決定がなされた場合，その手続の過程において，破産管財人等の独立した第三者により会社の財産についての調査が行われます。この調査のなかで，過去において粉飾決算等を行ったため会社の貸借対照表上は資産とし

【 SECTION 1　破　　産 】

て計上されていますが，実際には存在しない売掛金等の資産が発見されることがあります。このような実在性のない資産があった場合については，国税庁の質疑応答事例によると以下のように取り扱うこととしています。

② 期限切れ欠損金額の損金算入の可否

　法人が解散した場合において，残余財産がないと見込まれるときは期限切れ欠損金額を損金の額に算入できることとされています（法法59③）。この残余財産がないと見込まれるか否かの判断はその事業年度末時点で債務超過の状態にあるか否かにより判断します。この判断は帳簿上の貸借対照表により判断されるのではなく，実態貸借対照表により判断されます。仮に帳簿上は実在性のない資産を含んでいるため債務超過の状態でなくとも，実態貸借対照表上は債務超過の状態であるならば期限切れ欠損金額を損金の額に算入することができることとなります。

③ 実在性のない資産の取扱い（平成22年10月6日「平成22年度税制改正に係る法人税質疑応答事例」問11）

　期限切れ欠損金額の損金算入の適用上，実在性のない資産については，過去の帳簿書類等の調査結果に応じて，それぞれ次のとおり取り扱います。

実在性のない資産の発生原因		法人の処理方法	欠損金の処理
発生原因が明らかな場合	更正期限内に生じたもの	修正経理等を行い税務署長から減額の更正を受ける。（第Ⅵ章「仮装経理に基づく過大申告の場合の更正」参照）	更正手続を経て，発生原因の生じた事業年度の欠損金額（その事業年度が青色申告の場合は青色欠損金額，そうでない場合には期限切れ欠損金額）とする。
	更正期限を過ぎて生じたもの	修正経理を行い，確定申告書上でその修正経理により発生原因の生じた事業年度の損失が増加したであろう金額をその事業年度から繰り越された欠損金額として処理する（期首利益積立金から減算する）。	発生原因の生じた事業年度の欠損金額（その事業年度が青色申告かどうかにかかわらず期限切れ欠損金額）とする。

発生原因が不明な場合	修正経理を行い，その修正経理を行った事業年度の確定申告書上で，その実在性のない資産の帳簿価額に相当する金額を過去の事業年度から繰り越されたものとして処理する（期首利益積立金から減算する）。	実在性のない資産の帳簿価額に相当する金額を期限切れ欠損金額とする。

(6) 破産会社の帳簿の不備等と法人税の申告

① 破産会社の会計帳簿の状況

　破産会社では，過去の法人税の申告が適切に行われていないことや会計帳簿が散逸していることが多くあり，さらに，従業員が解雇されているため会社の実態についての聞き取り調査も難しく，会社の実態を把握することが困難であることが少なくありません。このような状況では過去の法人税の申告内容と継続した形で申告書を作成することは極めて困難です。

　なお，破産管財人が得られる最低限の情報としては次に掲げるものがあります。

　①　破産開始時点の財産の状況
　②　破産開始決定後の財産処分の状況
　③　債務の総額
　④　資本金の額

　破産管財人はこれらの情報をもとに法人税の申告を行わざるを得ないこととなります。

② 法人税の申告書の作成

　このような状況を踏まえて，事業再生研究機構の報告書では「会計帳簿が継続していない破産会社においては，開始決定時点の財産の総額（時価），開始決定後の収支（財産処分）の状況，債務の総額をもって申告書を作成することになると考えられる」と記載されています。

　さらに，「具体的には，まず，開始決定時点の財産の総額，資本金の額及び

【 SECTION 1　破　　産 】

債務総額をもって簡易な貸借対照表を作成し，債務超過額を算出する。債務超過額に資本金の額を加えた額は，期限切れ欠損金の額となると考えられる。」としています。

【事例】　期限切れ欠損金額の算定

[破産開始時の財産の状況等]

	簿　価	時　価		簿　価	時　価
預　金	100	100	借入金	500	500
土　地	不明	200	資本金	100	100
計	不明	300	計	600	600

① 　債務超過額　　　　　　　500 − 300 = 200
② 　期限切れ欠損金額　　　　200 + 100 = 300

[簡易な貸借対照表]

資産 300	債務 500
	資本金　100

債務超過額 200
期限切れ欠損金額 300

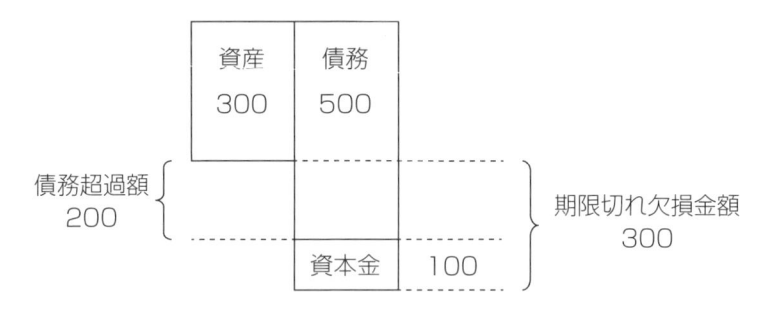

5　破産手続終結決定時の税務

(1)　破産会社

　残余財産が確定した場合の申告は，残余財産確定の日の翌日から1ヶ月以内に行わなければなりません。残余財産確定事業年度の申告については，解散事業年度等と異なり申告期限延長の特例の適用はありませんので注意が必要です。

【 第Ⅲ章　清算――法的清算 】

　最終の配当が行われ裁判所から破産手続終結の決定が出された場合には，速やかに清算結了を理由とする異動届出書を納税地の所轄税務署長等に提出しなければなりません。

(2) 債 権 者

　破産手続が終結した時における債権者の税務・会計は貸倒損失の計上が問題となります。債務者が破産した場合の貸倒損失の計上については，破産法には債権の切捨てという規定が存在しないため，法律上の貸倒れ（法基通9－6－1）として損金算入するには，書面により債務免除を行う等の一定の手続が必要となります。

　そこで実務上は，事実上の貸倒れとしての貸倒損失の計上を検討することになります。この事実上の貸倒れは，『法人の有する金銭債権につき，その債務者の資産状況，支払能力等からみてその全額が回収できないことが明らかになった場合には，その明らかになった事業年度において貸倒れとして損金経理することができる。』と規定されています（法基通9－6－2）。この金銭債権の全額が回収できないことが明らかになった場合とは，最終配当が行われたときや同時廃止・異時廃止により破産手続が終了したときで，債権の全額が回収不能であることが客観的に明らかとなったときと考えられます。また事実上の貸倒れについては，法律上の貸倒れと異なり損金経理処理が必要となります（法基通9－6－2）。

(3) 株　　主

　破産手続終結時の株主の税務については破産手続開始決定時を参照してください。

　　　　　　　　　　詳しくは▲　第Ⅲ章「1　破産」の131頁「株主」

【 SECTION 1　破　　産 】

6　破産管財人の源泉徴収

(1)　管財人報酬

　破産管財人報酬は，弁護士の業務に関する報酬又は料金として，源泉徴収の対象となります（所法204①二）。

(2)　労働債権

　破産手続開始決定前の雇用関係に基づく給与又は退職手当等の債権に対する配当に係る所得税の源泉徴収については，源泉徴収を要しないと考えられます。

　所得税法では，国内において給与や退職手当など一定の所得の「支払をする者」は，その支払いの際，所得税を徴収し，これを国に納付しなければならないこととされています（所法6）。

　この「支払をする者」について，破産管財人は，破産財団の管理処分権を破産者から承継しますが，破産宣告前の雇用関係に基づく退職手当等の支払に関し，その支払の際に所得税の源泉徴収をすべき者としての地位を破産者から当然に承継すると解すべき法令上の根拠は存在しません。したがって，上記退職手当等につき破産管財人は「支払をする者」に含まれず，源泉徴収は要しないとする解釈が，平成23年1月14日の最高裁判決において示されています。

SECTION 2

特別清算

1 特別清算の概要

(1) 特別清算の概要

特別清算とは，清算中の株式会社に次に掲げる事由があると認められるときに，裁判所へ申立てを行うことにより開始される法的清算手続をいいます（会510）。

❶ 清算の遂行に著しい支障を来すべき事情があること (注)

❷ 債務超過の疑いがあること

（注）「清算の遂行に著しい支障を来すべき事情」とは会社の債権者などの利害関係者が多数であり，かつ，権利関係も複雑である場合や清算人が誠意をもって清算事務を遂行しない場合などの事情をいいます。

この特別清算については，債権者集会において債権者の同意を得て債務免除等が行われる協定型と呼ばれるものと，主要な債権者と個別の和解契約を結び債務免除等が行われる個別和解型と呼ばれるものがあります。個別和解型は，親会社が債務超過にある子会社を整理する際によく利用されます。

(2) 破産手続との比較

特別清算手続も破産手続と同じく裁判所の監督下で行われる法的清算手続ですが，破産手続と比較した場合，以下の点で特徴があります。

特別清算手続は，基本的には簡易・迅速な手続であり，破産手続に比べ短期間で終了することができます。また，特別清算手続では，会社の内容を熟知し

【 SECTION 2　特別清算 】

ている取締役等が清算人に選任されるため，裁判所に突然選任された破産管財人に比べ，会社財産の換価や取引先からの債権の回収などの清算事務をより効率的に行うことができます。債務者に対する債務の弁済についても特別清算手続では，一定の範囲内で利害関係人の自治が認められているため，例えば，親会社の債務減免の割合を大きくすることにより清算をスムーズに終わらせるといった柔軟な対応を図ることができます。

特別清算手続と破産手続の主な相違点をまとめると次のようになります。

[　破産手続と特別清算手続の比較　]

		破産手続	特別清算手続
①	利用できる主体	個人及び法人	清算中の株式会社のみ
②	清算事務の遂行	破産管財人	清算人
③	債権者への配当	債権額に比例して一律	「協定」「個別和解」に基づき弁済
④	否認権の制度	採用	なし
⑤	手続の内容	厳格	柔軟
⑥	手続費用	債務総額により変動	廉価
⑦	終結までの時間	長期間（注）	短期間

（注）　破産手続も少額管理手続については，短期間で終了するケースが増えています。

2　特別清算手続の流れ

特別清算手続は，清算中の株式会社が裁判所へ特別清算の申立てを行うことからスタートします。申立てを受けた裁判所は，必要に応じ清算会社の財産の保全処分等を行います。

その後，裁判所は申立てを棄却すべき特段の事由がない限り，特別清算開始の命令を発令します。

個別和解型の特別清算では，特別清算開始命令後，主たる債権者と債務の減免等を内容とする和解契約を締結します。その和解契約に基づく弁済等やその他の弁済等を全て行い，会社の資産と負債がゼロとなったところで特別清算終

【 第Ⅲ章　清算——法的清算 】

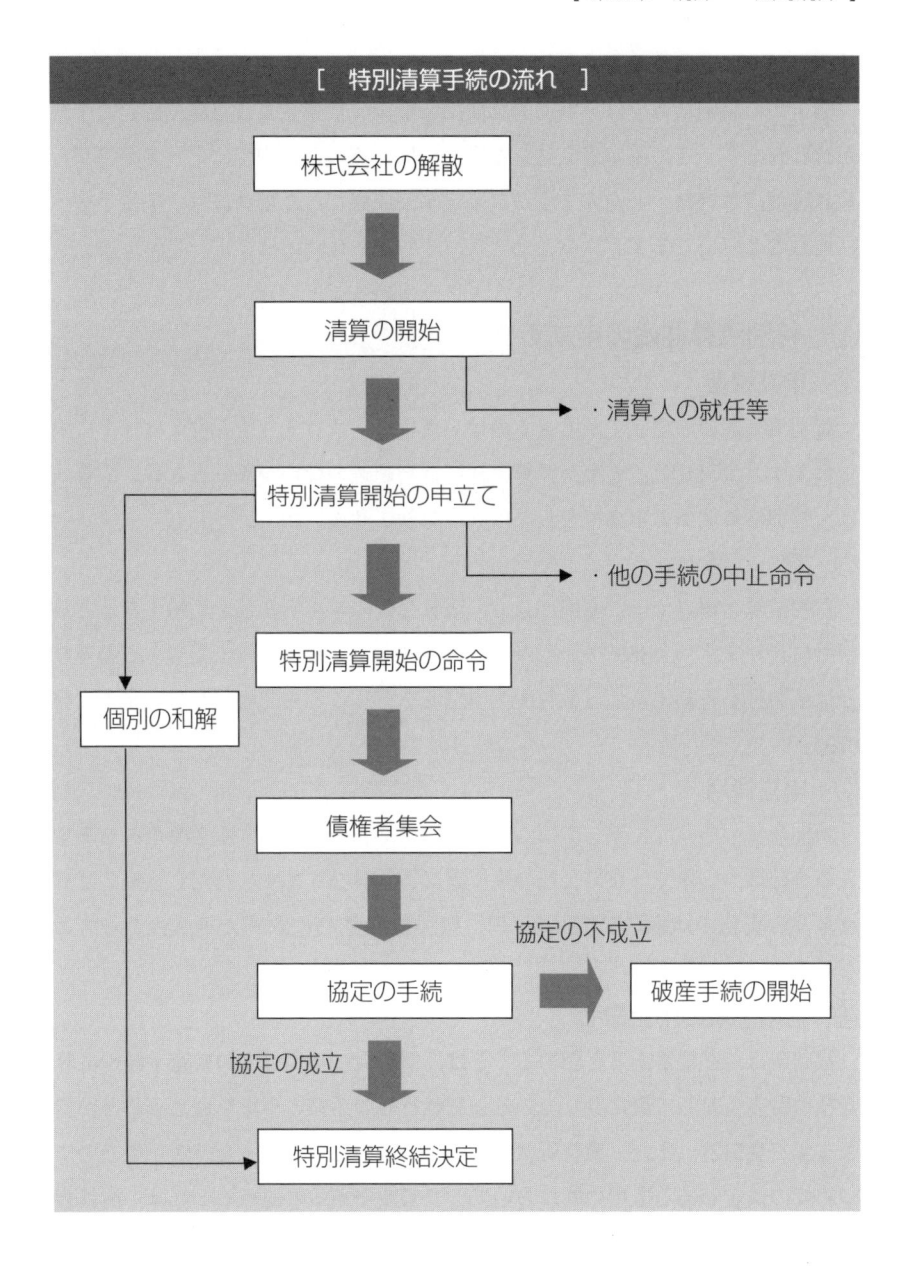

[特別清算手続の流れ]

```
株式会社の解散
    ↓
清算の開始 ─────→ ・清算人の就任等
    ↓
特別清算開始の申立て ─────→ ・他の手続の中止命令
    ↓
特別清算開始の命令
    ↓
(個別の和解)
    ↓
債権者集会
    ↓
協定の手続 ──協定の不成立──→ 破産手続の開始
    ↓協定の成立
特別清算終結決定
```

【 SECTION 2　特別清算 】

結へと進むことになります。

　協定型の特別清算では，特別清算開始命令後，債権者集会を経て協定の手続が行われます。この協定が成立した場合には，その協定内容に従って弁済が行われ特別清算終結へと進みますが，協定が不成立だった場合には，破産手続へと進むことになります。

(1)　特別清算開始の申立て
①　申立権者
　特別清算開始の申立てができるのは，債権者，清算人，監査役又は株主に限られます（会511①）。また，清算会社に債務超過の疑いがあるときは，清算人は，特別清算開始の申立てをしなければなりません（会511②）。

②　管　　　轄
　特別清算の申立ては，原則として，清算会社の本店所在地を管轄する地方裁判所に行います（会868①）。ただし，親会社と子会社を一体で処理する場合などは親会社を管轄する地方裁判所へ申立てを行うことも認められています（会879）。

③　申立費用
　特別清算の申立てに際しては，手続費用を裁判所に予納する必要があります。この金額は，一律ではなく会社の規模等により異なります。ただし，例えば東京地裁の実務では協定型で50,000円，個別和解型で8,360円が通常のケースとなります。

④　他の手続の中止命令
　裁判所は，必要があると認めるときは，清算会社についての破産手続や清算会社の財産に対して既にされている強制執行等の手続の中止を命じることができます（会512）。また，裁判所は，特別清算の申立てがあった時から申立てについての決定があるまでの間においても，必要があると認めるときは，清算会社の財産に関し，その財産の処分の禁止の仮処分その他必要な保全処分を命じることができます（会540②）。

(2) 特別清算開始の命令
① 開始の命令
　裁判所は，特別清算開始の申立てがあった場合において，特別清算開始の原因となる事由があり，かつ，次に掲げる4つの事由に該当しないときは，特別清算開始の命令をします（会514）。

- ❶　特別清算の手続の費用の予納がないとき
- ❷　特別清算によっても清算を結了する見込みがないことが明らかであるとき
- ❸　特別清算によることが債権者の一般の利益に反することが明らかであるとき
- ❹　不当な目的で特別清算開始の申立てがされたとき，その他申立てが誠実にされたものでないとき

　この特別清算開始の命令があったときから，清算株式会社の清算は，裁判所の監督に属することになり（会519①），裁判所は，いつでも，清算会社に対し状況の報告を命じることや監督上必要な調査を行うことができるようになります（会520）。

② 他の手続の中止等
　特別清算開始の命令があったときは，破産手続の申立て等はすることができず，会社の財産に対して既にされている強制執行等の手続は中止します（会515①）。また，裁判所は，清算の監督上必要があると認めるときは，清算会社の財産に関し，その財産の処分の禁止の仮処分その他必要な保全処分を命じることができます（会540①）。

③ 清算人の義務等
　特別清算が開始された場合には，清算人は，債権者，清算株式会社及び株主に対し，公平かつ誠実に清算事務を行う義務を負うことになります（会523）。
　また，裁判所は，清算人が清算事務を適切に行っていない場合などは清算人を解任し，新たな清算人を選任することができます（会524①，②）。

【 SECTION 2　特別清算 】

④　清算会社の行為制限

　特別清算開始の命令があった場合には，清算会社は，次に掲げる行為をするには，裁判所等の許可を得なければなりません（会535，536）。

① 財産の処分
② 借財
③ 訴えの提起
④ 和解又は仲裁合意
⑤ 権利の放棄
⑥ その他裁判所の指定する行為
⑦ 事業の全部の譲渡
⑧ 事業の重要な一部の譲渡

⑤　個別の和解

　個別和解型の特別清算の場合，特別清算開始の命令があったのちに，裁判所の許可を得て，親会社やメインバンク等の主たる債権者と個別に債務免除等の和解契約を締結することになります。この和解契約で清算会社の債務を大幅に減額することができれば，残りの債務については会社財産で弁済し，特別清算を終結させることになります。

(3)　債権者集会

　清算株式会社は，特別清算開始の命令があった場合において，清算人による財産目録等の作成が終了したときは，遅滞なく債権者集会を招集し，債権者集会に対して，清算会社の業務及び財産の状況等を報告し，今後の清算の方針及び見込みに関しての意見を述べなければなりません（会562）。ただし，債権者集会による報告に代えて書面による通知などで行うことも認められています。

　債権者集会は，特別清算の実行上必要がある場合には，いつでも招集することができるとされています（会546①）。

(4) 協定の手続
① 協定の内容
　清算株式会社は，債権者集会に対し，債務の減免，期限の猶予その他の権利の変更を内容とした協定の申し出をすることができます（会563，564②）。この協定による権利変更の内容は，協定債権者の間では平等でなければなりません（会565）。ただし，不利益を受ける協定債権者の同意がある場合又は少額の協定債権について別段の定めをしても衡平を害しない場合などはこの限りではありません（会565但書）。

② 協定の成立
　協定が成立するためには，債権者集会による可決と裁判所の認可が必要になります。

　債権者集会での協定の可決の要件は以下の通りです（会567）。

- ❶ 出席した議決権者の過半数の同意
- ❷ 議決権者の議決権の総額の3分の2以上の議決権を有する者の同意

　協定が可決されたときは，清算会社は，遅滞なく，裁判所に対し，協定の認可の申立てをしなければなりません（会568）。裁判所は，この申立てがあった場合には，次に掲げる場合を除き，協定の認可の決定をします（会569）。

- ❶ 特別清算の手続又は協定が法律に違反し（軽微な違反を除く），かつ，その不備の補正ができないとき
- ❷ 協定が遂行される見込みがないとき
- ❸ 協定が不正の方法により成立するに至ったとき
- ❹ 協定が債権者一般の利益に反するとき

　この協定の認可が決定されると協定は効力を生じ，協定の内容に権利が変更されることになります（会570）。

【 SECTION 2　特別清算 】

③　協定の不成立

　協定が債権者集会で否決されたとき又は裁判所で協定の不認可の決定が確定したときは，清算株式会社は破産手続へ進むことになります（会社法574②）。

(5)　特別清算終結決定

　裁判所は，特別清算が結了したとき又は特別清算の必要がなくなったときは，清算人等の申立てにより特別清算終結の決定を行います（会社法573）。

3　債務者の税務

　特別清算手続は会社法に規定する清算手続の一つであるため，任意清算の場合と同じく会社法に基づいた会計処理が行われることになります。例えば，会社の事業年度についても会社法の規定の適用を受けることになります。

　税務処理についても，基本的には任意清算の場合と同じなのですが，特別清算の場合には破産手続と同様，残余財産が生じないと考えられるため，期限切れ欠損金の損金算入や欠損金の繰戻還付等を中心に検討することになります。

　　　　　　詳しくは▶「第Ⅵ章　清算税務の基礎知識」の「3　繰越欠損金の損金算入」
　　　　　　　　　　「第Ⅵ章　清算税務の基礎知識」の「4　欠損金の繰戻還付制度」

4　債権者の税務

　債務者である法人が特別清算手続を行った場合には，債権者は貸倒引当金の設定と貸倒損失の計上を検討することになります。

　税務上の貸倒引当金の繰入限度額は，債務者が特別清算の申立てを行った場合には，その債務者に対する債権を個別評価金銭債権として他の金銭債権と区分し，個別評価金銭債権の額（実質的に債権と見られない部分の金額及び担保権の実行等により取立ての等の見込みがあると認められる部分の金額を除く）の50％に相当する金額が限度額となります（法法52，法令96①三）。

【 第Ⅲ章　清算——法的清算 】

　さらに，債権者集会を経て，特別清算に係る協定の認可の決定により債権の全部又は一部の切捨てがあったときや債務者と個別和解により債権の全部又は一部の切り捨てがあったときは，法律上の貸倒れとして，その事実が発生した日（特別清算に係る協定の認可の決定のあった日又は個別和解が成立し日）の属する事業年度において，その切り捨てられることとなった部分の金額を損金の額に算入することになります（法基通9－6－1）。なお，この法律上の貸倒れについては法的手続により金銭債権が消滅することとなるため，税務上は，経理処理を問わず損金算入が強制されることになります。

　また，特別清算に係る協定で債権の切捨てではなく弁済の猶予又は賦払いにより弁済されることとなった場合には，長期棚上げ債権（5年を超えて弁済されるもの）について貸倒引当金の繰入限度額を算定し直し（法法52，法令96①一），貸倒引当金を追加計上することも考えられますが，通常特別清算は短期間で終わることが多いため実際に貸倒引当金の追加計上を検討することはあまりありません。

5　株主の税務

　株主の税務については，破産手続の場合と同様の取扱いとなります。

詳しくは▶　第Ⅲ章「1　破産」の131頁「株主」

【 SECTION 2　特別清算 】

[　破産手続の全体像　]

	破産会社 （破産管財人）	債権者	法人株主
破産手続開始の申立て	破産手続開始申立書等の提出 清算貸借対照表等の作成	貸倒引当金の取扱い	
破産手続開始決定	**解散事業年度の確定申告書の作成** **異動届出書の作成**	債権の届出	**有価証券評価損の取扱い**
管財人による財団財産の処分等	**期限切れ欠損金の取扱い** **欠損金の繰戻還付の取扱い**		
財産の全てを換価した日	**確定申告書の作成**		
清算結了	**異動届出書の作成**	貸倒損失の取扱い	株式消滅損の取扱い
同時廃止・異時廃止	**確定申告書の作成**	貸倒損失の取扱い	株式消滅損の取扱い

（注）　太字は税務処理内容

【 第Ⅲ章　清算——法的清算 】

[　特別清算の全体像　]

	清算会社	債権者	法人株主
特別清算手続開始の申立て	特別清算開始申立書等の提出 **清算貸借対照表等の作成**	貸倒引当金の設定	
特別清算手続開始命令	財産目録等の作成 **欠損金の繰戻し還付の取扱い**		有価証券評価損の計上
個別和解契約の締結	債務免除益の取扱い **期限切れ欠損金の取扱い**	貸倒損失の取扱い	
協定の成立	債務免除益の取扱い **期限切れ欠損金の取扱い**	貸倒損失の取扱い	
清算結了	異動届出書の作成	貸倒損失の取扱い	株式消滅損の取扱い

（注）　太字は税務処理内容

149

SECTION 3

ケーススタディ

実在性のない資産が把握されたケース

　甲は，A株式会社（以下，A社）の破産管財人です。清算事業年度1期において，甲がA社の財産調査をした結果，A社の貸借対照表に資産として計上されている売掛金300,000円は，実際には存在しない資産であることが判明しました。この売掛金は，解散事業年度に架空の売上300,000円を計上したことにより，架空の残高があることも判明しました。また，清算第2期に土地を400,000円で処分しました。この場合，甲が行う清算第1期及び第2期の会計処理及び税務処理は次のようになります。

　なお，破産開始決定時の貸借対照表は以下のとおりとなります。

(1) 前　提

破産開始時の貸借対照表　　　　　　（単位：円）

預　　　　金	200,000	借　入　金	500,000
売　掛　金	300,000	未　払　金	200,000
（実在性なし）		資　本　金	100,000
土　　　　地	200,000	欠　損　金	△100,000
計	700,000	計	700,000

（注）・土地は帳簿価額200,000円，処分価額400,000円とする。
　　　・欠損金100,000円は青色欠損金とする。

【 第Ⅲ章 清算──法的清算 】

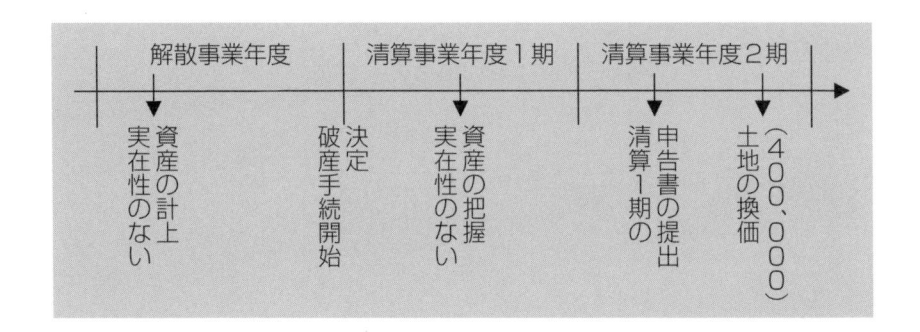

```
┌─────────────┬─────────────┬─────────────┐
│  解散事業年度   │ 清算事業年度１期 │ 清算事業年度２期 │
│       ▼     │  ▼       ▼  │  ▼       ▼  │
│  資 実    │ 決 破  資 実  │ 申 清  土 (    │
│  産 在    │ 定 産  産 在  │ 告 算  地 4   │
│  の 性    │   手  の 性  │ 書 1  の 0   │
│  計 の    │   続  把 の  │ の 期  換 0   │
│  上 な    │   開  握 な  │ 提 の  価 , 0   │
│    い    │   始    い  │ 出        0   │
│                                         │ 0 ) │
└─────────────────────────────────────────┘
```

(2) 清算事業年度第１期　　　　　　　　　　　　　　（単位：円）

【会計上】

（前期損益修正損）　　300,000　　（売　　掛　　金）　　300,000

【税務上】

（売　　掛　　金）　　300,000　　（前期損益修正損）　　300,000

　　　　⇩　　　　　　　　　　　　　⇩

　　留保（別表五㈠）　　　　　　　　加算（別表四）

(3) 税務署による解散事業年度の減額更正

【税務上】

（売上過大計上）　　300,000　　（売　　掛　　金）　　300,000

　　青色欠損金の翌期繰越額　100,000＋300,000＝400,000

(4) 清算事業年度第２期

【会計上】

（預　　　　　金）　　400,000　　（土　　　　　地）　　200,000
　　　　　　　　　　　　　　　　　（固定資産売却益）　　200,000

【税務上】

　　青色欠損金の当期控除　200,000

　　青色欠損金の翌期繰越額　400,000－200,000＝200,000

151

第 IV 章

再建——私的再建

SECTION 1

私的再建の概要・種類等

1 概要

　この章で説明する私的再建とは，裁判所を通じた手続を行う法律再建とは違い，裁判外で手続を行うものです。

　裁判外手続の私的再建は2つに区分され，債務者と債権者との間で債権の減額や返済条件の緩和などを個別に同意を得て行う「完全私的再建」と，「私的整理に関するガイドライン」など，制度化された手続（基準）を用いる「準法的再建」があります。

[再建の区分図]

法的私的の区分	細 区 分
私的再建（裁判外）	準法的再建（制度化された手続）
	完全私的再建（個別に交渉）
法的再建（裁判所関与）	

2 準法的再建の種類と特徴

(1) 準法的再建の種類

　制度化された手続を用いる「準法的再建」にも，複数の手続がありますが，本書においては次の手続について，手続の流れや概要等を説明していきます。

【 SECTION 1　私的再建の概要・種類等 】

手　　　続	関係機関等
「私的整理に関するガイドライン」による再建手続	私的整理に関するガイドライン研究会
「中小企業再生支援協議会」の支援による再生手続	中小企業庁経営支援部
「地域経済活性化支援機構」が債権を買い取ることによる再生手続	株式会社地域経済活性化支援機構
「株式会社整理回収機構」のＲＣＣ企業再生スキームによる再生手続	株式会社整理回収機構
特定認証紛争解決手続（事業再生ＡＤＲ手続）による再建	経済産業省

(2)　準法的再建の特徴

　準法的再建は，制度化された基準・準則等に従い，再建を望む企業の再建の可能性を判断し，第三者が関与しながら再建計画（再生計画）を策定して，債権者の同意を得る手続です。

　基本的には，過剰債務が原因で経営困難に陥っているが，事業としての価値がある企業や地域的な信用等がある企業に対して，債権者にとって破産的な処理よりも多い回収が得られる見込みである場合に適用されます。

　この場合，再建を望む企業の実態貸借対照表（時価評価等による財政状態を示す貸借対照表）や，今後の損益の見込み，資金調達計画等を織り込んだ再建計画案（再生計画案）を作成することになります。

　この再建計画案において，債権者に債務免除を求める場合には，今までの経営の責任を負う意味で，経営者の退任や，支配株主の権利消滅，それ以外の株主の権利の縮小又は消滅の計画も織り込むことになり，今までの経営者にとっては，厳しい再建となります。

　準法的再建は，有益な経営資源を有しており，その企業が倒産をすると地域企業や取引先への影響が大きい場合に採用されることが多く，主に大企業又は中堅企業が採用する方法と考えられます。

　また，法的整理によると信用をなくしてしまう可能性がある場合にも選定さ

れる方法です。
　さらに準法的整理方法は，完全私的による再建と比較して税制上のメリットも受けられ，再建計画に応じる債権者にとっても合意しやすい点も特徴です。

[準法的再建のメリット・デメリット]

メリット	・制度化された手続であり，第三者が検証するため，再建計画等の信用度が高い ・再建企業や債権者に，税制上のメリットがある
デメリット	・経営者の責任を負うことになる ・株主としての責任を負うことになる

3 完全私的再建の特徴

　完全私的再建は，制度化された手続はなく，再建企業が独自に再生計画などを作成し，債権者との間で債権の減額や返済条件の緩和などを個別に同意を得る進め方です。
　この完全私的再建では，制度的に経営者の責任を追及することがないため，経営者にとっては準法的再建よりも厳しさが少ない進め方ですが，債権者の理解を得るためには，何かしらの責任を果たす必要はあるかもしれません。
　また，制度化された基準等がないため，独自で考えた再建計画を債権者に提示することになりますが，第三者が検証したものではないため，信用度が低いものと判断される可能性があります。
　さらに準法的な再建と違い，債権者にとっては合理的な理由がないと税制上のメリットを受けられないため，理解がある債権者でないと債務免除等に応じてもらえないことも考えられます。
　完全私的再建の方法が向いているケースは，債権者の数が少なく，理解がある債権者がいる場合か，信用度の高い親会社がある再建企業で，親会社がかなりの負担をする場合です。

【 SECTION 1　私的再建の概要・種類等 】

[　完全私的再建のメリット・デメリット　]

メリット	・再建計画が独自で検討でき，自由さがある ・経営者の責任を負うことが少ない ・株主としての責任を負うことが少ない
デメリット	・独自の再建計画等であり，第三者が検証ないため，再建計画等の信用度が低い ・再建企業や債権者に，税制上のメリットがない

SECTION 2
私的整理に関するガイドラインによる再建手続

1 概　要

(1) 私的整理に関するガイドラインの位置付け

　私的整理に関するガイドライン（以下「ガイドライン」という）は，会社更生法や民事再生法などの法的手続によらずに，債権者と債務者の合意に基づき，債務について猶予・減免などをすることにより，経営困難な状況にある企業を再建するための手続です。

　また，多数の金融機関等が主要債権者又は対象債権者として関わることを前提とするもので，私的整理の全部を対象としていない限定的なものです。

　このガイドラインは，会社更生法や民事再生法などの手続によるのが本来であるものの，これらの手続によったのでは事業価値が著しく毀損されて再建に支障が生じるおそれがあり，私的整理によった方が債権者と債務者双方にとって経済的に合理性がある場合に，このガイドラインによって私的整理を限定的に行うことを想定しています。

(2) 債権者とは

　このガイドラインで示す債権者は下記の2種類に分類されます（ガイドライン2）。

① 主要債権者

　債権額上位の銀行を含む複数の金融機関であり，債務者とともに私的整理の主宰者となる債権者をいいます。

【 SECTION 2　私的整理に関するガイドラインによる再建手続 】

②　対象債権者

　再建計画が成立したとすれば，それにより権利を変更されることが予定されている債権者をいいます。なお，主要債権者も含みます。

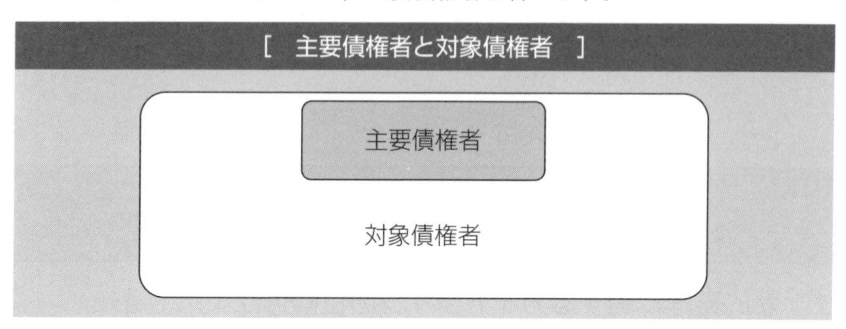

[　主要債権者と対象債権者　]

主要債権者

対象債権者

(3)　対象となる債務者企業

　このガイドラインに基づく整理の申出ができる債務者企業は，下記の全ての要件を備える企業です（ガイドライン3）。

❶　過剰債務を主因として経営困難な状況に陥っており，自力による再建が困難であること

❷　事業価値があり（技術・ブランド・商圏・人材などの事業基盤があり，その事業に収益性や将来性があること），重要な事業部門で営業利益を計上しているなど，債権者の支援により再建の可能性があること

❸　会社更生法や民事再生法などの法的整理を申し立てることにより，その債務者の信用力が低下し，事業価値が著しく毀損されるなど，事業再建に支障が生じるおそれがあること

❹　私的整理により再建するときは，破産的清算はもとより，会社更生法や民事再生法などの手続によるよりも多い回収を得られる見込みが確実であるなど，債権者にとっても経済的な合理性が期待できること

2　手続の流れ

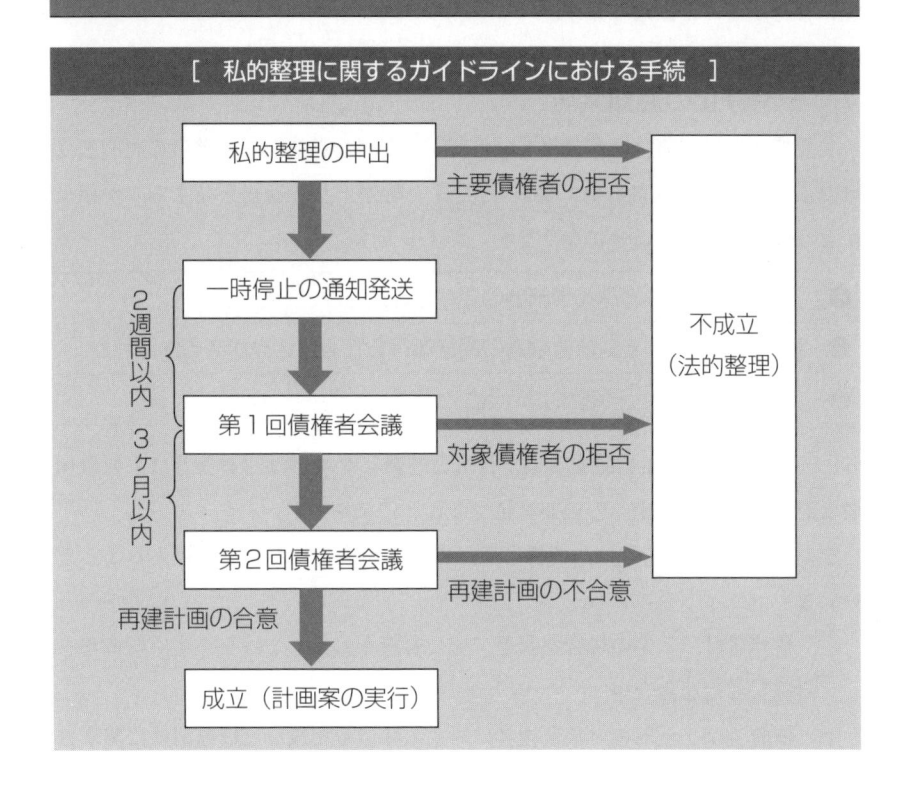

[私的整理に関するガイドラインにおける手続]

```
                私的整理の申出 ────→ 主要債権者の拒否 ─┐
                     ↓                               │
        ┌    一時停止の通知発送                        │
    2   │         ↓                                  │
    週  │                                            │
    間  │                                         不成立
    以  │    第1回債権者会議 ────→ 対象債権者の拒否 ──→（法的整理）
    内  │         ↓                                  │
    3   │                                            │
    ヶ  │                                            │
    月  │    第2回債権者会議 ────→ 再建計画の不合意 ──┘
    以  └         ↓
    内    再建計画の合意
              ↓
        成立（計画案の実行）
```

(1)　私的整理の申出

　このガイドラインに基づく整理は，上記1(3)の要件を備える債務者が，主要債権者に対し，私的整理に関するガイドラインによる私的整理を申し出ることから始まります（ガイドライン4(1)）。

　この申出の際，債務者は主要債権者に対して，過去と現在の資産負債と損益の状況，及び経営困難な状況に陥った原因，並びに再建計画案とその内容などを説明する資料を提出することになります。

　よって，申出の前に再建計画案等の準備が必要となります。

【 SECTION 2　私的整理に関するガイドラインによる再建手続 】

　また，主要債権者が，再建計画案等の相当性・実行可能性に疑義を抱き，申出を拒否した場合には，このガイドラインによる私的整理はできずに，法的整理に移行することになります。

(2) 一時停止の通知発送

　主要債権者は，債務者が提出した上記(1)の資料を精査し，債務者の説明を受けた上で，次の各点について検討して，「一時停止」の通知を発するのが相当かどうかを判断することになります（ガイドライン4(2)）。

❶　上記1(3)の対象となる債務者の要件を備えるかどうか
❷　再建計画案につき対象債権者の同意を得られる見込みがあるかどうか
❸　再建計画案の実行可能性があるかどうか

　「一時停止」の通知を発するのが相当と判断した場合は，債務者は主要債権者と連名で「一時停止」の通知を発することになります。

　なお，「一時停止」とは，債権者又は債務者が次の行為を差し控えることをいいます（ガイドライン6(1)）。

　①　債務者は，一定の場合を除き，その資産を処分してはならず，新債務を負担してはならない。

　②　債務者は，一部の対象債権者に対する弁済や相殺など債務消滅に関する行為の他，物的人的担保の供与などを行ってはならない。

　③　対象債権者は，一時停止の通知を発した日における手形貸付・証書貸付・当座貸越などの残高を維持し，次の行為をしてはならない。

　　・他の対象債権者との関係における債務者に対する相対的地位を改善

　　・弁済を受け，相殺権を行使するなどの債務消滅に関する行為

　　・追加の物的人的担保の供与の求め

　　・担保権の実行，強制執行や仮差押え・仮処分や法的倒産処理手続の申立て

(3) 債権者会議

債権者会議は，一般的には2回行われ，議長は主要債権者の中から選任されます。

① 第1回債権者会議

第1回債権者会議は，「一時停止」の通知を発した日から2週間以内に開催され，会議の内容は次のとおりです（ガイドライン5(3)）。

❶ 債務者による過去と現在の資産負債や損益の状況と，再建計画案の内容の説明，及びそれらに対する質疑応答，並びに出席した対象債権者間における意見の交換

❷ 資産負債や損益の状況及び再建計画案の正確性，相当性，実行可能性などを調査検証するために，公認会計士，税理士，弁護士，不動産鑑定士，その他の専門家（アドバイザー）を選任するかどうかを検討し，必要な場合には被選任者を決定

❸ 一時停止の期間の決定（注1）

❹ 第2回債権者会議の開催日時場所の決定（注2）

❺ その他の必要な事項の決定

（注）
1 一時停止の期間は，当初の一時停止の通知を発した日から第1回債権者会議終了時までとなり，さらに第1回債権者会議において，その開催日から3ヶ月を超えない範囲内で延長を定めたときはその日までとなります。
2 第1回債権者会議から3ヶ月を超えない範囲内で一時停止期間が設けられるため，第2回債権者会議は第1回債権者会議から3ヶ月以内に開催することになります。

また，必要に応じて「債権者委員会」が設けられ，再建計画案の相当性や実行可能性が検討されます（ガイドライン5(4)）。

債権者会議の決議は出席した対象債権者全員の同意によって成立することになりますが，例えば上記❸「一時停止の期間の決定」に同意が得られない場合には，私的整理に関するガイドラインに沿った整理が認められないことになり，法的整理に移行することになります。

【 SECTION 2　私的整理に関するガイドラインによる再建手続 】

② 　第2回債権者会議

　第1回債権者会議において定めた日に開催され，開催に先立ち主要債権者（債権者委員会）から再建計画案の相当性・実行可能性の調査報告を受けて進めることになります。

　第2回債権者会議の具体的な内容は，次のとおりです（ガイドライン8）。

❶ 　再建計画案の相当性・実行可能性の調査報告及び債務者に対する質疑応答，並びに再建計画案に対する出席対象債権者間における意見交換

❷ 　対象債権者が書面により再建計画案に対する同意不同意を表明すべき期限を定める

(4)　再建計画案の内容

　再建計画案における事業計画は，債務者の自助努力が十分に反映されたものであるとともに，以下の事項を含む内容を記載することを原則とします（ガイドライン7(1)）。

　・経営が困難になった原因
　・事業再構築計画の具体的内容（経営困難に陥った原因の除去を含む）
　・新資本の投入による支援や債務の株式化（デット・エクイティ・スワップ）などを含む自己資本の増強策
　・資産・負債・損益の今後の見通し（10年間程度）
　・資金調達計画
　・債務弁済計画等

(5)　再建計画内容の期限的な制約

　再建計画には期限的な制約があり，具体的には次のとおりです（ガイドライン7(2)，(3)）。

　① 　実質的に債務超過であるときは，再建計画成立後に最初に到来する事業年度開始の日から3年以内を目処に実質的な債務超過を解消すること

② 経常利益が赤字であるときは，再建計画成立後に最初に到来する事業年度開始の日から３年以内を目処に黒字に転換すること

(6) 経営者及び株主の責任

対象債権者の債権放棄を受けるときは，支配株主の権利を消滅させることはもとより，減増資により既存株主の割合的地位を減少又は消滅させることを原則とします。また債権放棄を受ける企業の経営者は退任することを原則とします（ガイドライン７(4)，(5)）。

(7) 再建計画案の成立・不成立

再建計画は，第２回債権者会議後の同意不同意を表明すべき期限までに，対象債権者全員が再建計画案に同意する旨の書面を提出した時に成立します。

債権者はこの成立によって，再建計画に定めた減免等の処理を行うことになります。

また，上記の期限までに，対象債権者全員の同意が得られないときは，このガイドラインによる私的整理は終了し，債務者は法的倒産処理手続開始の申立てなど適宜な措置をとらなければならないことになります（ガイドライン８(6)）。

【 SECTION 2　私的整理に関するガイドラインによる再建手続 】

[　私的整理に関するガイドラインの全体像　]

	再建会社 (債務者)	債権者	株　主	経営者(役員) 保証人
再建会社が主要債権者に申出(私的整理の開始)	主要債権者に申出(資産負債,損益状況,再建計画案の資料提出)	主要債権者 (資料精査)	**株式の評価損計上**	
一時停止の通知発送	主要債権者と連名で行う	債務者と連名で行う／対象債権者は残高減少行為等の一時停止／**貸倒引当金の計上**		
第1回債権者会議	主要債権者の中から議長を選任／資産負債,損益状況,再建計画案の説明／債権者委員会の設置の検討			
第2回債権者会議		事前に再建計画案の検討報告／再建計画案の質疑応答,意見交換		
再建計画案の成立／債権放棄を受ける	**債務免除益の計上／資産評価損益の計上／債務免除等があった場合の欠損金の損金算入**	計画による債務免除／**貸倒損失の計上／貸倒引当金の計上**	支配株主の権利消滅／それ以外の株主の地位減少又は消滅／**株式の評価損・消滅損の計上**	経営者は退任／**保証債務の特例**
再建計画案の不成立	法的手続に移行	対象債権者は残高減少行為等の一時停止の解除		民事再生 …退任なし 会社更生 …退任

(注)　太字は税務処理内容

【第Ⅳ章　再建──私的再建】

SECTION 3
中小企業再生支援協議会の支援による再生手続

1　概　要

(1)　中小企業再生支援協議会の目的・位置付け

① 目 的 等

　中小企業再生支援協議会は，「多種多様で，事業内容や課題も地域性が強いという中小企業の特性を踏まえ，各地域の関係機関や専門家等が連携して，きめ細かに中小企業が取り組む事業再生を支援することにより，地域経済において大きな役割を果たす中小企業の活力の再生を図る」（中小企業再生支援協議会事業実施基本要領（以下「基本要領」という）1）ことを目的にしている機関です。

② 位置付け

　中小企業の事業再生に向けた取り組みを支援するため，都道府県の商工会議所等に設置されている公正中立な公的機関です。

　具体的な支援は，窓口相談，再生計画の策定支援，関係機関の調整等があります。

　再生計画の策定支援を行う場合には，「中小企業再生支援協議会の支援による再生計画の策定手順（再生計画検討委員会が再生計画案の調査・報告を行う場合）」（以下「再生計画策定手順」という）に従って行います（基本要領6）。

　なお，対象は中小企業に限定されます。

【 SECTION 3　中小企業再生支援協議会の支援による再生手続 】

(2) 債権者
この基本要領で示す債権者は下記の２種類に分類されます。

① 主要債権者
対象債務者に対する債権額が上位のシェアを占める金融機関債権者をいいます。

② 対象債権者
再建計画が成立した場合に，権利を変更されることが予定されている債権者といいます。なお主要債権者も含みます。

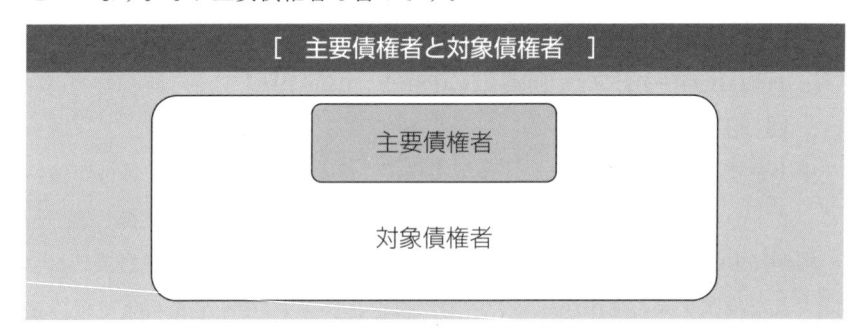

[　主要債権者と対象債権者　]

（主要債権者は対象債権者に含まれる図）

(3) 対象債務者となり得る企業
この再生計画策定手順による再生の対象となり得る債務者は，次の全ての要件を備える中小企業を基本とします。

しかし，地域経済や雇用への影響等を勘案し，企業ごとに判断されます（再生計画策定手順１）。

[　対象債務者の要件　]

❶ 過剰債務を主因として経営困難な状況に陥っており，自力による再生が困難であること

❷ 再生の対象となる事業に収益性や将来性があるなど事業価値があり，関係者の支援により再生の可能性があること

❸ 法的整理を申し立てることにより債務者の信用力が低下し，事業価値が著しく毀損するなど，再生に支障が生じるおそれがあること

【 第Ⅳ章　再建——私的再建 】

❹　法的整理の手続によるよりも多い回収を得られる見込みがあるなど，債権者にとっても経済合理性があること

2　再生支援の手続の流れ

[中小企業再生支援協議会の支援による再生手続]

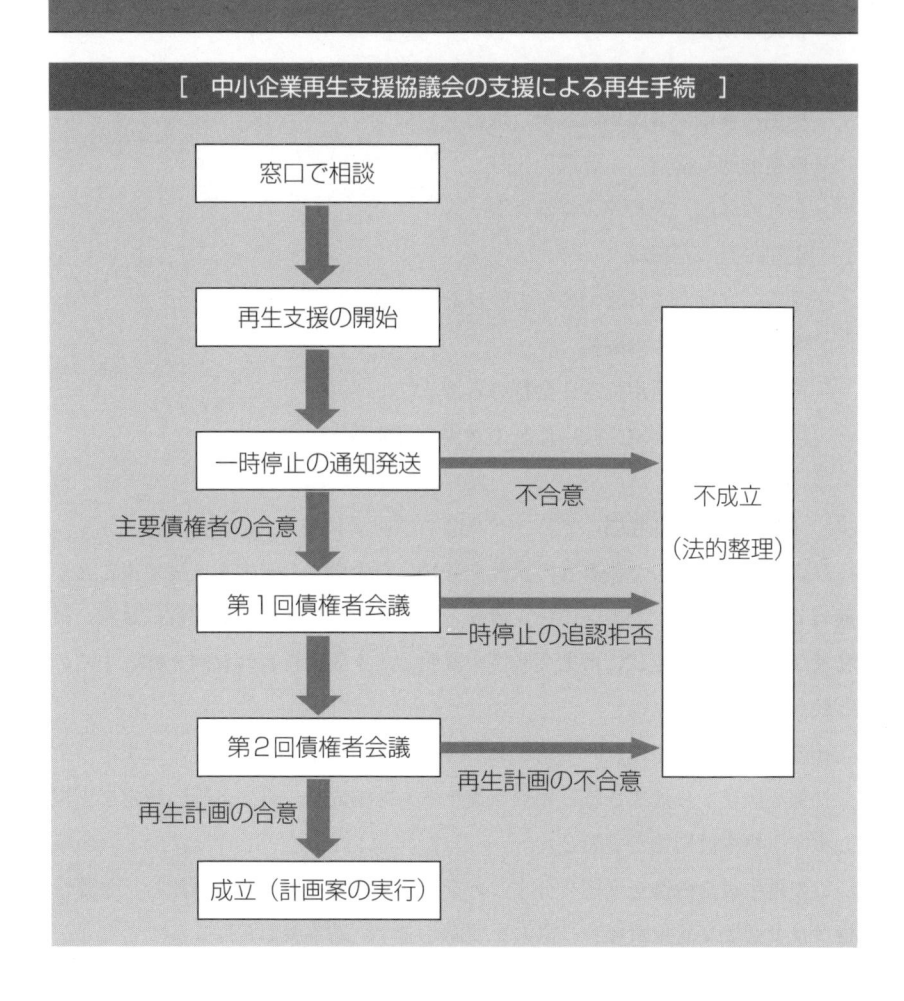

```
窓口で相談
   ↓
再生支援の開始
   ↓
一時停止の通知発送 ──不合意──→ 不成立
   ↓ 主要債権者の合意           （法的整理）
第1回債権者会議 ──一時停止の追認拒否──→
   ↓
第2回債権者会議 ──再生計画の不合意──→
   ↓ 再生計画の合意
成立（計画案の実行）
```

【 SECTION 3　中小企業再生支援協議会の支援による再生手続 】

(1)　窓口相談

　　窓口相談は，一番初めのステップです。

　　窓口相談では，事業再生に向けた取り組みの相談を希望する中小企業者からの申出により，相談を受け，次の事項を把握し，解決に向けた助言，支援対策・支援機関を紹介します（基本要領5）。

　　・企業の概要
　　・直近3年間の財務状況（財務諸表，資金繰り表，税務申告書等）
　　・株主，債権債務関係の状況（取引金融機関等）
　　・事業形態，構造（主要取引先等）
　　・会社の体制，人材等の経営資源
　　・現在に至った経緯
　　・改善に向けたこれまでの努力及びその結果
　　・取引金融機関との関係
　　・再生に向けて活用できる会社の資源
　　・再生に向けた要望，社内体制の準備の可能性

(2)　再生支援の開始

　　窓口相談で把握した債務者の状況を基に，再生計画の策定を支援することが適当であると判断した場合には，債務者の承諾を得て，主要債権者に対し，財務及び事業の状況並びに再生可能性を説明し，主要債権者の意向を確認することから始めます。

　　その後主要債権者の意向を踏まえ，再生計画の策定支援を決定します。

　　外部専門家から構成される個別支援チームを編成し，再生計画の策定を支援します（再生計画策定手順2）。

　　この再生計画の策定支援を行うことを決定したら，債務者に通知し，主要債権者及び必要な対象債権者に協力を要請します（基本要領6）。

(3) 再生計画案の作成

　個別支援チームは，債務者の財務及び事業の状況について詳しく把握し，核となる事業を選定し将来の発展に必要な対策を立案します。

　再生計画案には，金融支援要請内容を明記し，支援額，支援者の再建管理の有無，支援者の範囲，支援割合を明示する文書を添付します。

　再生計画案の作成において，債務者，主要債権者及び個別支援チームは適宜会議を開催し，主要債権者の合意形成を図ることになります（再生計画策定手順3）。

(4) 一時停止の通知発送

　主要債権者と協議会の支援業務責任者は，次の各点について協議・検討して，「一時停止」の通知を発するのが相当かどうかを判断することになります。

❶ 対象債務者となり得る企業の要件（上記1(3)）を備えるかどうか
❷ 再建計画案につき対象債権者の同意を得られる見込みがあるかどうか
❸ 再建計画案の実行可能性があるかどうか

　「一時停止」の通知を発するのが相当と判断したときは，主要債権者，債務者及び協議会の支援業務責任者は連名にて，対象債権者全員に「一時停止」の通知を発することになり，私的な整理を開始したことになります。

　また，「一時停止」の通知は，「第1回債権者会議」の招集通知を兼ねており，さらに第1回債権者会議における説明資料（債務者の資産負債と損益の状況や再生計画案など）を添付することになります。

　なお，「一時停止」の通知を発送しないと判断した場合には，私的整理を開始しないと判断したことを意味します（再生計画策定手順4）。

【 SECTION 3　中小企業再生支援協議会の支援による再生手続 】

(5) 債権者会議

債権者会議は，一般的には2回行われます。

① 第1回債権者会議

第1回債権者会議の内容は次のとおりです。

❶ 一時停止の追認及び一時停止の延長期間の決定

❷ 資産負債や損益の状況及び再生計画案の正確性，相当性，実行可能性などを調査検証するために，協議会に再生計画検討委員会の設置を要請することを決定し，協議会が予め人選した再生計画検討委員会の委員候補者を委員に選定することの諾否を決定

❸ 債務者及び個別支援チームによる資産負債や損益の状況と再生計画案の内容の説明，及びそれらに対する質疑応答，並びに出席した対象債権者間における意見交換を行う

❹ 第2回債権者会議の開催日時場所の決定

❺ その他の必要な事項の決定

債権者会議の決議は出席した対象債権者全員の同意によって成立します。ただ，対象債権者の権利義務に関わらない手続的な事項については，対象債権者数の過半数によって決定することができます（再生計画策定手順5）。

また，例えば上記❶「一時停止の追認及び一時停止の延長期間の決定」に同意が得られない場合には，再生支援による整理が認められないことになり，法的整理に移行することになります。

② 第2回債権者会議

第1回債権者会議において定めた日に開催され，開催に先立ち協議会の検討委員会の委員から再建計画案の調査報告を受けて進めることになります。

第2回債権者会議の具体的な内容は，次のとおりです（再生計画策定手順8）。

❶ 再建計画案の調査報告及び債務者に対する質疑応答，並びに再建計画案に対する出席対象債権者間における意見交換

❷ 対象債権者が書面により再生計画案に対する同意不同意を表明すべき期限を定める

(6) 再生計画案の内容

　再生計画案は，債務者の自助努力が十分に反映されたものであるとともに，次の内容を含むものとされます。

　また，破産的清算や会社更生法や民事再生法などの再建手続によるよりも多い回収を得られる見込みが確実であるなど，対象債権者にとって経済的な合理性が期待できることを内容とすることになります（再生計画策定手順６）。

- ・企業の概況
- ・財務状況（資産，負債，損益，資本）の推移
- ・実態貸借対照表（実態貸借対照表の基礎となる資産評定は，公正な価額により行うものとする）
- ・経営が困難になった原因
- ・事業再構築計画の具体的内容
- ・今後の事業見通し
- ・財務状況の今後の見通し
- ・資金繰り計画
- ・債務弁済計画
- ・債務免除額の算出根拠

(7) 再生計画内容の期限的な制約

　再生計画内容には期限的な制約があり，具体的には次のとおりです。

① 再生計画成立後最初に到来する事業年度開始の日から概ね３年以内を目処に実質的な債務超過を解消する内容とする

② 経常利益が赤字である場合は，再生計画成立後最初に到来する事業年度開始の日から概ね３年以内を目処に黒字に転換する内容とする

　なお，企業の業種特性や固有の事情等に応じた合理的な理由がある場合には，上記の期間を超える期間を要する計画を作成することも可能です（再生計画策定手順６）。

(8) 経営者及び株主の責任

株主の責任については，減増資により既存株主の割合的地位を低下又は消滅させることにより責任を果たすことを原則とします。

さらに旧経営者も退任することにより責任を果たすことを原則とします。しかし企業の再生に不可欠であるとして，引き続き経営に参画する場合には，経営責任の明確化を図り，私財の提供を行うなど責任を果たすことになります。

(9) 再生計画案の成立・不成立

再生計画案は，第2回債権者会議後の同意不同意を表明すべき期限までに，対象債権者全員が再生計画案に同意する旨の書面を提出した時に成立します。

債権者はこの成立によって，再生計画に定めた権利の変更，猶予・減免等の処理を行うことになります。

また上記の期限までに，対象債権者全員の同意が得られないときは，再生支援による整理は終了し，債務者は法的倒産処理手続開始の申立てなど適切な措置を講じることになります（再生計画策定手順8）。

【 第Ⅳ章　再建──私的再建 】

[　中小企業再生支援協議会の支援による再生計画策定の全体像　]

段階	再建会社（債務者）	債権者	株主	経営者(役員)保証人
協議会による再生計画策定支援の決定（私的整理の開始）	窓口相談（企業の概要，直近3年間の財務状況等資料を用意の上相談）		**株式の評価損計上**	
一時停止の通知発送	主要債権者と協議会の支援業務責任者との連名で	対象債権者は権利変更行為等の一時停止／**貸倒引当金の計上**		
第1回債権者会議	一時停止の追認及び延長期間の決定／再生計画検討委員会の設置の決定／資産負債，損益状況，再生計画案の説明等			
第2回債権者会議		検討委員会は，再生計画案の調査結果報告／再建計画案の質疑応答，意見交換		
再生計画案の成立／債権放棄を受ける	**債務免除益の計上／資産評価損益の計上／債務免除等があった場合の欠損金の損金算入**	計画による債務免除／**貸倒損失の計上／貸倒引当金の計上**	既存株主の割合的地位の低下又は消滅／**株式の評価損・消滅損の計上**	経営者は原則退任／**保証債務の特例**
再生計画案の不成立	法的手続に移行	対象債権者は権利変更行為等の一時停止の解除		民事再生…退任なし 会社更生…退任

（注）太字は税務処理内容

175

SECTION 4

地域経済活性化支援機構が債権を買い取ることによる再建手続

1 概　要

(1) 地域経済活性化支援機構の目的・位置付け
① 目　的

　地域経済活性化支援機構（以下「機構」という）は，以前の企業再生支援機構であり，その目的は，次のとおりです。

> （地域経済活性化支援機構法1条）
> 　株式会社地域経済活性化支援機構は，雇用機会の確保に配慮しつつ，地域における総合的な経済力の向上を通じて地域経済の活性化を図り，併せてこれにより地域の信用秩序の基盤強化にも資するようにするため，金融機関，地方公共団体等と連携しつつ，有用な経営資源を有しながら過大な債務を負っている中小企業者その他の事業者に対して金融機関等が有する債権の買取りその他の業務を通じた当該事業者の事業の再生の支援及び地域経済の活性化に資する資金供給を行う投資事業有限責任組合の無限責任組合員としてその業務を執行する株式会社の経営管理その他の業務を通じた地域経済の活性化に資する事業活動の支援を行うことを目的とする株式会社とする。

　上記の目的をもって設立された機構は，再生を望む企業の事業再生計画の検討・作成，同意を得た金融機関等からの債権の買取り，再生企業への債権放棄等を行い，企業の再生を支援します。

② 機構の位置付け

機構は，公的な使命を担う機関として位置付けられ，企業再生に取り組む法人を支援するため，株式会社地域経済活性化支援機構法（以下「機構法」という）に基づいて支援を進める株式会社です。

③ 再生支援の準則

機構が再生支援を行うにあたっては，「地域経済活性化支援機構の実務運用標準」（以下「実務運用標準」という）に従って手続等を行うことになります。

この標準は，法人税法に規定する資産の評価損益計上の適用を受けようとする事業者に係る事業再生の手続や依拠すべき基準等の準則を定めたものです。

(2) 地域経済活性化支援機構の支援の概要

地域経済活性化支援機構の支援は，「直接の再生支援」と「ファンド運営会社への共同出資又は共同運営」になります。

直接の再生支援は，下記の支援等を通じ，事業再生を目指す企業の再生支援を行います。

① 再生計画策定支援
② 債権者間調整
③ 債権の買取り
④ 出資，融資，債務保証
⑤ 専門家の派遣

また，ファンド運営会社への共同出資又は共同運営は，民間金融機関と共同で事業再生・地域活性化ファンドを組成し，事業再生を目指す企業の再生支援，新事業・事業転換を目指す企業，地域活性化事業を行う企業の支援を行います。

(3) 支援対象となり得る事業者

この実務運用標準による再生の支援対象となり得る事業者は，次の全ての要件を満たす事業者です（実務運用標準1）。

【 SECTION 4　地域経済活性化支援機構が債権を買い取ることによる再建手続 】

❶　有益な経営資源を有しながら過大な債務を負っている中小企業者その他の事業者であって，債権放棄等の金融支援を受けて事業再生を図ろうとするものであること (注1)

❷　事業者に係る事業再生計画が株式会社地域経済活性化支援機構支援基準のうちの再生支援決定基準を満たすこと (注2)

(注)
1　その他の事業者には，「地方三公社（地方住宅供給公社，地方道路公社，土地開発公社）」「国又は地方公共団体が4分の1以上を出資している法人」「資本金の額又は出資の総額が5億円を超え，かつ，常時使用する従業員の数が1,000人を超える事業者」などは除かれます。
2　再生支援決定基準には，「再生支援の申込みが，メインバンク等の申込事業者の事業再生上重要な債権者である一以上の者と連名によるものであること」などの基準や，再生支援決定から5年以内に「生産性向上基準」「財務健全化基準」を満たすこと等が盛り込まれています。

【 第Ⅳ章　再建——私的再建 】

2　直接再生支援の手続の流れ

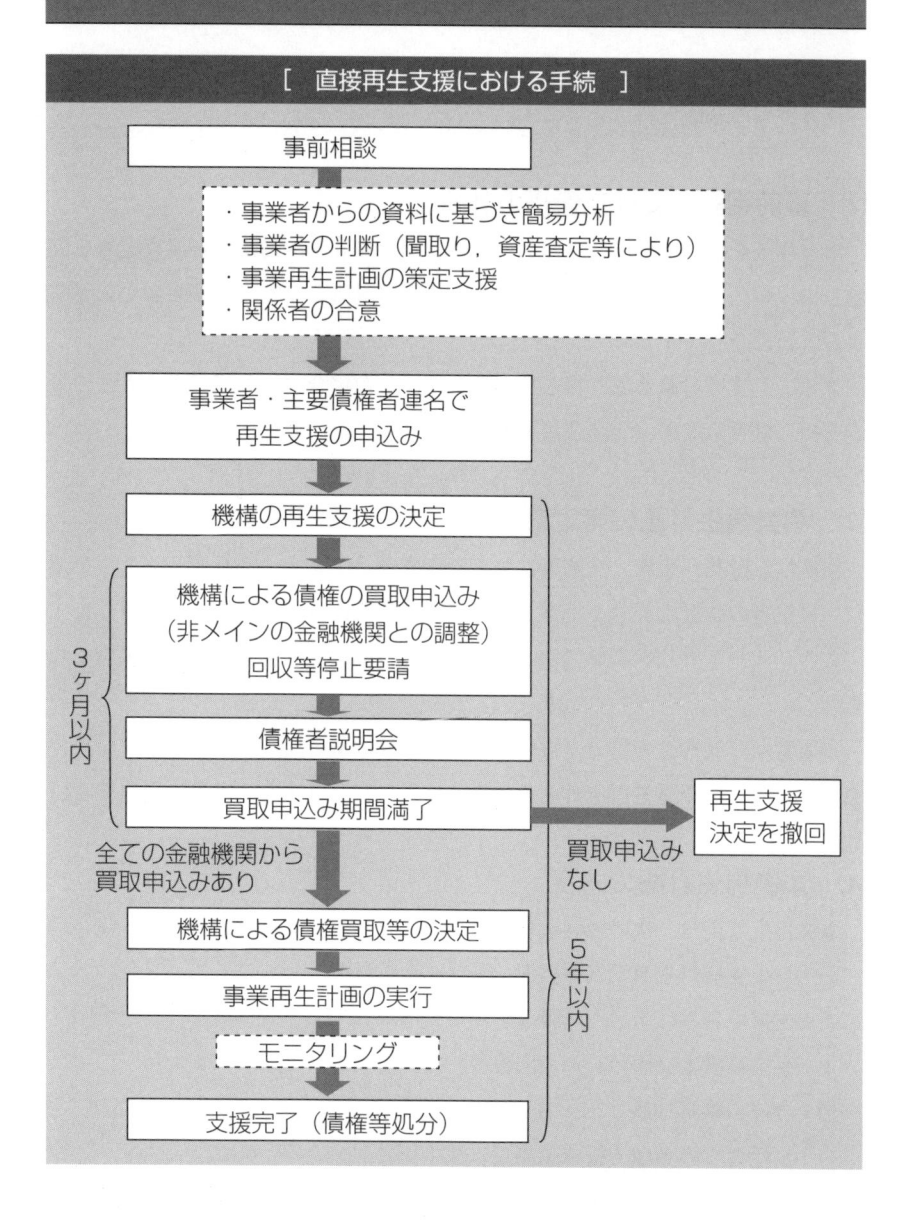

[　直接再生支援における手続　]

```
事前相談
   ↓
・事業者からの資料に基づき簡易分析
・事業者の判断（聞取り，資産査定等により）
・事業再生計画の策定支援
・関係者の合意
   ↓
事業者・主要債権者連名で
再生支援の申込み
   ↓
機構の再生支援の決定
   ↓
機構による債権の買取申込み    ┐
（非メインの金融機関との調整）  │
回収等停止要請               │ 3ヶ月以内
   ↓                       │
債権者説明会                 │
   ↓                       │
買取申込み期間満了            ┘
```

買取申込みなし　→　再生支援決定を撤回

全ての金融機関から買取申込みあり
↓
機構による債権買取等の決定　┐
↓   │
事業再生計画の実行   │ 5年以内
↓   │
モニタリング   │
↓   │
支援完了（債権等処分）   ┘

179

【 SECTION 4　地域経済活性化支援機構が債権を買い取ることによる再建手続 】

(1)　事前相談

　事前の照会や相談は，事業者やその債権者である金融機関等が，いつでも受けられます。

　最初の相談では，事業再生計画の作成等は必要ありませんが，事業概要，直近決算書等の基礎資料は必要です。

(2)　事前相談を受けた機構の判断

　事前相談を受けた機構は，関係者への聞取り調査や，簡易な資産査定等を実施して，相談に係る事業者が，上記1(3)の支援対象となり得る事業者かを判断することになります。

　さらに，支援対象となり得る事業者と判断した場合には，事業再生計画の策定支援に着手します（実務運用標準3）。

(3)　事業再生計画の策定支援

　機構は，財務，事業，法務等に係る資産査定（デュー・デリジェンス）を通じ，事業者の状況を詳しく把握し，事業者の事業再生計画の策定を支援します。

　このデュー・デリジェンスは，機構内部の担当チームや外注により実施されます。

　事業者は，機構等の協力も得つつ，再生に向けて必要な施策を立案し，具体的かつ実現可能な事業再生計画を作成することになります（実務運用標準4）。

(4)　事業再生計画の内容

　事業再生計画は，次の内容を含むものとされます（実務運用標準5）。

　① 再生支援対象事業者の概況
　② 支援申込みに至った経緯
　③ 事業再構築計画の具体的内容
　④ 今後の事業見通し
　⑤ 債権者への金融支援依頼事項（注1）

【 第Ⅳ章　再建——私的再建 】

⑥　今後の財務状況の見通し
⑦　資金繰り計画
⑧　弁済計画
⑨　支援基準適合性
⑩　株主・経営者の責任（注２）
⑪　法的整理との比較

（注）
1　金融支援依頼においては，標準において定められた「再生計画における資産評定基準」に基づく公正な価額により，評定された資産及び負債の価額を基礎として実態貸借対照表が作成されていること。また，債務者に対して債務免除等が必要と認められるときは，貸借対照表における資産及び負債の価額，事業再生計画における損益の見込み等に基づき，各債権者が対象事業者に対して行う債務免除等をする金額が定められていなければならない。
2　債務免除等を受けるときは，支配株主の支配権を消滅させるとともに，増減資により既存株主の割合的地位を消滅させるか大幅に低下させる。
　債務免除等を受けるときは，経営者は原則として退任する。債権者やスポンサーの意向により引き続き経営に参画する場合も私財の提供など相当程度の責任を追及する。

(5)　再生支援の申込み

　機構による資産等の査定（デュー・デリジェンス）を経て事業再生計画が作成された後に行われる支援の申込みは，基本的に主要債権者と事業者の連名で行うことになります。

　よって事業者と取引先金融機関等とでよく相談して申し込むことになります。

　なお，連名で申し込む主要債権者とは，事業再生に向けて重要な役割を担うこととなる債権者をいいます。この債権者は複数の金融機関でも可能ですし，いわゆるメインの金融機関等ではなく再生を主導する金融機関等でも可能です。

　また，事業者のみで申込みを行う場合には，債権者から同意を得られる見込みがあることを確認できる書面等を提出することになります。

(6) 機構の再生支援の決定

　機構は，事業者から再生支援の申込みがあったときは，遅滞なく，支援基準に従って，再生支援をするかどうかの決定を行い，結果を事業者に通知することになります。

　再生支援決定を行ったときは，併せて，関係金融機関等の選定，必要債権額及び買取申込み等期間の決定並びに回収等停止要請をすべきかどうかの決定を行います（実務運用標準6）。

(7) 機構による債権の買取申込み

　機構は，再生支援決定を行ったときは，直ちに，関係金融機関等に対し，再生支援決定の日から起算して3ヶ月以内の期間（以下「買取申込み等期間」という）内に，関係金融機関等が再生支援対象事業者に対して有する全ての債権につき，次の①の申込み又は②の同意をする旨の回答（以下「買取申込み等」という）をするように求めます（実務運用標準7）。

　① 債権の買取りの申込み
　② 事業再生計画に従って債権の管理又は処分をすることの同意

　この場合において，機構が行う関係金融機関等に対する求めは，次のいずれかにより行うことになります。

・①の申込みをする旨の回答をするように求める方法
・①の申込み若しくは②の同意のいずれかをする旨の回答をするように求める方法

(8) 回収等停止の要請

　機構は，関係金融機関等が再生支援対象の事業者に対し，債権の回収等をすることにより，買取申込み等期間が満了する前に事業の再生が困難となるおそれがあると認められるときは，全ての関係金融機関等に対し，買取申込み等期間が満了するまでの間，回収等をしないことの要請（回収等停止要請）を行うことができます。

【 第Ⅳ章　再建――私的再建 】

なお，買取申込み等期間が満了する前に，買取決定を行い，又は再生支援決定を撤回したときは，直ちに，回収等停止要請を撤回し，その旨を全ての関係金融機関等に通知することになります（実務運用標準8）。

(9)　債権者説明会

　機構は，回収等停止要請の通知を行った日から，極力早期に，金融機関等に対する説明会を開催します。

　この説明会の目的は，金融機関等に事業再生計画の内容及び再生支援決定日以降の諸手続等の速やかな理解を得るためです。

　また，機構は，事業再生計画上の金融支援額の算出根拠となった借入内容及び担保内容を関係金融機関等に対して提示の上，基礎情報の内容に誤りがないかどうかを確認します。

　なお，必要に応じて，事業再生計画の内容の十分な理解を得るとともに，買取決定後の金融取引面での支援の継続を促すため，関係金融機関等を個別に訪問し，説明を行います（実務運用標準9）。

(10)　機構による債権買取等の決定

　機構は，買取申込み等期間が満了し，又は買取申込み等期間が満了する前に全ての関係金融機関等から買取申込み等があったときは，速やかに，それぞれの買取申込み等に対し，支援基準に従って，債権の買取り等をするかどうかの決定を行います。

　なお，買取決定をするときは，一括して行います。

　機構は，買取申込み等に係る債権のうち，買取りをすることができると見込まれるものの額及び上記(7)②の同意に係るものの額の合計額が必要債権額に満たないときは，買取決定を行いません。

　また，機構は，債権の買取りの申込みをした金融機関等が有する債権を買い取るとともに，その債権について事業再生計画に基づき必要な債務免除等を実行するものとします。

183

【 SECTION 4　地域経済活性化支援機構が債権を買い取ることによる再建手続 】

　なお，機構が債権の買取りを行う場合の価格は，再生支援決定に係る事業再生計画を勘案した適正な時価を上回らないものとなります（実務運用標準10）。

⑾　事業再生計画の実行

　再生支援決定後，機構は，事業再生計画に従って，再生支援対象事業者に対する融資，債務保証，出資，人材派遣等を行い，その事業の再生を支援します。

　また，事業再生計画の実施状況について，必要なモニタリングを行います（実務運用標準12⑴）。

⑿　支援完了（債権等処分）

　機構は，経済情勢，再生支援対象事業者等の事業の状況等を考慮しつつ，再生支援決定の日から5年以内で，かつ，できるだけ短い期間内に，再生支援対象事業者に係る債権又は株式若しくは持分の譲渡その他の処分の決定を含め，再生支援対象事業者に対する全ての再生支援を完了します（実務運用標準12⑵）。

【 第Ⅳ章　再建——私的再建 】

[機構の直接の再生支援手続の全体像]

	再生事業者（債務者）	債権者	株　主	経営者（役員）保証人
事前相談／事業再生計画の策定支援	基礎的資料（事業概況，直近の決算書）／機構の支援を受け事業再生計画を作成		**株式の評価損計上**	
再生支援の申込み	再生事業者・主要債権者の連名で正式申込み			
機構の再生支援の決定				
機構の債権買取申込み／回収等停止要請		債権の回収等の一時停止／**貸倒引当金の計上**		
債権者説明会	事業再生計画内容の説明等			
債権買取決定／債権放棄を受ける	**債務免除益の計上／資産評価損益の計上／債務免除等があった場合の欠損金の損金算入**	機構に時価で債権売却等／**貸倒損失の計上**	支配株主の支配権を消滅／既存株主の割合的地位を低下，消滅／**株式の評価損・消滅損の計上**	経営者は原則退任／**保証債務の特例**
又は				
再生支援決定を撤回		債権回収等の一時停止の解除		

（注）　太字は税務処理内容

SECTION 5

株式会社整理回収機構の RCC企業再生スキームによる再建手続

1 概要

(1) 株式会社整理回収機構の概要・目的・位置付け
① 概要

　株式会社整理回収機構（以下「RCC」という）は，平成8年に旧住専の債権整理のため設立された「株式会社住宅金融債権管理機構」と，平成7年に破綻金融機関の不良債権処理のため設立された「株式会社東京共同銀行」（その後「株式会社整理回収銀行」に商号変更）が，平成11年4月1日に合併して生まれた会社です。

② 目的

　RCCは金融機関等の債権処理だけではなく，「債務者企業の再建可能性に応じ，再建すべき企業と認められる企業については，法的・私的再建手続等を活用し，その再生を図る」ことも目的の1つです。

　「RCCでは，平成13年以降の一連の閣議決定・法改正等において，日本経済が抱える不良債権問題の処理促進のため，RCCの機能拡充が求められたことを受け，企業再生業務に注力してきました。」（整理回収機構のホームページ「企業再生業務」より）とあるとおり，我が国の経済対策等の政策上も，企業再生業務がRCCに求められている業務であることがわかります。

【 第Ⅳ章　再建――私的再建 】

> 平成13年以降の閣議決定・法改正等（一部）
> 　平成13年6月26日に閣議決定された「今後の経済財政運営及び経済社会の構造改革に関する基本方針（骨太の方針）」において、「不良債権の最終処理を確実に実現するため、RCCの機能を抜本的に拡充することとする。……また、RCCは、受け入れた債権について、債務者企業の再建可能性に応じ、厳正な回収に努める一方、再建すべき企業と認められる企業については、法的・私的再建手続等を活用し、その再生を図る。……」とされ、RCCにおいて企業再生を推進することが政府から公式に要請された。
> 　さらに、平成14年10月30日に金融庁から発表された「金融再生プログラム」において、「RCCの一層の活用と企業再生」が謳われ、「企業再生機能を強化するため、RCC内における企業再生部門の強化等を検討する。……」とされた。

③　機構の位置付け

　RCCは、会社法上の株式会社ですが、基本的に法律に基づく業務の処理（上記②の目的も含めた処理）をするために設立され、公的使命を帯びた会社です。

(2)　RCC企業再生スキームの対象等

　RCC企業再生スキーム（以下「RCCスキーム」という）により企業再生を行う場合のその対象や考え方は、次のとおりです（RCCスキーム1）。

　「RCCスキーム」の対象となる「私的再生」は、RCCが主要債権者である再生可能な債務者について、会社更生法や民事再生法などの法的再生手法によらず、金融債権者間の合意の下で事業の再生を行わせることにより事業収益から最大限の回収を図ることを意図して行われるもので、全ての「私的再生」を対象としない限定的なものです。

　「RCCスキーム」に従って行われる「私的再生」は、債権者の立場にたって行われるもので、事業を清算した場合の回収額よりも、事業を再生継続させた場合の回収額が債権者にとって上回ると見込まれる場合にのみ、すなわち債権者にとって経済合理性が認められる場合にのみ行われるものです。

　もちろん、このような「私的再生」を行うには、債務者自身の再生への意欲、

【 SECTION 5　株式会社整理回収機構のＲＣＣ企業再生スキームによる再建手続 】

自助努力が前提で，また，債権者に債務の猶予や減免を求めるものである以上，経営責任及び株主責任の明確化が求められることはいうまでもありません。

(3)　対象となり得る企業

このＲＣＣスキームによる再生の対象となり得る企業は，次の全ての要件を備える債務者です（ＲＣＣスキーム３）。

❶　過剰債務を主因として事業の継続が困難な状況に陥っており，自力による再生が困難であると認められること

❷　弁済について誠実であり，その財産状況を債権者に適正に開示していること

❸　債務者の再生の対象となる事業自体に市場での継続価値があること

❹　債務者の事業の再生を行うことが，債権者としての経済合理性に合致していること

企業再生を行うのは，あくまでも債権者の利益を最大限確保するためです。債務者が弁済に誠意がなく，財産状況も適正に開示していないようでは，債務者を信頼できず，債務者と当該事業や債務の再構築についてそもそも協議を進めることができません。❷の要件が定められているのは，そのためです。

また，❸の要件については，そもそも事業自体が，従業員や取引先の協力やリストラ等を見込んだ上で採算がとれるようなものでなければ，いくら債務免除等を含む債務の再構築を行っても事業を継続していくことは不可能で，企業再生を行うことは困難であるからです。

さらに，会社である債権者は，その株主等との関係でその利益を最大限にするように行動しなければその責務を果たしていることにならないので，債権者として債務者の企業再生に応じるためには，清算型回収に比してより多くの回収が見込めること，すなわち，債権者としての経済合理性があることが必要となります。したがって，❹の要件が定められています。

なお，対象債務者の再生適格要件の判定にあたっては，「再生適格要件のチェックリスト」を使用して判定することになります。

2　RCCスキームによる再生手続の流れ

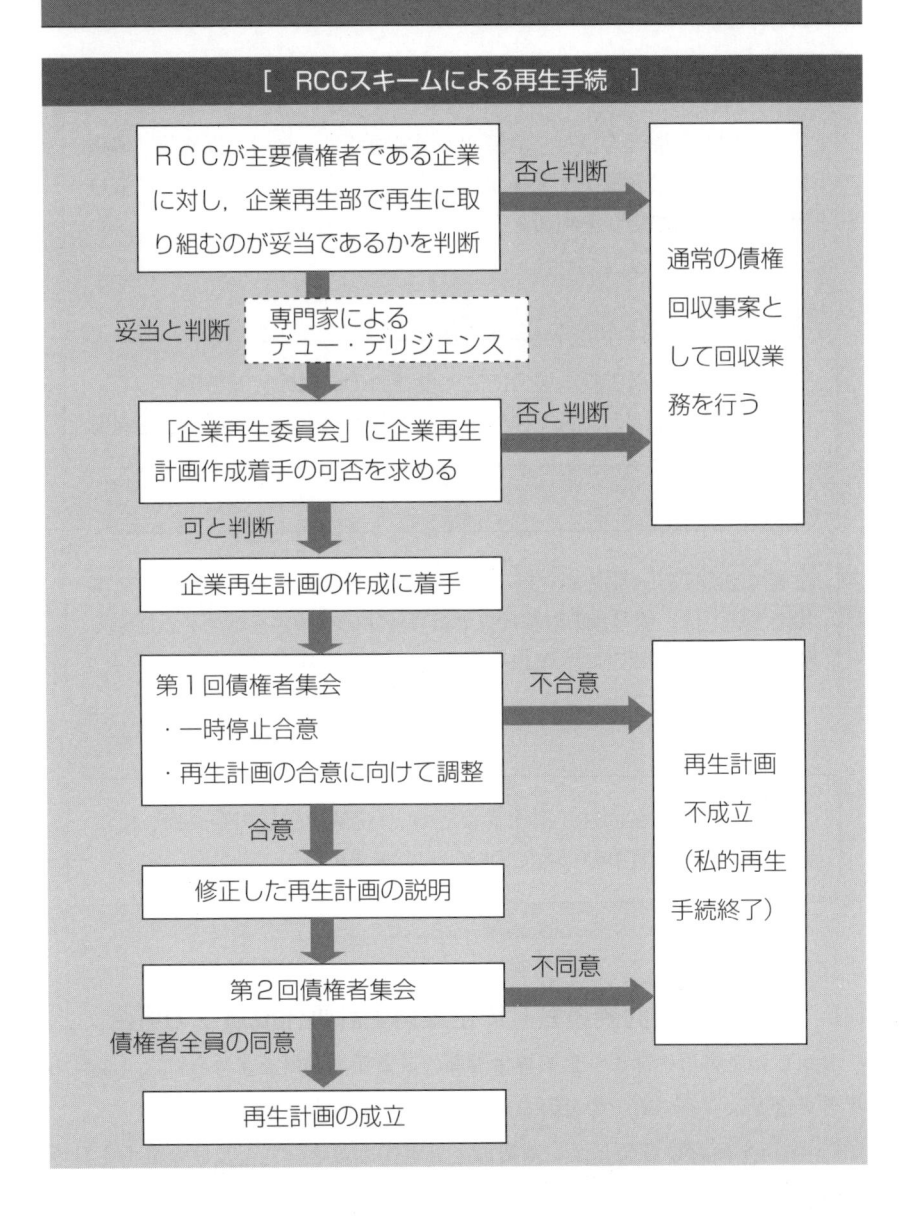

[RCCスキームによる再生手続]

```
┌─────────────────────────┐
│ RCCが主要債権者である企業  │ ──否と判断──┐
│ に対し，企業再生部で再生に │              │
│ 取り組むのが妥当であるかを │              │
│ 判断                      │              │
└─────────────────────────┘              │
         │                                 │
     妥当と判断                            │
         │  ┌──────────────┐              │
         │  │ 専門家による   │              │
         ├─▶│ デュー・デリジェンス│         │
         │  └──────────────┘              ▼
         ▼                          ┌──────────┐
┌─────────────────────────┐         │通常の債権 │
│「企業再生委員会」に企業再生│──否と判断│回収事案と │
│ 計画作成着手の可否を求める │         │して回収業 │
└─────────────────────────┘         │務を行う   │
         │                          │          │
     可と判断                        └──────────┘
         ▼
┌─────────────────────────┐
│ 企業再生計画の作成に着手   │
└─────────────────────────┘
         │
         ▼
┌─────────────────────────┐
│ 第1回債権者集会            │ ──不合意──┐
│ ・一時停止合意             │            │
│ ・再生計画の合意に向けて調整│            │
└─────────────────────────┘            ▼
         │                        ┌──────────┐
       合意                        │再生計画   │
         ▼                        │不成立     │
┌─────────────────────────┐       │          │
│ 修正した再生計画の説明     │       │(私的再生  │
└─────────────────────────┘       │手続終了)   │
         │                        │          │
         ▼                        │          │
┌─────────────────────────┐       │          │
│ 第2回債権者集会            │──不同意│         │
└─────────────────────────┘       └──────────┘
         │
  債権者全員の同意
         ▼
┌─────────────────────────┐
│ 再生計画の成立             │
└─────────────────────────┘
```

【 SECTION 5　株式会社整理回収機構のＲＣＣ企業再生スキームによる再建手続 】

(1)　企業再生部での判断

　企業再生部での企業再生着手等の判断は，次の流れのとおりです（ＲＣＣスキーム5⑴⑵）。

> ＲＣＣ保有債権等のうち，債務者の再生可能性，規模，債務額，債権者数，ＲＣＣの債権シェア等から判断して，企業再生部で再生に取り組むのが妥当か否かを判断

↓

> 妥当であると判断された場合には，債務者の事業の状況を審査して，債務者が上記1⑶の対象となり得る要件を有しているかどうかを判断

↓

> 企業再生部において企業再生に着手するのが妥当であると判断された事案については，債務者の財務指標や資産評定の信頼性を確認するため，監査法人等専門家によるデュー・デリジェンスを実行

↓

> さらに，判断の客観性を担保するため，「企業再生検討委員会」に企業再生計画作成着手の可否について判定を求める

(2)　「企業再生検討委員会」に企業再生計画作成着手の可否

　ＲＣＣの企業再生部より企業再生計画作成着手の判断を求められた「企業再生委員会」は，その着手の可否を判断することになります。
　「企業再生検討委員会」は，企業再生計画作成着手の可否及び企業再生計画

【 第Ⅳ章 再建――私的再建 】

の是非に関する判断の専門性及び客観性を確保するため，企業再生に関し専門的な知識や経験を有する外部の弁護士，公認会計士，税理士，不動産鑑定士，企業再生コンサルタント等からなる委員会であり，ＲＣＣの社長の諮問機関として設置されます（ＲＣＣスキーム４）。

「企業再生検討委員会」において企業再生計画作成の着手が可と判定された場合には，債務者にその旨を伝え，債務者は企業再生計画の原案の作成に着手します。

「企業再生検討委員会」において企業再生計画作成の着手が否と判定された場合には，通常の回収事案として，回収所管部店に移管することになります（ＲＣＣスキーム５(3)）。

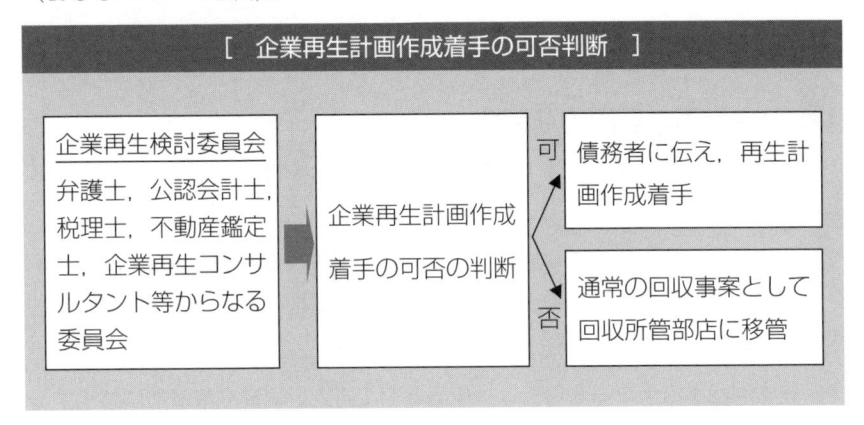

[企業再生計画作成着手の可否判断]

企業再生検討委員会 弁護士，公認会計士，税理士，不動産鑑定士，企業再生コンサルタント等からなる委員会	→	企業再生計画作成着手の可否の判断	可→	債務者に伝え，再生計画作成着手
			否→	通常の回収事案として回収所管部店に移管

(3) 再生計画案の内容

ＲＣＣの関与する再生計画案は，次の内容を含むものとされます（ＲＣＣスキーム７）。

① 経営が困難になった原因
② 事業再構築計画の具体的内容（業種・業態によっては，専門コンサルタント等の助言に基づくことを債務者にＲＣＣより要請する）
③ 将来の事業見通し（売上・原価・経費）（10年間程度）
④ 財務状況（資産・負債・損益）の将来の見通し（10年間程度）

⑤　資本の再構築計画
⑥　資金繰り見通し
⑦　債務弁済計画（最長期15年）
⑧　経営者責任のあり方

　上記の内容とともに，法人税法の資産の評価損益の益金又は損金算入規定及び欠損金の損金算入規定の適用を受ける場合には，債務免除等を含む財務状況の将来の見通しは，別に定める「再生計画における『資産・負債の評定基準』」に基づく資産評定による価額を基礎として作成された実態貸借対照表に基づくものでなければなりません。

　また，再生計画案における権利関係の調整は，正当な理由のない限り債権者間で平等であることを旨とします。

(4) 再生計画の期限的な制約

　上記(3)の再生計画案には，下記の期限的な制約も含まれています（RCCスキーム7）。

- 実質的に債務超過である場合は，原則として再生計画成立後最初に到来する事業年度開始の日から3年以内を目途に実質的な債務超過を解消すること
- 経常利益が赤字である場合は，原則として再生計画成立後最初に到来する事業年度開始の日から3年以内を目途に黒字に転換すること

(5) 経営者及び株主の責任

　上記(3)の再生計画案には，下記の株主又は経営者の責任の明確化も含まれています（RCCスキーム7）。

① 債務免除等を受けるときは，支配株主の支配権を原則として消滅させるとともに，減増資により既存株主の割合的地位を消滅させるか大幅に低下させる。

② 債務免除等を受けるときは，経営者は原則として退任する。債権者やス

【 第Ⅳ章　再建――私的再建 】

ポンサーの意向により引き続き経営に参画する場合も私財の提供などけじめの措置を講じる。

(6) 第1回債権者集会

　企業再生計画作成の着手が可と判断された場合は，債務者及びRCCは，他の主要債権者の意向を確認したうえで，速やかに第1回債権者集会を開催することになります。
　第1回債権者集会においては，債務者及びRCCより，債務者の事業及び財務の状況並びに再生の可能性を説明し一時停止の合意を得るとともに，再生計画の合意に向けて債権者間調整を進めることの合意を得ることが行われます。
　一時停止措置の内容は，「与信残高」の維持までは要請しませんが，下記のことが内容となります。
　① 他の債権者との関係における債務者に対する相対的な地位の改善を行わないこと
　② 追加担保の提供は受けないこと
　③ 担保権の実行や強制執行等は差し控えること等
　なお，一時停止の期間は，再生計画の合意が得られるまで，あるいは，再生計画の合意が得られる見通しがなくなったことを債務者及びRCCが他の債権者に通知するまでの期間となります（RCCスキーム6）。

(7) 第2回債権者集会

　第2回債権者集会に先立ち，債務者から対象債権者（再生計画の成立時に，権利の変更が予定される債権者）に，調整・修正した再生計画案を提示し，理解を得るために必要な説明を行います。
　第2回債権者集会では，再生計画案に対する質疑応答を行い，必要な意見調整を行ったうえ，対象債権者が再生計画案に対し書面により同意不同意を表明する期限を定めます。
　必要がある場合は，対象債権者の同意を得て，別に期日を定めて，第2回債

【 SECTION 5　株式会社整理回収機構のＲＣＣ企業再生スキームによる再建手続 】

権者集会を続行することになります（ＲＣＣスキーム8）。

(8)　再生計画の成立・不成立

　第2回債権者集会（その後続行される債権者集会を含みます）において，再生計画案に対し同意不同意を表明する期限が定められますが，期限までに対象債権者全員が同意を表明した場合は，再生計画は成立します。

　この成立によって債務者は再生計画を実行する義務を負い，対象債権者の権利は再生計画の定めに従って変更されることになります。

　また，定めた期日までに対象債権者全員の合意が得られない場合は，「ＲＣＣ企業再生スキーム」に基づく私的再生手続は終了することになります（ＲＣＣスキーム8）。

　この場合，合意が得られる見通しがなくなったことを債務者及びＲＣＣが他の債権者に通知し，債権回収等の一時停止の期間が終了します（ＲＣＣスキーム6(5)）。

(9)　税務上の特例適用に関する手続

　一定の要件を満たす私的整理に係る再生計画により債務免除等を受ける場合には，債務者の有する一定の資産について評価損及び評価益の計上，並びに青色欠損金等以外の欠損金を優先して損金に算入する税制措置が認められています。

　これに伴い，債務者が本税制措置の適用を受けるために，債務者からＲＣＣに要請があった場合には，対象債権者全員の合意が得られた再生計画に従って債務免除等を行う場合のこの再生計画が，一定の要件を満たしているかどうかについて確認を行うこととしています。

　この確認を行った結果，一定の要件を満たしていると認められるときは，ＲＣＣはその旨の確認書を債務者に対して交付することとしています。

【 第Ⅳ章　再建——私的再建 】

[RCCスキームによる再生手続の全体像]

	債務者	債権者	株主	経営者(役員) 保証人
企業再生委員会の企業再生計画作成着手	長期事業計画, 直近3期の決算書・申告書等も準備	**貸倒引当金の計上**	**株式の評価損計上**	
第1回債権者会議	事業及び財務の状況並びに再生の可能性を説明			
一時停止の合意		債権の回収等の一時停止		
修正した再生計画の説明	調整・修正した再生計画案の説明			
第2回債権者会議		再生計画案に対する質疑応答, 意見調整		
再生計画の同意／債権放棄を受ける	再生計画の実行の義務／**債務免除益の計上／資産評価損益の計上／債務免除等があった場合の欠損金の損金算入**	再生計画の定めによる債権放棄等／**貸倒損失の計上／貸倒引当金の計上**	支配株主の支配権を消滅／既存株主の割合的地位を低下, 消滅／**株式の評価損・消滅損の計上**	経営者は原則退任／**保証債務の特例**
又は				
再生計画の不同意／債務者・RCCが通知	法的手続に移行	債権回収等の一時停止の解除		民事再生…退任なし 会社更生…退任

（注）太字は税務処理内容

SECTION 6

特定認証紛争解決手続(事業再生ADR手続)による再建手続

1 概要

(1) 特定認証紛争解決手続とは

　特定認証紛争解決手続は,債権者の協力を得て事業再生を図ろうとする事業者が,特定認証紛争解決事業者に対して特定認証紛争解決手続の申込みを行い,特定認証紛争解決事業者が当該特定認証紛争解決手続を利用することが相当であると判断したものについて,特定認証紛争解決事業者の関与のもと,紛争の当事者となる債権者の債権回収等の一時停止,事業再生計画の内容に係る債権者会議での協議等を経たうえ,債権者全員の合意により事業再生計画の成立を図り,その後の再建管理を行う一連の手続です。

　また,この特定認証紛争解決手続は,産業活力再生特別措置法(現:産業競争力強化法)に規定される調停手続の特例等によって私的整理と法的整理の連続性を確保しつつ,債権者と債務者の合意に基づき債権者の協力を得ながら,債務者が事業再生を図るための措置を規定したものであり,2以上の金融機関等又は1以上の政府関係金融機関等が債権者として関わることを前提としているものです(国税庁ホームページ,文書回答　平成20年3月28日照会文より)。

(2) 特定認証紛争解決事業者とは

認証紛争解決手続は，訴訟手続によらず公正な第三者の関与に基づき進められる解決手続で，解決手続を行う第三者は，法務大臣から認証を受けた事業者です。

さらに解決すべき紛争の範囲に事業再生を含めることにつき経済産業大臣から認定を受けた事業者を，特定認証紛争解決事業者といいます。

この特定認証紛争解決事業者が行う事業再生手続を「特定認証紛争解決手続（以下「事業再生ＡＤＲ手続」という）」といいます。

(3) 事業再生ＡＤＲ手続の基準

事業再生ＡＤＲ手続は，産業競争力強化法に基づき，経済産業省令（経済産業省関係産業競争力強化法施行規則。以下「規則」という）より進められることになります（産業競争力強化法51①二）。

この基準は，事業再生に係る紛争についての事業再生ＡＤＲ手続の実施方法を定めたものです。

(4) 対象となる債務者

この事業再生ＡＤＲ手続による再生の対象となる債務者は，次の全ての要件を満たしている債務者です（経産省告示29号）。

❶ 過剰債務を主因として経営困難な状況に陥っており，自力による再生が困難であること

❷ 技術，ブランド，商圏，人材等の事業基盤があり，その事業に収益性や将来性がある等事業価値があり，重要な事業部門で営業利益を計上している等債権者の支援により再生の可能性があること

❸ 再生手続開始又は会社更生法若しくは金融機関等の更生手続の特例等に関する法律の規定による更生手続開始の申立てにより信用力が低下し，事業価値が著しく毀損される等，事業再生に支障が生じるおそれがあること

【 SECTION 6　特定認証紛争解決手続（事業再生ＡＤＲ手続）による再建手続 】

2　事業再生ＡＤＲによる事業再生手続の流れ

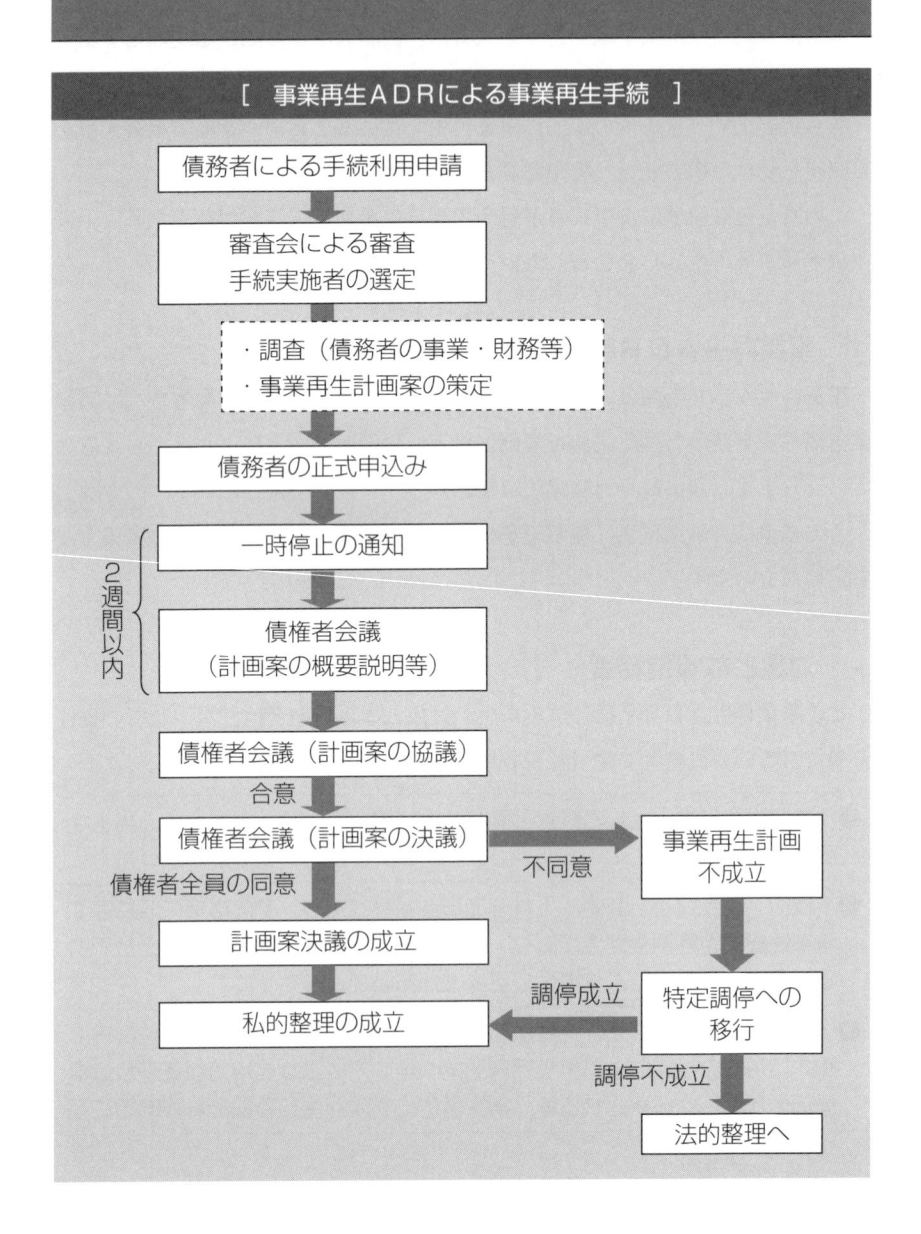

[事業再生ＡＤＲによる事業再生手続]

```
債務者による手続利用申請
        ↓
審査会による審査
手続実施者の選定
        ↓
・調査（債務者の事業・財務等）
・事業再生計画案の策定
        ↓
債務者の正式申込み
        ↓
一時停止の通知       ┐
        ↓           │ 2週間以内
債権者会議           │
（計画案の概要説明等）┘
        ↓
債権者会議（計画案の協議）
        ↓ 合意
債権者会議（計画案の決議） ──不同意→ 事業再生計画不成立
        ↓ 債権者全員の同意                ↓
計画案決議の成立                      特定調停への移行
        ↓                         ──調停成立→
私的整理の成立 ←────────────────
                                       ↓ 調停不成立
                                     法的整理へ
```

(1) 一時停止の通知

　認証紛争解決事業者は，一時停止を要請する場合には，債権者に対し，債務者と連名で，書面により通知することになります。

　なお，一時停止の通知を発した場合においては，一時停止の通知を発した日から，原則として，2週間以内に債権者会議を開催しなければなりません。

　また，一時停止とは，債権者全員の同意によって決定される期間中に下記の行為をしてはならないことです（規則20）。

① 債権の回収
② 担保権の設定
③ 破産手続開始，再生手続開始，会社更生法若しくは特別清算開始の申立て

(2) 事業再生計画案の内容

　事業再生ADR手続による事業再生計画案は，次の内容を含むものとされます（規則28①）。

① 経営が困難になった原因
② 事業の再構築のための方策
③ 自己資本の充実のための措置
④ 資産及び負債並びに収益及び費用の見込みに関する事項
⑤ 資金調達に関する計画
⑥ 債務の弁済に関する計画
⑦ 債権者の権利の変更
⑧ 債権額の回収の見込み

　上記⑦の債権者の権利の変更の内容は，債権者の間では平等でなければなりません。ただし，債権者の間に差を設けても衡平を害しない場合は，差を設けることができます。

　また，上記⑧の債権額の回収の見込みは，破産手続による債権額の回収の見込みよりも多くなければなりません。

【 SECTION 6　特定認証紛争解決手続（事業再生ＡＤＲ手続）による再建手続 】

　事業再生計画案は，さらに下記の要件を満たすものでなければなりません（経産省告示29号）。
- 過剰設備や遊休資産の処分又は不採算部門の整理・撤退等，債務者の自助努力を伴うものであること
- 実行可能性があること
- 債権者全員の合意を得られる見込みがあること

(3) 事業再生計画の期限的な制約

　上記(1)④（資産及び負債並びに収益及び費用の見込み）に掲げる事項は，次の要件を満たすものでなければなりません（規則28②）。
① 債務超過の状態にあるときは，事業再生計画案に係る合意が成立した日後最初に到来する事業年度開始の日から，原則として，３年以内に債務超過の状態にないこと
② 経常損失が生じているときは，事業再生計画案に係る合意が成立した日後最初に到来する事業年度開始の日から，原則として，３年以内に黒字になること

(4) 債権放棄を伴う事業再生計画案の場合

　上記(2)の事業再生計画案が，債権放棄を伴う場合には，事業再生計画案は次に掲げる事項を含むものでなければならないこととされています（規則29）。
① 債務者の有する資産及び負債につき，基準による資産評定が公正な価額によって行われ，その資産評定による価額を基礎とした債務者の貸借対照表が作成されていること
② ①の貸借対照表における資産及び負債の価額並びに事業再生計画における収益及び費用の見込み等に基づいて，債務者に対して債務の免除をする金額が定められていること

(5) 経営者及び株主の責任

上記(2)の事業再生計画案が，上記(4)と同様債権放棄を伴う場合には，事業再生計画案は次に掲げる事項を含むものでなければならないこととされており，株主又は経営者の責任が明確化されています（規則29）。

① 株主の権利の全部又は一部の消滅
② 役員の退任（事業の継続に著しい支障を来すおそれがある場合を除く）

(6) 債権者会議（事業再生計画案の概要説明等）

最初に行われる債権者会議は，事業再生計画案の概要の説明のための会議です。

その会議においては，債務者による現在の債務者の資産及び負債の状況並びに事業再生計画案の概要の説明，事業再生計画案に対する質疑応答及び債権者間の意見の交換が行われます。

また，この会議では，債権者全員の同意によって，次に掲げる事項について決議をすることができます（規則22）。

① 議長の選任
② 手続実施者の選任
③ 債権者ごとに，要請する一時停止の具体的内容及びその期間
④ 次回以降に行われる債権者会議の開催日時及び開催場所

(7) 債権者会議（事業再生計画案の協議）

2回目に行われる債権者会議では，事業再生計画案を協議するための会議です。

この会議においては，1回目の債権者会議において選任された手続実施者は，事業再生計画案が公正かつ妥当で経済的合理性を有するものであるかについて意見を述べることになります（規則24）。

(8) 債権者会議（事業再生計画案の決議）

3回目に行われる債権者会議では，事業再生計画案の決議のための会議です。

この会議において，債権者全員の書面による合意の意思表示によって事業再生計画案が決議されることになります（規則26）。

なお，この債権者会議において事業再生計画案が決議されるに至らなかった場合には，債権者全員の同意により続行期日を定めることができます（規則27）。

(9) 事業再生計画の成立

事業再生計画案の決議の債権者会議（その後続行される債権者会議を含みます）において，事業再生計画案に対し債権者全員が合意の意思表示を書面で表明した場合は，再生計画は成立します（規則26）。

この成立によって債務者は事業再生計画を実行する義務を負い，債権者の権利は再生計画の定めに従って変更されることになります。

【 第Ⅳ章　再建──私的再建 】

[　事業再生ＡＤＲによる事業再生手続の全体像　]

手続きの流れ	債務者	債権者	株主	経営者（役員）保証人
手続き利用の正式申込み			株式の評価損計上	
一時停止の合意		債権の回収等の一時停止／**貸倒引当金の計上**		
債権者会議（計画案の概要説明等）	現在の状況，事業再生計画案の概要の説明	質疑応答，意見交換		
債権者会議（計画案の協議）				
債権者会議（計画案の決議）		書面により合意，不合意の意思表示		
事業再生計画の同意／債権放棄を受ける	事業再生計画の実行の義務／**債務免除益の計上／資産評価損益の計上／債務免除等があった場合の欠損金の損金算入**	事業再生計画の定めによる債権放棄等／**貸倒損失の計上／貸倒引当金の計上**	支配株主の支配権を消滅／既存株主の割合的地位を低下，消滅／**株式の評価損・消滅損の計上**	経営者は原則退任／**保証債務の特例**
再生計画の不同意	特定調停へ移行／法的手続に移行	債権回収等の一時停止の解除		民事再生…退任なし会社更生…退任

（注）　太字は税務処理内容

203

SECTION 7

準法的再建に関する税務

1 概　要

準法的再建の手続により進められた再建では，税制上の特例が適用されます。その特例その他の税務について，以下説明します。

2　相談・再建計画案策定・一時停止の通知時の税務

(1) 債務者

　準法的再建手続は，債務者が検討することになりますが，その際再建を望む企業の過去と現在の資産負債と損益の状況，及び経営困難な状況に陥った原因などを確認します。

　そのため債務者は上記の説明をする資料を準備する必要がありますが，税務の処理には関係ありません。

　また，債権に関する一時停止の通知又は要請時，債権者会議等の時点も，債権者においての手続になるため，債務者側では税務に関する処理はありません。

(2) 債権者
① 概　要
　再建手続に関与する債権者であれば，債務者からの相談等により債務者の状況がわかりますが，一般債権者の場合，一時停止の通知等を受けたことにより，債務者の状況がわかることになります。

　この一時停止の通知等には，「債務者の資産負債と損益の状況」がわかる資料が添付される場合もあるため，この資料を基に貸倒引当金の計上を検討することになります。

② 貸倒引当金
　個別評価金銭債権に係る貸倒引当金の繰入は，一定の法人しか行えません。

　　　　　　　　　　詳しくは▶「第Ⅵ章　清算税務の基礎知識」の「7　貸倒引当金」

　債権者が貸倒引当金繰入の計上が可能な法人である場合，次に繰入要件又は限度額の計算の検討になります。

　個別評価金銭債権に係る貸倒引当金繰入の要件は，下記の4つに区分されます。

　①　更生計画認可決定等による長期棚上げの場合（法令96①一）
　②　債務者の債務超過状態の継続による場合（法令96①二）
　③　更生手続開始の申立て等による場合（法令96①三）
　④　外国政府の履行遅延の場合（法令96①四）

　準法的再建手続の開始が，上記の③の「更生手続開始の申立て等による場合」に当たるように思われますが，上記③の要件は，法的整理の申立てが要件ですので，準法的再建手続の開始は該当しません。

　そこで，上記②の「債務者の債務超過状態の継続による場合」を検討することになります。

　この上記②「債務者の債務超過状態の継続による場合」は，さらに「債務者が債務超過の状態が相当期間継続」し，かつ「その営む事業に好転の見通しがないこと」又は「災害，経済事情の急変等により多大な損害が生じたこと」が要件であるため，「債務者の資産負債と損益の状況」などの資料を確認したう

【 SECTION 7　準法的再建に関する税務 】

えで貸倒引当金繰入の計上を検討することになります。
　また繰入限度額は，金銭債権の一部の金額につきその取立て等の見込みがないと認められる金額となります。

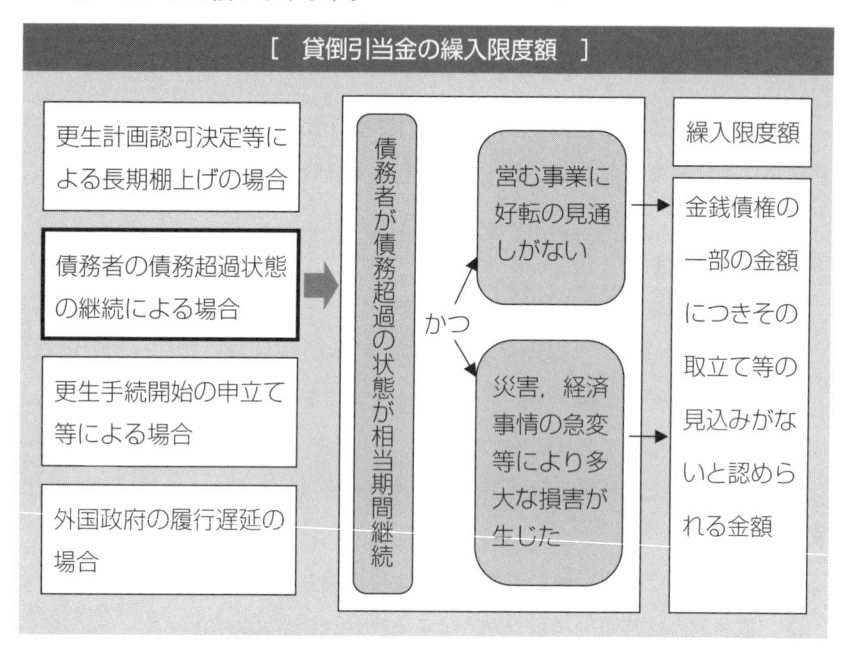

[貸倒引当金の繰入限度額]

更生計画認可決定等による長期棚上げの場合			繰入限度額
債務者の債務超過状態の継続による場合	債務者が債務超過の状態が相当期間継続	営む事業に好転の見通しがない　かつ　災害，経済事情の急変等により多大な損害が生じた	金銭債権の一部の金額につきその取立て等の見込みがないと認められる金額
更生手続開始の申立て等による場合			
外国政府の履行遅延の場合			

【事例】

　債務者の債務超過状態が相当期間継続し，営む事業の好転が見込めないため，取立てが見込めない金銭債権1,000相当の貸倒引当金を計上する。

　　（貸倒引当金繰入）　　　1,000　　　（貸倒引当金）　　　1,000

(3) 法人株主

　準法的再建手続を行うことは，会社として業績が悪化しており，株式の価値も悪化していると考えられます。
　この場合法人株主であれば，株式の評価損の計上を検討することになります。
　税務上株式の評価損は，「有価証券を発行する法人の資産状態が著しく悪化

したため，その価額が著しく低下したこと」により，資産の評価換えをして，損金経理により帳簿価額を減額した場合に損金算入が認められます（法法33②，法令68二）。

「著しく低下したこと」とは，「有価証券の事業年度終了の時における価額が，その時の帳簿価額のおおむね50％相当額を下回ること」をいいます（法基通9－1－9）。

また株式の価額（評価額）は，課税上弊害がない限り，財産評価基本通達の例によって算定されますが，一定の条件を加味して算定することになります（法基通9－1－14）。

【事例】

保有する有価証券の発行会社について，資産状態が著しく悪化したため評価額が著しく下落している場合に評価損を計上する。

・有価証券の帳簿価額　1,000
・有価証券の評価額　　200

（有価証券評価損）　　　800　　　（有　価　証　券）　　　800

→この処理後の有価証券の帳簿価額：200

(4) 経営者

準法的再建手続を開始した場合でも，経営者については別段何も変わることはありません。

3 再建（再生）計画成立時の税務

(1) 債務者

再建計画が成立すると，債務者は再建計画を実行する義務を負います。

また債務者側で処理が生ずる場面も，再建計画の成立時です。

再建計画の成立時には，次の処理の適用が考えられます。

【 SECTION 7 準法的再建に関する税務 】

① 債務免除益の計上
② 資産の評価損益の計上
③ 繰越欠損金の損金算入

① 債務免除益の計上

再建計画が成立すると，債権者は再建計画に沿って権利が変更され，保有債権につき猶予，減免などが生ずる場合があります。

一方債務者は，債務の減免に対して，債務免除益を計上することになります。

この債務免除益は，法人税法上は益金となり，課税の対象になりますが，この後説明する資産の評価損の計上及び欠損金の控除で，課税所得を減額する措置が適用される可能性もあります。

【事例】

再建計画が成立し，債権者から債務免除を総額2,000受けた場合の処理

（借　入　金）　　2,000　　（債　務　免　除　益）　　2,000
　　　　　　　　　　　　　　　↑利益（益金）

② 資産の評価損益の計上

法人税法上資産の評価損益の計上は認められていませんが，「再生計画認可の決定に準ずる事実」が生じた場合において，法人税法に規定する資産の評定が行われた場合には，評定による価額と帳簿価額との差額を評価益又は評価損として，益金又は損金に計上できます。

詳しくは▶「第Ⅵ章　清算税務の基礎知識」の「2　資産評価損益」

準法的再建手続による資産評価損益は，再生（再評価）型となります。

準法的再建手続に従って再建計画が策定され，債権者全員の同意を得て成立した場合には，「再生計画認可の決定に準ずる事実」に該当するとされています。

これは，各種の準法的再建手続関係機関が国税庁に照会し，「再生計画認可の決定に準ずる事実」に該当する旨の文書回答を得ています。

参考までに，平成17年5月11日に「私的整理に関するガイドライン研究会」

【 第Ⅳ章　再建――私的再建 】

が国税庁宛に照会したものに対する文書回答を紹介します。

> 平成17年5月11日国税庁よりの文書回答
> 【照会内容（一部抜粋（一部修正））】
> 　本ガイドライン等に従って再建計画が策定され，対象債権者全員の同意によって再建計画が成立した場合において，法人税法施行令に定める一定の要件を満たすときには，その再建計画の成立は，「再生計画認可等に準ずる事実」に該当する。
> 　したがって，当該再建計画において債務者の有する資産の価額につき，資産評定が行われていることとなり，当該資産評定による価額を基礎とした貸借対照表に計上されている資産の価額と帳簿価額との差額（評価益又は評価損）は，資産の評価益の益金不算入等又は資産の評価損の損金不算入等の規定（この規定における益金算入，損金算入の規定）を適用することができる。
> 【国税庁の回答】
> 　ご照会に係る事実関係を前提とする限り，貴見のとおりで差し支えありません。

③　期限切れ欠損金の損金算入

　青色欠損金の繰越期間は9年間（平成20年4月1日前に終了した事業年度において生じたものは7年間）であり，その期間を過ぎた欠損金は，青色欠損金の損金算入の対象から外れてしまいます。

　上記①債務免除益は多額の益金を生じさせるもので，9年間（7年間）の繰越欠損金では控除しきれない金額が生ずる可能性があります。

　法人の再建の過程で大きな税額が生じれば，再建に影響を与え，計画どおりの再建が見込めないことも考えられます。

　そのため，会社の再建の場面で一定の私的整理（準法的再建手続）を行う場合には，繰越期限を過ぎた欠損金（期限切れ欠損金）の利用も可能とする措置が講じられています。

　　　　　　　　詳しくは▶「第Ⅵ章　清算税務の基礎知識」の「3　繰越欠損金の損金算入」

　この場合，期限切れ欠損金の損金算入が利用できる場合とは，次の場合です（法法59②）。

　・債務免除を受けた場合
　・役員又は株主から私財提供を受けた場合

【 SECTION 7　準法的再建に関する税務 】

・評価損益を計上した場合

　準法的再建手続による繰越欠損金の損金算入は，4つの分類上，再生等（再評価）型となります。

　これは，各種の準法的再建手続関係機関が国税庁に照会し，期限切れ欠損金の控除ができる旨の文書回答を得ています。

　参考までに，平成17年5月11日に「私的整理に関するガイドライン研究会」が国税庁宛に照会したものに対する文書回答を紹介します。

平成17年5月11日国税庁よりの文書回答

【照会内容（一部抜粋（一部修正））】

　上記（資産の評価損益の計上に係る照会文）により，資産の評価益の益金不算入等又は資産の評価損の損金不算入等の規定の適用を受ける場合には，会社更生等による債務免除があった場合の欠損金の損金算入の規定により損金の額に算入する金額は，法人税法第59条第2項第3号に掲げる場合に該当するものとして計算することができる。

【国税庁の回答】

　ご照会に係る事実関係を前提とする限り，貴見のとおりで差し支えありません。

---

④　青色欠損金と期限切れ欠損金の損金算入の順序

　上記③の期限切れ欠損金が利用できる場合には，青色欠損金と期限切れ欠損金の両方が利用できることになりますが，その損金算入の順序が決められています。

　具体的には，評価損益を計上した場合には期限切れ欠損金の損金算入が優先され，評価損益を計上しない場合には，青色欠損金の損金算入が優先されます。

　青色欠損金の損金算入が優先された場合，今後再建に成功し，課税所得が生じた場合に控除する青色欠損金が少なくなるため，税金の支出が生ずることが考えられます。

　再建計画の段階で，欠損金の優先順位を確認し，税金支出の面にも注意が必要だと思われます。

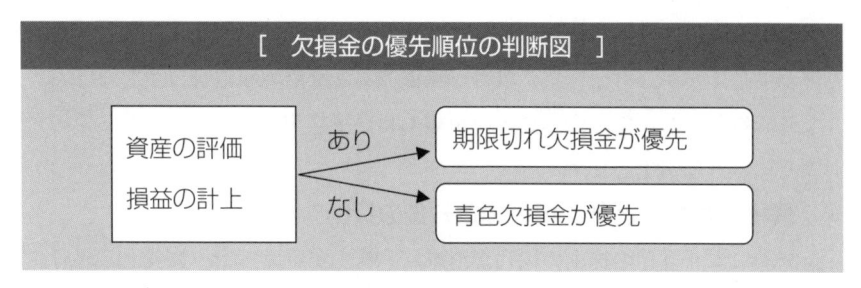

[欠損金の優先順位の判断図]

```
資産の評価      あり  →  期限切れ欠損金が優先
損益の計上      なし  →  青色欠損金が優先
```

⑤ 資本金の減少手続（自己株式の取得）

　この準法的再建手続により私的整理を進める場合において，債権者から債権放棄を受けるときは，支配株主の権利を消滅させることはもとより，既存株主の割合的地位の減少又は消滅させることを原則とします。

　具体的な手続としては，例えば自己株式を取得するケースがあります。

　債務者は自社の無価値の株式を自己株式として無償で取得し，その自己株式を消却して，改めて新規のオーナーに新株発行（有償）を行うか，取得した自己株式をもって新規のオーナーに有償で割り当てる進め方があります。

　この場合，自己株式の取得に伴って，資本金の減少手続を行い，減少した金額を欠損填補に充てるのが一般的です。

　各時点の会計処理は，下記のとおりです。

時　点	仕　訳
自己株式無償取得時	自己株式の無償取得であるため，仕訳なし 自己株式の株数増加のみ
資本金の減少手続時（資本準備金とはしない処理）	（資　本　金）××　（その他資本剰余金）××
欠損填補時 （剰余金の処分時）	（その他資本剰余金）××　（その他利益剰余金）××
新オーナーへの新規割当て時	（現　金　預　金）××　（資　本　金）××
自己株式の消却時	自己株式の帳簿価額がないため，自己株式の株数減少のみ
自己株式の処分（割当て）	（現　金　預　金）××　（その他資本剰余金）×× 　　　　　　　　　　　　　　　　　↓ 　　　　　　　　　　　　　　自己株式処分差益

211

【 SECTION 7　準法的再建に関する税務 】

　上記の処理に伴う税務処理は，自己株式の有償取得の場合にはみなし配当の処理が生じますが，自己株式の取得が無償であるため課税処理は生じません。

　なお債務者において，資本金等の金額や利益積立金額に移動が生じますので，別表五(一)の処理が生じます。

⑥　債権者が株主となる場合のDESの扱い

　上記⑤により既存の株主の権利が消滅し，株主が新オーナーに代わる場合，新オーナーに既存の債権者がなることがあります。

　この場合，新株割当に際し金銭の払込みを受けることもありますが，債務額（債権者にとっては債権額）を資本に振り替える処理（デット・エクイティ・スワップ（DES））を利用することもあります。

　しかし法人税法の規定では，債務の額面額が全て資本金等の額になるわけではなく，債務の時価（債権の時価）が資本金等の額となり，差額が債務消滅益（益金）となります（法令8①一）。

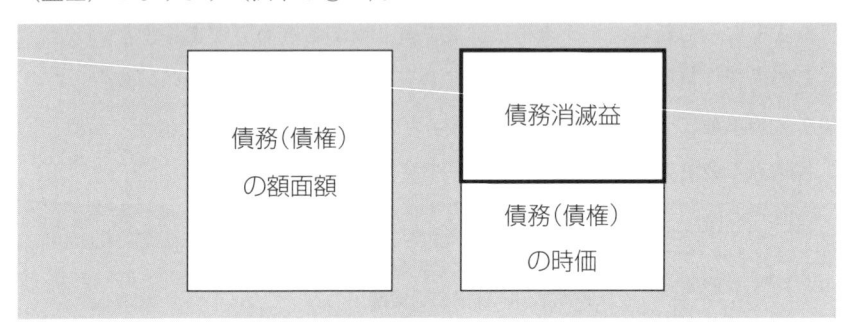

	債務消滅益
債務（債権）の額面額	債務（債権）の時価

　再建を検討している企業は，債務超過による返済不能の金額があり，そのため資金繰りに苦慮しているのが一般的です。よって，債務の中には返済できない部分もあります。

　通常返済できない金額は，債務免除を受けることになりますが，DESを利用して，返済不可能部分も含めて額面金額で資本金等の額にすることが行われます。

　債務の額面金額で資本に振り替えられた場合には，返済できない金額まで資本金等の額に振り替えられてしまい，返済しなくてよいことになってしまいま

す。

　この場合，返済できる金額が債務（債権）の時価となり，その時価を上回る金額の債務が消滅することになります。この債務消滅部分の金額は，債務免除を受けた場合と同様の効果があり，企業再生における税務の面では，債務免除益と同様に取り扱われます。

　債務消滅益の税務の取扱いは，次のとおりです。

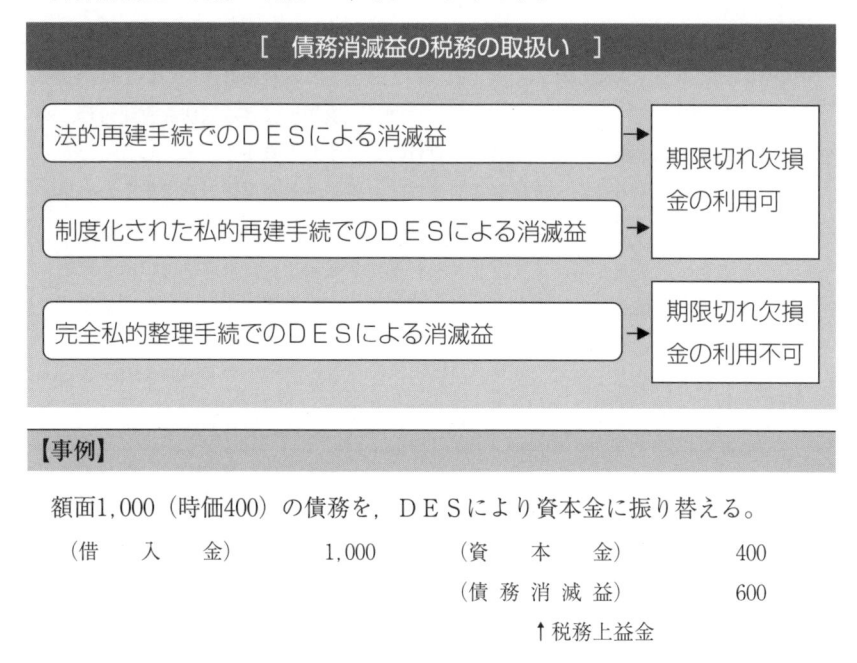

[　債務消滅益の税務の取扱い　]

法的再建手続でのＤＥＳによる消滅益	期限切れ欠損金の利用可
制度化された私的再建手続でのＤＥＳによる消滅益	
完全私的整理手続でのＤＥＳによる消滅益	期限切れ欠損金の利用不可

【事例】

額面1,000（時価400）の債務を，ＤＥＳにより資本金に振り替える。

（借　入　金）　　　1,000　　　（資　本　金）　　　　400
　　　　　　　　　　　　　　　（債 務 消 滅 益）　　　600
　　　　　　　　　　　　　　　　↑税務上益金

(2) 債 権 者
① 債権放棄額の処理

　一般的に債権放棄が行われた場合，放棄した金額が純粋な貸倒損失か寄附金かを検討することになりますが，準法的再建手続における再建計画の成立により行われる債権放棄の税務上の取扱いは，合理的な再建計画に基づく債権放棄等にあたり，貸倒損失として損金算入がされます（法基通９－４－１，９－４

【 SECTION 7　準法的再建に関する税務 】

−2）。

　これは，各種の準法的再建手続関係機関が国税庁に照会し，合理的な再建計画に基づく債権放棄等にあたる旨の文書回答を得ています。

　参考までに，平成13年9月26日に「私的整理に関するガイドライン研究会」が国税庁宛に照会したものに対する文書回答を紹介します。

> 平成13年9月26日国税庁よりの文書回答
> 【照会内容（一部抜粋）】
> 　今般のガイドラインに定める手続に基づいて策定される再建計画については，法人税基本通達9−4−2に定める支援額の合理性，支援者による適切な再建管理，支援者の範囲の相当性及び支援割合の合理性等のいずれも有すると考えられるほか，更に，利害の対立する複数の支援者の合意により策定された再建計画であると考えられます。
> 　このことを前提とすれば，ガイドラインに基づき策定された再建計画により債権放棄等が行われた場合には，原則として，同通達にいう合理的な再建計画に基づく債権放棄等であると考えられます。
> 【国税庁の回答】
> 　ご照会に係る事実関係を前提とする限り，貴見のとおりで差し支えありません。

【事例】

　準法的な手続に従い再建計画が成立し，債務者に対し債権放棄を1,500行った。

　　（貸　倒　損　失）　　　1,500　　　（貸　付　金）　　　1,500
　　　　↑寄附金とはならず損金

②　長期棚上げ額の貸倒引当金計上

　再建計画の成立に基づき，債権額の弁済が一時停止になり，または賦払いによる弁済になることもあり得ます。

　　　　　　　　　　　詳しくは▶「第Ⅵ章　清算税務の基礎知識」の「7　貸倒引当金」

　債権者が貸倒引当金繰入の計上が可能な法人である場合，「更生計画認可決定等による長期棚上げ」による貸倒引当金の計上が考えられます。

【 第Ⅳ章　再建──私的再建 】

　この場合，債務者側の債務整理において，「債権者集会の協議決定で合理的な基準により債務者の負債整理を定めている」事実に基づいて，弁済が一時的に停止した，または賦払いよる弁済となった場合には，個別評価金銭債権に係る貸倒引当金の繰入が認められます。

　繰入限度額は，「事由が生じた日の属する事業年度終了の日の翌日から5年を経過する日までに弁済されることとなっている金額以外の金額」となります。

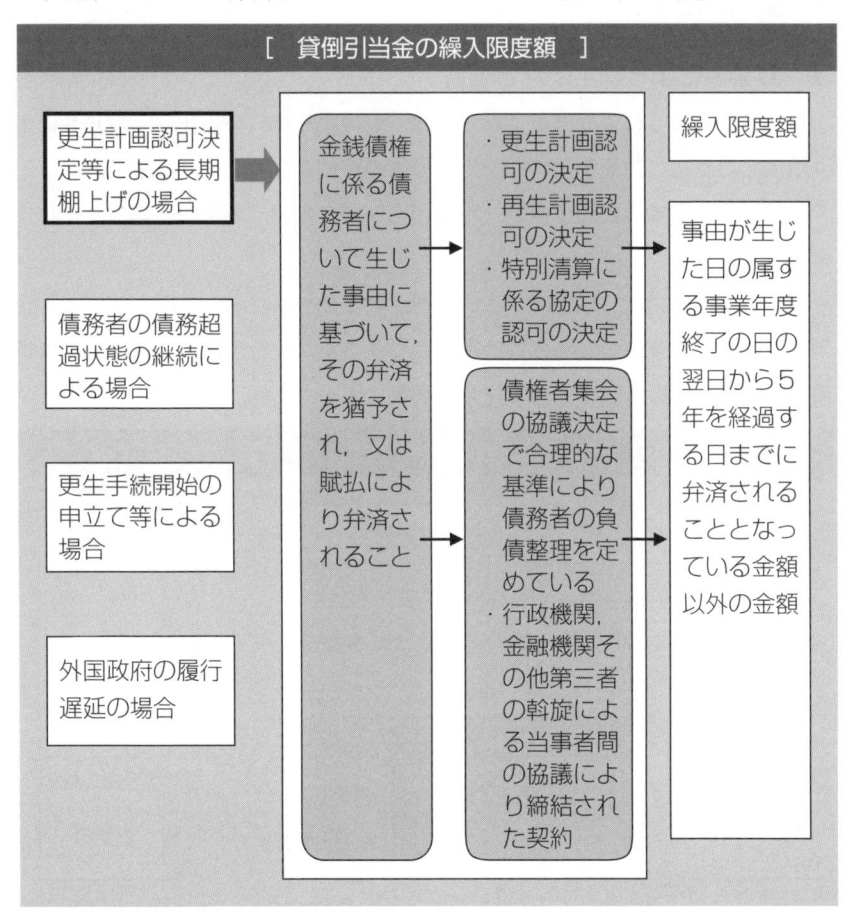

[貸倒引当金の繰入限度額]

事由	金銭債権に係る債務者について生じた事由	具体的事由	繰入限度額
更生計画認可決定等による長期棚上げの場合	金銭債権に係る債務者について生じた事由に基づいて，その弁済を猶予され，又は賦払により弁済されること	・更生計画認可の決定 ・再生計画認可の決定 ・特別清算に係る協定の認可の決定	事由が生じた日の属する事業年度終了の日の翌日から5年を経過する日までに弁済されることとなっている金額以外の金額
債務者の債務超過状態の継続による場合		・債権者集会の協議決定で合理的な基準により債務者の負債整理を定めている ・行政機関，金融機関その他第三者の斡旋による当事者間の協議により締結された契約	
更生手続開始の申立て等による場合			
外国政府の履行遅延の場合			

【 SECTION 7　準法的再建に関する税務 】

【事例】

　準法的な手続に従い再建計画が成立し，債権額2,000の金額は，2年据え置き，その後1年間200の返済で返済期間10年間となった場合の処理
　・事業年度終了の日の翌日から5年を経過する日までに弁済される金額
　　……600

（貸倒引当金繰入）	1,400	（貸 倒 引 当 金）	1,400

③　DESにより株主となる場合

　債権者がDESにより株主となる場合，取得する株式の価額は，DESにより消滅した債権の額面金額ではなく，債権の時価となります（法令119①二）。

　この場合，債権の額面金額より時価が低い場合には，債権の売却損が生じます。

　この債権売却損については，法的整理，制度化された私的整理などにより合理的な理由により生じた場合には損金となりますが，合理性がない場合には寄附金として取り扱われますので注意が必要です。

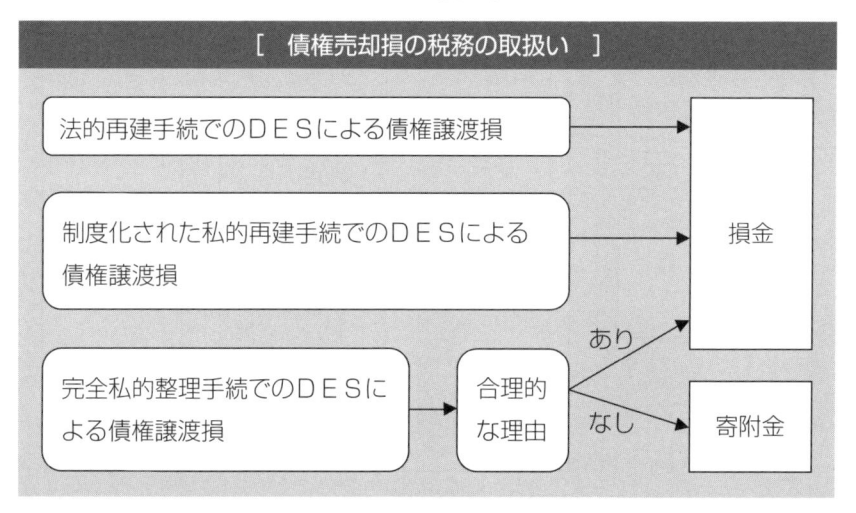

[債権売却損の税務の取扱い]

- 法的再建手続でのDESによる債権譲渡損 → 損金
- 制度化された私的再建手続でのDESによる債権譲渡損 → 損金
- 完全私的整理手続でのDESによる債権譲渡損 → 合理的な理由 あり → 損金 / なし → 寄附金

【事例】

準法的な手続に従い、額面1,000（時価400）の債権につき、DESにより株式を取得した。

（有価証券）	400	（貸付金）	1,000
（債権売却損）	600		
↑寄附金とはならず損金			

(3) 法人株主

　この準法的再建手続により私的整理を進める場合、債権者から債権放棄を受けるときは、支配株主の権利を消滅させることはもとより、既存株主の割合的地位の減少又は消滅させることを原則とします。

　具体的な手続としては、株主が保有する再建会社の株式を無償で譲渡することになり、株主としてはその株式の帳簿価額相当額の譲渡損が生ずることになります。

(4) 経営者

① 経営者の退任

　この準法的再建手続により私的整理を進める場合、債権者から債権放棄を受けるときは、再建会社の経営者は退任することを原則とします。

　この退任後、新たな経営者が就任することになりますが、退任、就任に伴い役員の変更登記が必要となります。

　この場合、役員人事の異動だけで、税務処理は伴いません。

② 保証債務の特例

　経営者などの個人の保証人が、個人資産を譲渡することにより破綻した法人の保証債務の履行を行った場合において、再生計画認可の決定等によりその求償権行使の不能が確定した場合には、保証債務の特例が適用できます。

　詳しくは▶「第Ⅵ章　清算税務の基礎知識」の「8　保証債務の特例」

SECTION 8

完全私的な手続による再建

1 手続上の違い（概要）

(1) 再生の主導者の違い

　会社更生法に基づく再建，民事再生法に基づく再建は，裁判所が関与して進められます。

　また，準法的再建（私的整理に関するガイドラインに基づく再建等）では，基本的に私的でありますが主要債権者又は公正なる第三者の主導のもとに進めてゆくことになります。

　このように，裁判所又は第三者が関与する再建とは違い，再建企業独自で再建計画案を策定し，債権者に説明しながら個別的に同意を得て進める方法が完全私的再建です。

　この完全私的再建の長所は，画一された再建方法とは違い，債権者ごとに債権額や債権者の規模，債権者と再建会社との関係などに応じ，債務整理方法や整理割合が決められるところにあります。また，法的な手続を採ることによる企業の信用度合低下も抑えられる点も長所でしょう。

　しかし，債務整理に恣意性が介入する問題，また再建計画の信用性の問題，債権者側の税務上の問題もあり，個別的な同意を求めるにあたっては苦慮する場合もあります。

【 第Ⅳ章　再建――私的再建 】

(2) 再建計画策定及び再建計画案成立方法の違い
① 財産確保（保全）
　法的又は準法的な債務整理，再建計画策定の場合，計画策定中は財産保全や債権額の変動の一時停止を行い策定を進めていくことになりますが，完全私的な債務整理，再建計画の場合には，そのような手続は行えません。

　しかし，一般的には弁護士が再建会社の債務整理手続のため受任して，預金などは弁護士預かりにするなど，一定の財産確保を図ることになります。

　なお，完全私的な再建であるため，債務の返済が滞る場合には，期限の利益は喪失することになり，長期間滞ると差し押さえ等，債権の保全に走る債権者も生ずることになる点は注意が必要です。

② 再生計画策定
　法的又は準法的な債務整理，再建計画策定の場合，裁判所又は債権者集会（債権者会議）等において，再建計画案の合理性や実行可能性などを検討することになりますが，完全私的な再建の場合は，再建計画案等をチェックする場面（機関）はありません。

　しかし，再建計画案等の信頼性が問題となり，再建に非協力的な債権者が生ずることも障害となるため，債務整理を受任した弁護士等と相談の上，債務整理の方針，再建計画の骨子等を決めてゆくことになります。

③ 再生計画成立
　再建計画案の成立には，法的な債務整理では債権者の一定割合の同意で成立します。

　また，準法的な債務整理では債権者全員の同意が必要ですが，第三者が関与して策定された再建計画案ですので，合理性，実行可能性のあるものとして同意が得やすい内容であると考えられます。

　完全私的な再建の場合も債権者全員の個別的な同意が必要となりますが，再建会社（債務者）の恣意性が介入している場合があり，再建計画の信用度も低いことから，再建計画案について債権者全員の同意を得るのは大変なことであると思われます。

【 SECTION 8　完全私的な手続による再建 】

(3)　株主・経営者の移動の違い

　法的又は準法的な債務整理，再建計画策定の場合，株主責任や経営責任を明確にするために，支配株主の権利は消滅，その他の株主の権利は縮小，経営者は原則退任（民事再生手続を除く）となります。

　しかし，完全私的な債務整理の場合は，支配株主の権利の変更や経営者の移動は任意です。

　ただ一般的には，再建に協力してくれる債権者が一部株を取得したり，その債権者から役員が送り込まれたりすることはあるでしょう。

(4)　完全私的整理が実行できる場面

　上記のとおり，法的又は準法的な債務整理とは違い，再建計画の合理性，信頼性が問題となり，債権者の合意が得難い点が，完全私的な再建の大きな問題点です。

　しかし，例えば債権者が限定されており再建計画に理解がある場合又は親会社の信頼のもとに進められる場合などは，完全私的な再建が進めやすい場面でもあります。

　ただ恣意性が疑われる再建計画では，どの場面でも理解は得難いものです。信頼を得るためには，過去の経営責任を明確にしたうえで，実行可能な再建計画が必要だと思われます。

2　税務上の違い

(1)　債 務 者
①　債務免除益の計上

　完全私的な再建において，債権者の理解を得ながら債権放棄をしてもらう，又は親会社が債権放棄をする場合には，債務者としては債務免除益が計上されます。

【 第Ⅳ章　再建——私的再建 】

　これは，法的，準法的であっても同様で，この利益を打ち消す下記②，③の規定の適用があるか否かが，法的・準法的再建との違いとなります。

②　資産の評価損益の計上

　私的な再建で，資産の評価損益の計上が認められるためには，「再生計画認可の決定があったことに準ずる事実」が必要となり，準ずる事実とは，債務の処理について下記**要件1**及び**要件2**に該当することが必要です（法令24の2）。

要件1

　一般に公表された債務処理を行うための手続についての準則に従って策定されており，さらに次の事項が定められているもの
- 債務者の有する資産及び負債の価額の評定（以下「資産評定」という）に関する事項
- その計画がその準則に従って策定されたものであること等につき確認をする手続並びに確認をする者（計画に係る当事者以外の者又は計画に従って債務免除等をする者等）に関する事項

　債務者の有する資産及び負債につき資産評定が行われ，資産評定による価額を基礎とした債務者の貸借対照表が作成されていること

　その貸借対照表における資産及び負債の価額，再建計画における損益の見込み等に基づいて債務者に対して債務免除等をする金額が定められていること

要件2

　二以上の金融機関等が債務免除等をすることが定められていること又は政府関係金融機関，株式会社地域経済活性化支援機構又は協定銀行が有する債権等につき債務免除等をすることが定められていること

　準法的な再建の場合には，上記**要件1**の準則を定め，その準則に基づいて処理を進めますが，完全私的な再建の場合，上記**要件1**の準則に従って処理を進めることにはならないため，「再生計画認可の決定があったことに準ずる事実」にはあたらず，資産の評価損益の計上はできないことになります。

【 SECTION 8　完全私的な手続による再建 】

③　期限切れ欠損金の損金算入

　完全私的な再建で，期限切れ欠損金の損金算入が認められるためには，「再生手続開始の決定に準ずる事実等」が必要となり，準ずる事実等とは，債務の処理について下記の要件に該当することが必要です（法令117，法基通12-3-1）。

要件
資産の評価損益に定める「再生計画認可の決定に準ずる事実等」に規定する事実に該当すること（法令117四）
資産の整理で，例えば，親子会社間において親会社が子会社に対して有する債権を単に免除するというようなものでなく，債務の免除等が多数の債権者によって協議の上決められる等その決定について恣意性がなく，かつ，その内容に合理性があると認められる資産の整理があったこと（法基通12-3-1⑶）

　準法的な再建の場合には，上記②の資産の評価損益の要件である準則を定め，その準則に基づいて処理を進めるため，「再生計画認可の決定に準ずる事実等」に該当し，期限切れ欠損金の損金算入の適用がありますが，完全私的な再建の場合，上記②の資産の評価損益の要件である準則に従って処理を進めることにはならないため，「再生計画認可の決定があったことに準ずる事実」にはあたらず，期限切れ欠損金の損金算入の適用がありません。

　また，上記要件2つ目の通達が想定している整理は，上記の準則と同様の処理であり，完全私的な再建において，債権者と相対で協議して免除を受ける分は適用されません。

　よって完全私的な再建においては，期限切れ欠損金の損金算入が認められないことになります。

【 第Ⅳ章　再建──私的再建 】

(2) 債権者
① 貸倒引当金

　個別評価金銭債権に係る貸倒引当金の繰入は，一定の法人しか設定ができません。

　　　　　　　　　　　詳しくは▶「第Ⅵ章　清算税務の基礎知識」の「7　貸倒引当金」

　債権者が貸倒引当金繰入の計上が可能な法人である場合，次に繰入要件又は限度額の計算の検討になります。

　個別評価金銭債権に係る貸倒引当金繰入の要件は，下記の４つに区分されます。

　　・更生計画認可決定等による長期棚上げの場合（法令96①一）
　　・債務者の債務超過状態の継続による場合（法令96①二）
　　・更生手続開始の申立て等による場合（法令96①三）
　　・外国政府の履行遅延の場合（法令96①四）

　完全私的の再建の場合，「更生計画認可決定等による長期棚上げの場合」又は「更生手続開始の申立て等による場合」にはあたらないため，「債務者の債務超過状態の継続による場合」を検討することになります。

　この「債務者の債務超過状態の継続による場合」は，さらに「債務者が債務超過の状態が相当期間継続」し，かつ「その営む事業に好転の見通しがないこと」または「災害，経済事情の急変等により多大な損害が生じたこと」が要件であるため，債務者からの資料や今後の状況を確認したうえで貸倒引当金繰入の計上を検討することになります。

　この検討を行ううえで，再建を行う企業に対する検討であるため，今後「その営む事業に好転の見通しがないこと」の判断が難しいところです。

　なお，繰入限度額は，金銭債権の一部の金額につきその取立て等の見込みがないと認められる金額となります。

② 貸倒損失

　一般的に債権放棄が行われた場合，放棄した金額が純粋な貸倒損失か寄附金かを検討することになりますが，この完全私的における再建計画により行われ

【 SECTION 8　完全私的な手続による再建 】

る債権放棄は，合理的な再建計画に基づく債権放棄等にあたるか否かを検討することになります。

　具体的には，「債権放棄等をした場合において，その債権放棄等が例えば業績不振の会社等の倒産を防止するためにやむを得ず行われるもので，合理的な再建計画に基づくもの」や，「その債権放棄等をしなければ今後より大きな損失を蒙ることになることが社会通念上明らかで，やむを得ず行われるもので合理的な再建計画に基づくもの」です（法基通9－4－1，9－4－2）。

　上記の点が立証（説明）できる場合には，寄附金に該当せず，貸倒損失として認められることになりますが，完全私的な再建において上記の合理性を説明（立証）するのは，難しいところです。

　一般的に完全私的な再建の場合，寄附金と認識される方が多いかと思われます。

(3)　法人株主

　準法的な再建の場合には，支配株主の権利は消滅し，既存株主も権利は減少します。

　しかし，完全私的な再建の場合，支配株主はそのまま支配を続けることが多くあります。

　この場合，支配会社が所有する再建会社の株式は，価値が減少していると考えられます。

　資産の評価損は原則認められませんが，「発行法人の資産状態が著しく悪化したため，その価額が著しく低下した場合」には，有価証券評価損の計上が認められます。なお，「著しく低下した」とは，取得価額の概ね50％以上下回ることをいいます（法法33②，法令68，法基通9－1－9）。

　この場合，帳簿価額と評価額との差額を，有価証券評価損として損金経理により計上した場合には，評価損が認められます。

3 大会社又は大会社の子会社(大会社等)・完全支配関係子会社の完全私的整理による再建

(1) 大会社等の青色欠損金の利用制限

　完全私的な再建の場合，債務免除を受けた再建会社は，その利益を青色欠損金で控除することになりますが，大会社（資本金１億円超の会社）又は資本金５億円以上の会社の100％子会社の場合には，青色欠損金の利用額に制限があります。

　具体的には，その期の所得額の80％までの控除しか認められないため，課税所得が生ずることになります。

　債務免除を受ける事業年度やその前の段階で，減資又は100％子会社の解消等を進め，青色欠損金の利用制限の対策が必要です。

(2) 完全支配関係子会社の場合の受贈益と寄附金の関係

　完全私的な再建において，債務者が債務免除を受けた場合は，債務免除益が計上され，債権放棄をした債権者は，寄附金課税が生ずることになります。

　なお，寄附金課税を受ける債権者は，寄附金の損金算入限度額を超える金額が課税の対象になります。

　しかし，再建会社と債権者とが完全支配関係（100％親子関係）の場合，債務免除を受けた会社は，債務免除益の益金不算入になり，債権放棄をした債権者は，寄附金の損金算入限度額の計算をせず，全額損金不算入となります（法法25の２，37②）。

SECTION 9

ケーススタディ

　当社では会社の再建を考えていますが，再建を進めるための手続が複数あるため，どの手続で進めるかを検討しています。

　今回の検討は，再建に伴う各手続において，当社と債権者の課税所得等の違いの検討で，具体的には，次の３つのケースでの比較検討です。

(A) 制度化された準法的再建のケース

(B) 完全私的再建のケース

(C) 完全私的再建で，債務を100％親会社に立替えてもらい，100％親会社（完全支配関係）から免除を受けるケース

　なお，検討を進めるうえでの再建計画案は下記のとおりです。

① 債務の免除を5,000受ける（完全私的再建の場合，債権者側では寄附金に該当）。

② 準法的再建の場合は100％の減資を行い，新オーナーから1,000の増資を受ける。また，完全私的再建の場合には2,000減資を行い欠損填補に利用する。

③ 準法的再建の場合，税務上の処理として，資産の評価損を2,000計上する（資産の帳簿価額は8,000，時価は6,000です）。

④ 税務上の欠損金は，設立からの欠損金5,000で，うち青色欠損金3,000です（期限切れ欠損金は2,000）。

　なお，当社の資本金は１億円です。

【 第Ⅳ章　再建──私的再建 】

　準法的再建の場合，上記の再建計画案の実行前と実行後の税務上の貸借対照表は下記のとおりです。

税務上の貸借対照表
（再建計画実行前）

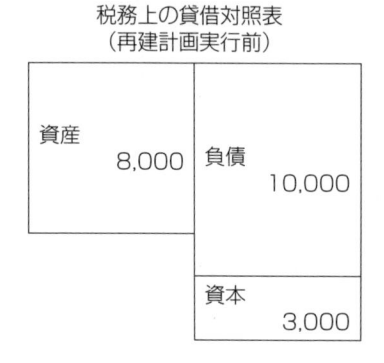

資産 8,000	負債 10,000
	資本 3,000

税務上の貸借対照表
（再建計画実行後）

資産 7,000	負債 5,000
	資本 2,000

　完全私的再建の場合，上記の再建計画案の実行前と実行後の税務上の貸借対照表は下記のとおりです。

税務上の貸借対照表
（再建計画実行前）

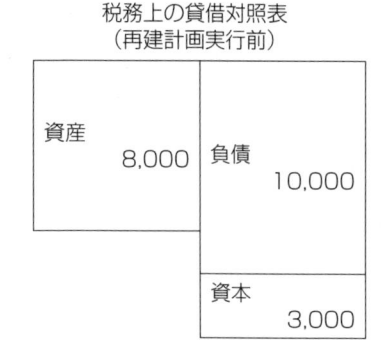

資産 8,000	負債 10,000
	資本 3,000

税務上の貸借対照表
（再建計画実行後）

資産 8,000	負債 5,000
	資本 3,000

(1) 当社（債務者）

　検討の結果，上記の再建計画案が実行された場合，(A)準法的再建の場合の課税所得，(B)完全私的再建の場合の課税所得，(C)完全私的再建の場合で債務免除が完全支配関係（100％）親会社からの場合の当社の課税所得は，下記のとおりとなります。

【 SECTION 9　ケーススタディ 】

項　目 \ 再建手続等	(A)準法的再建	完全私的再建 (B)債務免除が完全支配関係法人以外から	完全私的再建 (C)債務免除が完全支配関係法人から
債務免除益	5,000	5,000	5,000
債務免除益の益金不算入	0	0	△5,000
資産の評価損の損金算入	△2,000	0	0
期限切れ欠損金の損金算入	△2,000	0	0
青色欠損金の損金算入	△1,000	△3,000	0
課税所得	0	2,000	0

① 準法的再建（(A)）

　準法的再建の場合，債務免除益は5,000計上されますが，資産の評価損2,000，期限切れ欠損金2,000，青色欠損金1,000をそれぞれ損金に計上し，課税所得はゼロになります。

　なお，上記の処理後の青色欠損金の繰越額は2,000となります。

② 完全私的再建（(B)）

　完全私的再建で完全支配関係法人以外からの債務免除の場合，債務免除益は5,000計上され，青色欠損金3,000の損金算入のみのため，課税所得は2,000になります。

　なお，上記の処理後の青色欠損金の繰越額はゼロとなります。

③ 完全私的再建で100％親会社からの免除（(C)）

　完全私的再建で完全支配関係法人からの債務免除の場合，債務免除益は5,000計上されますが，債務免除益（受贈益）が益金不算入となるため，課税所得はゼロになります。

　なお，上記の処理においては青色欠損金の損金算入は適用していないため，青色欠損金の繰越額は3,000のままです。

(2) 債権者

上記の再建計画案が実行された場合の債権者側の税務処理について，(A)準法的再建の場合の税務処理，(B)完全私的再建の場合の税務処理，(C)完全私的再建の場合で債務免除が完全支配関係（100％）親会社からの場合の税務処理は，下記のとおりとなります。

項　目 \ 再建手続等	(A)準法的再建	(B)債務免除が完全支配関係法人以外から（完全私的再建）	(C)債務免除が完全支配関係法人から（完全私的再建）
貸倒損失	5,000	0	0
寄附金	0	5,000	5,000
寄附金の限度額計算	−	あり	なし

① 準法的再建（(A)）

準法的再建の場合，債権放棄をした5,000は，合理的な再建計画に基づく債権放棄と認識され，貸倒損失として損金となります。

② 完全私的再建（(B)）

完全私的再建で完全支配関係法人以外からの債務免除の場合，債権放棄をした5,000は寄附金となります。寄附金の損金算入限度額の計算を行い，限度超過額が損金不算入となります。

③ 完全私的再建で100％親会社からの免除（(C)）

完全私的再建で完全支配関係法人からの債務免除の場合，債権放棄をした5,000は寄附金となります。なお寄附金の損金算入限度額の計算は行わず，全額が損金不算入となります。

第 V 章

再建——法的再建

SECTION 1

民事再生による再建

1 民事再生の概要と手続の流れ

　民事再生手続は法人，個人を問わず利用できますが，本書では法人の手続に関してのみ解説します。

　再生手続は裁判所に申立てを行うことからスタートします。東京地裁では再生手続開始の申立てと同時に，原則として弁済禁止の保全命令の申立ても行われています。また申立て時に監督委員の選任も行われます。

　再生手続開始の申立てを受けた裁判所は，再生手続開始の申立ての原因があり，かつ申立棄却事由が存在しない場合には，再生手続開始決定をします。その後債権の調査，財産の評定等を行い，再生計画案を作成し，債権者集会で再生計画案の決議を得たうえで，裁判所が再生計画の認可を決定します。再生手続開始の申立てから再生計画の認可決定まで，東京地裁の場合およそ半年程度の期間を要します。

　民事再生手続の流れの中では，再生手続開始の申立て，再生手続開始決定，再生計画認可決定の３つが税務に関係する，特に重要なタイミングとなります。

【 SECTION 1　民事再生による再建 】

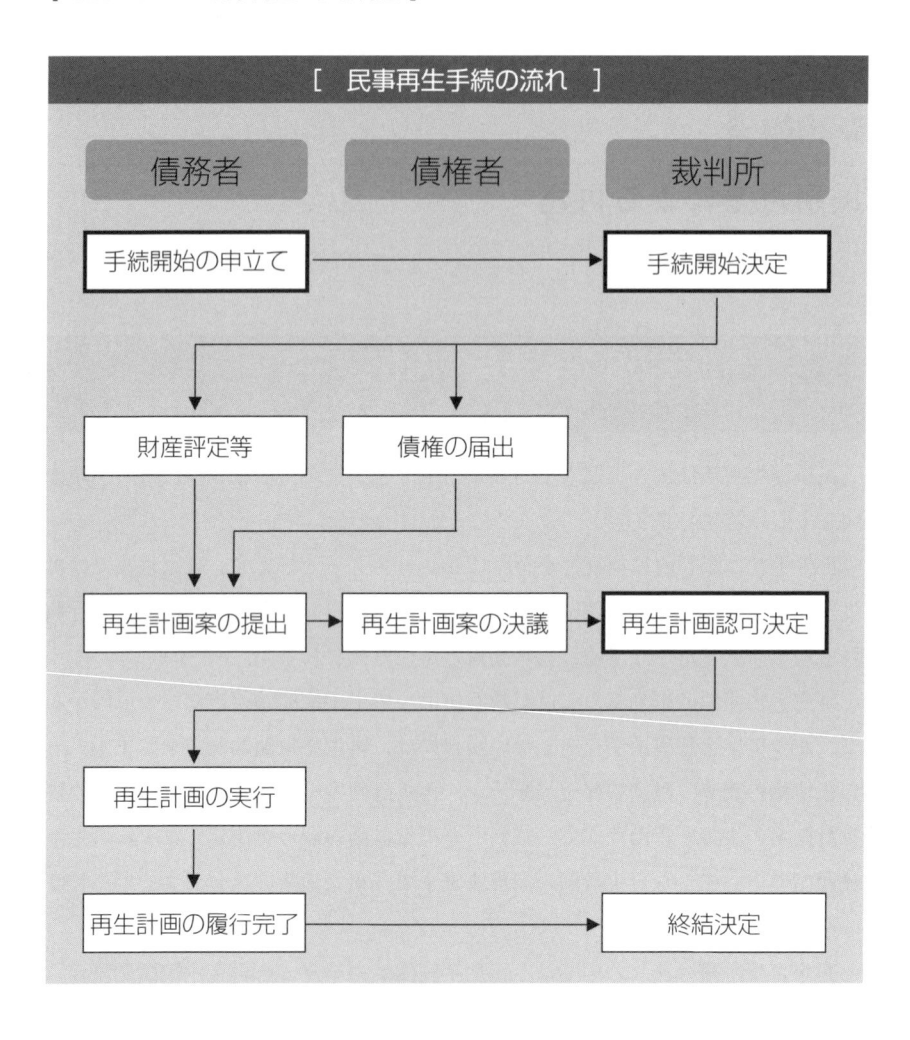

[民事再生手続の流れ]

債務者	債権者	裁判所
手続開始の申立て	→	手続開始決定
財産評定等／債権の届出		
再生計画案の提出 → 再生計画案の決議 →		再生計画認可決定
再生計画の実行		
再生計画の履行完了 →		終結決定

【 第Ⅴ章　再建──法的再建 】

[　東京地裁の民事再生手続標準スケジュール　]

手　　　　続	申立日からの日数
申立・予納金納付	0日
保全処分発令・監督委員選任	0日
（債務者主催の債権者説明会）	（0日〜6日）
第1回打合せ期日	1週間
開始決定	1週間
債権届出期限	1ヶ月＋1週間
財産評定書・報告書提出期限	2ヶ月
計画案（草案）提出期限	2ヶ月
第2回打合せ期日	2ヶ月
認否書提出	2ヶ月＋1週間
一般調査期間	10週間〜11週間
計画案提出期日	3ヶ月
第3回打合せ期日	3ヶ月
監督委員意見書・要旨提出期限	3ヶ月＋1週間
債権者集会招集決定	3ヶ月＋1週間
書面投票期間	集会の8日前まで
債権者集会・認否決定	5ヶ月

2　債権の区別

　再生手続においては債権者の再生債務者に対する債権を共益債権，一般優先債権，再生債権，開始後債権の4つに区別し，弁済の方法に異なる扱いをしています。

　共益債権は，再生債務者の業務に関する費用，再生計画の遂行に関する費用の請求権などが該当します。共益債権は再生手続によらないで随時弁済することができます（民事再生法119）。

【 SECTION 1　民事再生による再建 】

　一般優先債権は共益債権以外の優先権のある債権で，租税債権や賃金債権などが該当します。これも再生手続によらないで随時弁済することができます（民事再生法122）。

　再生債権は共益債権，一般優先債権以外の債権で，再生手続開始決定前の原因に基づき生じた財産上の請求権です。売掛金，貸付金などがこれに該当します。再生債権は少額債権等を除き，再生計画に従って弁済されることになります（民事再生法84，同85）。

　開始後債権は再生手続開始後の原因に基づき生じた財産上の請求権で，共益債権，一般優先債権，再生債権以外の債権をいいます。開始後債権は，再生計画による弁済期間が終了した後でなければ弁済をすることができないため，再生債権よりも弁済が遅れてしまいます（民事再生法123）。

[　債権の種類　]

債権の種類	内　　容	弁済の方法
共益債権	①　再生債権者の共同の利益のためにする裁判上の費用の請求権 ②　再生手続開始後の再生債務者の業務，生活ならびに財産の管理及び処分に関する費用の請求権 ③　再生計画の遂行に関する費用の請求権（再生手続終了後に生じたものを除く） ④　監督委員の報酬等の請求権 ⑤　再生債務者の財産に関し再生債務者等が再生手続開始後にした資金の借入れその他の行為によって生じた請求権 ⑥　事務管理又は不当利得により再生手続開始後に再生債務者に対して生じた請求権 ⑦　再生債務者のために支出すべきやむを得ない費用の請求権で，再生手続開始後に生じたもの ⑧　再生手続開始の申立て後から再生手続開始前の間の，資金の借入，原材料の購入その他再生債務者の事業の継続に欠くことができない行為に係る請求権で裁判所から共益債権とする許可を受けたもの	再生手続によらないで随時弁済

一般優先債権	共益債権以外の優先権のある債権	再生手続によらないで随時弁済
再生債権	共益債権，一般優先債権以外の債権で，民事再生手続開始決定前の原因に基づき生じた財産上の請求権	再生計画の定める弁済内容に従って弁済
開始後債権	上記以外の債権で再生手続開始後の原因に基づき生じた財産上の請求権	再生計画による弁済期間が終了した後に弁済

3 別除権

　別除権とは，再生債務者の財産に対して有する担保権（特別の先取特権，質権，抵当権及び商事留置権）のことで，再生手続によらないで行使することができます。ただし，担保権の実行中止命令や担保権消滅許可の申立てがなされる可能性があります。

　担保権を行使してもなお被担保債権に不足額が生じるときは，その不足額は再生債権となり，再生計画の定める内容に従って弁済されます（民事再生法53）。

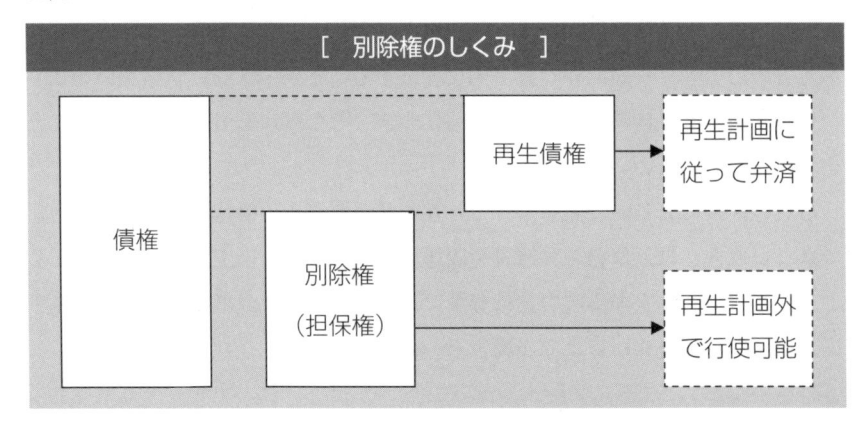

[別除権のしくみ]

債権
├─ 再生債権 → 再生計画に従って弁済
└─ 別除権（担保権） → 再生計画外で行使可能

【 SECTION 1　民事再生による再建 】

4　再生手続開始の申立て

(1)　概　　要

　再生手続開始の申立ては，原則として，再生債務者の主たる営業所の所在地を管轄する地方裁判所に民事再生手続開始申立書等の書類を提出して行います。

　申立ては，通常債務者が行いますが，支払不能となるおそれがあるとき及び債務超過のおそれがあるときは，債権者もすることができます。

　申立てをするときは再生原因の疎明が必要です。債権者が申立てをするときは，その有する債権の存在も疎明が必要とされています。

(2)　再生原因

　再生原因は次の3つです（民事再生法21，破産法16）。

❶　支払不能となるおそれがあるとき

❷　債務超過となるおそれがあるとき

❸　事業の継続に著しい支障を来すことなく弁済期にある債務を弁済することができないとき

　支払不能とは，債務者が，支払能力を欠くために，その債務のうち弁済期にあるものにつき，一般的かつ継続的に弁済することができない状態をいいます。

　債務超過とは，債務者が，その債務につき，その財産をもって完済することができない状態をいいます。

　事業の継続に著しい支障を来すことなく弁済期にある債務を弁済することができないときとは，債務の弁済資金調達は不可能ではないが，その調達をすることによって，本来の事業の運転資金に不足が生じたり，事業に必要な資産を売却せざるを得なくなるような場合をいいます。

(3) 申立棄却事由

裁判所は次のいずれかに該当する場合には，申立ての棄却をします（民事再生法25，同33①）。

❶	再生債務者に再生原因が認められないとき
❷	予納金を納付しないとき
❸	裁判所に破産等の手続が係属し，破産等によることが一般の利益に適合するとき
❹	再生計画認可の見込みがないとき等
❺	不当な目的で民事再生開始の申立てがなされたとき等

(4) 予納金

再生手続の開始申立てをするときは，申立人は再生手続の費用として裁判所に対して予納金を納めなければなりません。

予納金の額は各裁判所で定められていますが，ここでは参考までに東京地方裁判所の予納金額を掲載します。

[　民事再生手続の予納金（東京地裁）　]

負　債　総　額	予納金額
5,000万円未満	200万円
5,000万円以上1億円未満	300万円
1億円以上5億円未満	400万円
5億円以上10億円未満	500万円
10億円以上50億円未満	600万円
50億円以上100億円未満	700万円
100億円以上250億円未満	900万円
250億円以上500億円未満	1,000万円

【 SECTION 1　民事再生による再建 】

(5)　保全処分

　再生手続開始の申立て後再生手続開始決定までの間に，債務者の財産が隠匿・毀損され，また，一部の債権者が抜け駆け的に弁済を受けるような事態を防止するための手続として次のような保全処分が用意されています。

　・他の手続の中止命令
　・包括的禁止命令
　・仮差押え等の保全処分
　・担保権等の実行手続の中止命令

　「他の手続の中止命令」は，再生債務者についての破産手続又は特別清算手続，再生債権に基づく強制執行等，再生債務者の財産関係の訴訟手続等を中止させる制度です。中止できる期間は再生手続開始の申立てから再生手続開始決定までです（民事再生法26①）。

　「他の手続の中止命令」という個別の中止命令では再生手続の目的を十分に達成できなくなるおそれがあるときは，全ての再生債権者に対し，再生債務者の財産に対する強制執行等の行使を禁止するよう命ずる「包括的禁止命令」があります。これも禁止できる期間は再生手続開始の申立てから再生手続開始決定までです（民事再生法27①）。

　「仮差押え等の保全処分」は，特定の債権者に対する弁済や債権者による取立，手形不渡りによる銀行取引停止処分を回避するために利用される制度で，再生債務者の業務及び財産に仮差押え，仮処分，その他必要な保全処分を命ずるものです。期間は再生手続開始の申立てから再生手続開始決定までです（民事再生法30①）。

　「担保権等の実行手続の中止命令」は担保権が設定されている財産について相当の期間を定めて担保権の実行手続の中止を命ずる制度です。ただし，その財産が再生債務者の事業の継続に不可欠であり，再生債務者の一般の利益に適合し，かつ競売申立人に不当な損害を及ぼすおそれがないときに限ります（民事再生法31①）。

(6) 監督委員

　裁判所は，再生手続開始の申立てがあった場合において，必要があると認めるときは，利害関係人の申立てにより又は職権で，監督委員による監督を命ずる処分をすることができます。監督委員には通常弁護士が就任します。

　監督委員が選任された場合，裁判所が指定した行為については監督委員の同意がなければ再生債務者は行えません。また，裁判所は監督委員に対して特定の行為の否認権を付与することもできます。監督委員は再生債務者の業務及び財産状況について調査をすることができます。

　そして，最も重要な職務は再生債務者の再生計画の遂行の監督で，再生計画の認可決定後3年間，再生計画の履行を監督します（民事再生法54，同法56，同59，同186，同187）。

5　再生手続開始決定

(1) 概　　要

　裁判所は民事再生手続開始申立書等の書類，債務者からの事情聴取，監督委員等の調査結果に基づき，再生原因があり，申立棄却事由がない場合には再生手続開始決定を行います。

　再生手続開始の申立てから開始決定まで約2週間程度（東京地裁の標準モデル）です。

　再生手続開始決定が行われると同時に，裁判所は債権届出期間，債権調査期間を定め，決定について直ちに公告をし，知れている再生債権者に対して通知をします（民事再生法34①，同法35①及び③）。

　このような再生債権の確定手続と，財産評定の結果を基に再生計画が作成されます。

　再生手続開始決定と同時に，再生債権者は個別の権利行使ができなくなり，再生計画に従って再生債権が弁済されることになります。ただし中小企業者の再生債権や少額の再生債権は裁判所の許可を条件に再生計画の認可決定前でも

【 SECTION 1　民事再生による再建 】

弁済が可能です（民事再生法85）。

　また，再生手続開始決定により破産等の手続や強制執行等の申立てができなくなり，既に手続が行われている場合には中止されます（民事再生法39）。

[再生手続開始決定の効果]

❶　破産等の手続の申立てや，再生債務者の財産に対する強制執行等の申立てが，できなくなる

❷　破産等の手続や，再生債務者の財産に対して既にされている強制執行等の手続が，中止され又は効力を失う

❸　再生債権への個別的権利行使ができなくなる

(2)　再生債権の確定手続

　債権の届出は再生債権者が，再生債権の内容及び原因，議決権の額，別除権の行使によって弁済が受けることができないと見込まれる額等を裁判所に届け出ることをいいます。再生債権調査手続において届けられなかった再生債権は原則として失効し弁済を受けられなくなってしまうので注意が必要です。

　ここでいう議決権の額は概ね債権の額と理解すればよいでしょう（民事再生法172の3，同171，同87）。

　再生債権の調査は，届出があった再生債権等の存否，内容，議決権の額等について，再生債務者や他の再生債権者らに異議を述べる機会を与え，争いの有無を調査する手続をいいます。債権調査の結果，再生債権者表に記載されることにより再生債権は確定します（民事再生法94，同101，同104）。

(3)　財産評定

　再生債務者等は，再生手続開始後遅滞なく再生債務者に属する一切の財産につき再生手続開始のときにおける価額を評定しなければなりません。これが財産評定です。

　財産評定は清算価値により行うこととされています。これは民事再生では再生債権者に対し，再生債務者の財産を清算した場合の価値以上の利益を与えな

ければならないと考えているからです（民事再生法124，民事再生規則56①）。

(4) 再生計画案作成

再生債務者は債権届出期間満了後裁判所が定めた期間内に再生計画案を作成し裁判所に提出しなければなりません（民事再生法163）。

再生計画には再生債権の減免や弁済期限延長，再生債権者の権利変更に関する条項など，以下のように様々な事項を記載します（民事再生法154，同158，同160，同161）。

- ・再生債権者の権利変更に関する条項
- ・共益債権及び一般優先債権の弁済に関する条項
- ・債権者委員会に関する費用負担の条項
- ・債務の負担及び担保の提供に関する条項
- ・未確定再生債権に関する条項
- ・別除権不足額の債権の行使に関する条項
- ・資本構成の変更に関する条項
- ・根抵当権極度額を超える部分の仮払に関する条項

再生計画案の提出があったときは，裁判所は債権者集会又は書面により債権者の決議に付する旨の決定を行います（民事再生法169）。

再生計画案は，出席した債権者（書面による投票の場合は投票した債権者）の過半数の同意と議決権の総額の2分の1以上の同意の両方を満たした場合に可決されます。

6 再生計画認可決定

債権者集会等により再生計画案が可決されると，再生計画が遂行される見込みがないなどの不許可事由がなければ，裁判所は再生計画認可決定を行います（民事再生法174）。

【 SECTION 1　民事再生による再建 】

[　不認可事由　]

❶　再生手続又は再生計画が法律の規定に違反し，かつその不備を補正することができないとき

❷　再生計画が遂行される見込みがないとき

❸　再生計画の決議が不正の方法によって成立したとき

❹　再生計画の決議が再生債権者の一般の利益に反するとき

認可決定の確定により再生計画の効力が生じることとなりますが，公告の依頼から掲載までに2週間程度かかり，そこからさらに2週間の即時抗告期間があるため，認可決定から認可決定の確定まで約1ヶ月程度の期間を要します（民事再生法176，同175①，同9）。

7　終結決定

再生計画認可決定後，再生債務者は再生計画に従ってその内容を遂行しなければなりません。監督委員が選任されている場合は再生債務者の再生計画の遂行を監督します（民事再生法186）。

裁判所は再生計画認可決定が確定したときは再生手続の終結の決定をします。ただし，監督委員が選任されている場合には，再生計画が遂行された時，又は再生計画認可の決定が確定した後3年を経過したときに再生手続の終結決定をします（民事再生法188）。

【 第Ⅴ章　再建——法的再建 】

[　民事再生の手続の全体像　]

	再生会社 （債務者）	債権者	株主・経営者・保証人
再生手続開始の申立て	裁判所に申立て 保全命令 監督委員の選任	**貸倒引当金の計上**	
再生手続開始決定	再生債権確定手続 財産評定 再生計画案作成 **欠損金の繰戻し還付請求** **資産評価損の計上** **繰越欠損金の損金算入** **仮装経理に基づく更正**	債権認否	**株式評価損の計上**
再生計画案の決議		債権者集会又は書面による決議	
再生計画認可決定	資産評価損益の計上 繰越欠損金の損金算入	貸倒損失の計上 貸倒引当金の計上	私財提供 **保証債務の特例**
再生計画の遂行			
再生計画の履行完了・終結決定			

（注）　太字は税務処理内容

SECTION 2

再生手続開始の申立て時の税務

1 債務者

(1) 概　要

　再生手続開始の申立ては裁判所に開始申立書を提出することにより行います。申立書には実に多くの書類を添付する必要があり，この中には会計に関する書類も多く含まれています。

　一方，税務に関してはこの時期債務者が関係するものは特段ありません。あえていえば，事業年度の変更をするかどうか検討すべきだということでしょう。

(2) 事業年度

　民事再生の場合は会社更生とは異なり，手続開始決定等により当然に事業年度が変更されることはありません。これまでどおり定款に定める事業年度によって申告を行います。

　なお，欠損金の繰戻し還付請求，青色欠損金の繰越控除，期限切れ欠損金の損金算入制度などを効果的に利用するために，定款変更によって積極的に事業年度を変更することは十分検討に値するものです。

2 債権者

(1) 概　　要

　再生手続開始の申立時に債権者に関係する税務としては，貸倒引当金の繰り入れがあります。事業年度終了時に再生手続開始の申立てが行われている場合に，個別評価金銭債権に分類されるからです。

(2) 貸倒引当金の計上

　事業年度終了の時において有する金銭債権に係る債務者について再生手続開始の申立が行われているときは，その金銭債権の50％に相当する金額を個別評価金銭債権に係る貸倒引当金として繰り入れることが認められています。

　また，事業年度終了の時において有する金銭債権に係る債務者につき，債務超過の状態が概ね１年以上継続し，かつ，その営む事業に好転の見通しがないこと，災害，経済事情の急変等により多大な損害が生じたこと等の事由により，その金銭債権の一部の金額につき取立て等の見込みがないと認められる場合は，取立て等の見込みがない金額を個別評価金銭債権に係る貸倒引当金として繰り入れることも認められています。

　債権者はこのうち有利な方を適用して貸倒引当金を繰入れすることができます。

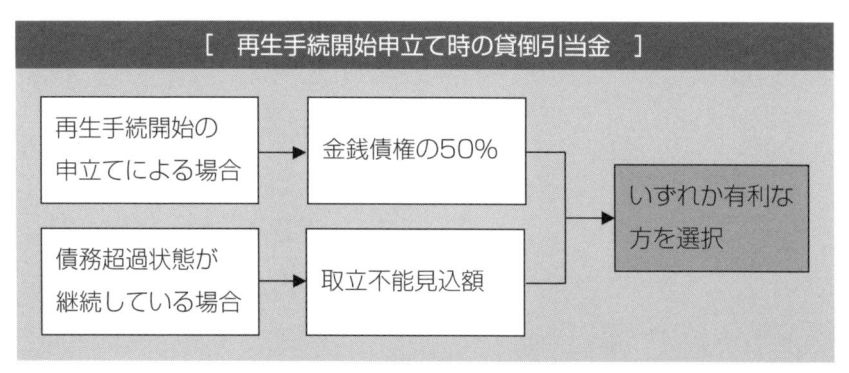

［　再生手続開始申立て時の貸倒引当金　］

再生手続開始の申立てによる場合	→	金銭債権の50％	→	いずれか有利な方を選択
債務超過状態が継続している場合	→	取立不能見込額	→	

【 SECTION 2　再生手続開始の申立て時の税務 】

　ただし次のいずれかに該当する法人は現在貸倒引当金の計上が認められていませんので注意してください（法法52①，法令96①三，法基通11−2−6）。
　①　期末資本金の額が1億円超
　②　資本金が5億円以上である法人の100％子会社

3　株主・経営者・保証人

　再生手続開始の申立ての時期において，株主・経営者・保証人に係る税務の問題は特段ありません。

【 第Ⅴ章　再建——法的再建 】

SECTION 3
再生手続開始決定時の税務

1　債務者

(1)　概　　要

　再生手続開始決定時の会計に関する作業としては再生債権確定の手続，財産評定再生計画案作成などがあり，税務に関しては欠損金の繰戻還付請求，資産評価損の計上，繰越欠損金の損金算入などがあります。

　なお，経営破綻に陥った企業の中には仮装経理を行っているものも少なからずあるでしょう。そのような企業は，再生手続を期に財務諸表を真実の状態に戻し，過去の申告の是正を行う必要があります。

(2)　欠損金の繰戻還付請求

　経営破綻した事業年度の決算では一般に多額の赤字が計上されます。民事再生手続には少しでも多くの資金が必要であることを考えると，欠損金の繰戻し還付請求によって前年度に支払った法人税の還付を受けることは，民事再生手続の成功に寄与する有効な対策といえるでしょう。

　通常の事業年度では，欠損事業年度開始の日前1年以内に開始した事業年度の所得に対してしか欠損金の繰戻しはできませんが，再生手続開始決定があった場合は，再生手続開始決定があった日前1年以内に終了した事業年度において生じた欠損金を2年前の所得から繰越控除することが可能です。

　なお，通常の事業年度では中小法人等を除いて欠損金の繰戻還付は受けられませんが，再生手続開始決定があった場合はこのような制限はありません（法

【 SECTION 3　再生手続開始決定時の税務 】

法80④，法令154の3，措法66の13）。

詳しくは▶「第Ⅵ章　清算税務の基礎知識」の「4　欠損金の繰戻還付制度」

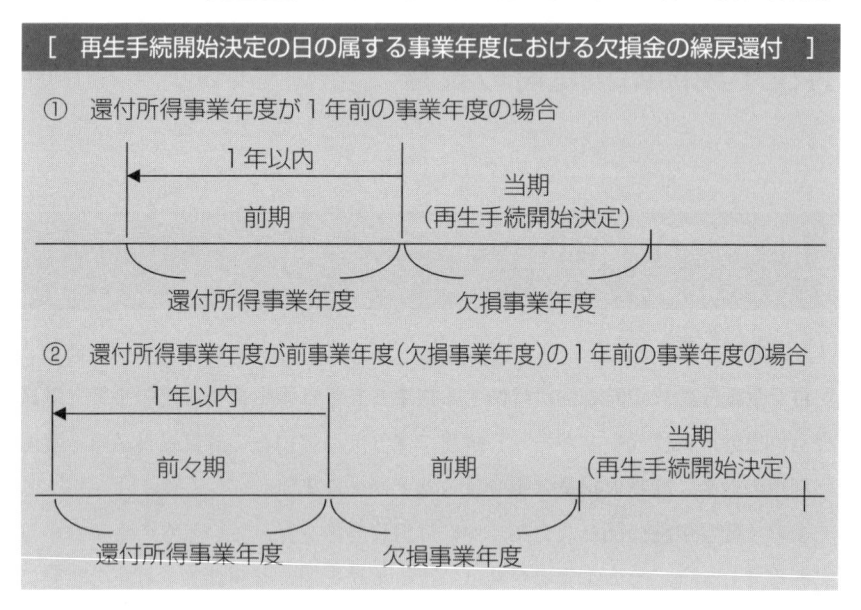

[　再生手続開始決定の日の属する事業年度における欠損金の繰戻還付　]

① 還付所得事業年度が1年前の事業年度の場合

```
        ←―― 1年以内 ――→
            前期         当期
                    （再生手続開始決定）
        └─還付所得事業年度─┘└─欠損事業年度─┘
```

② 還付所得事業年度が前事業年度（欠損事業年度）の1年前の事業年度の場合

```
    ←― 1年以内 ―→
       前々期        前期         当期
                          （再生手続開始決定）
    └─還付所得事業年度─┘└─欠損事業年度─┘
```

(3) 資産評価損の計上

再生手続の中では，一般に多額の債務免除が行われますが，一時に多額の益金が計上されると多額の税負担につながりますので，これを減殺する対策が必要になります。そのひとつが資産評価損の計上です。

資産評価損の計上は法人税法上原則として認められていませんが，民事再生の関係では，再生手続開始決定があった場合と再生計画認可決定があった場合に例外的に認められています。本書では前者を減額型，後者を再生（再評価）型と呼んでいますが，この時点で適用できるのは減額型です。

減額型と再生（再評価）型の併用はできませんので，どちらが有利か検討したうえで有利な方を適用してください。特に，繰越欠損金の損金算入の扱いに違いがありますので注意してください。

詳しくは▶「第Ⅵ章　清算税務の基礎知識」の「2　資産評価損益」，「3　繰越欠損金の損金算入」

【 第Ⅴ章　再建——法的再建 】

(4) 債務免除があった場合等の繰越欠損金の損金算入

　再生手続開始の決定後において，債権者から債務免除を受け，又は役員等から私財の提供を受けた場合に，期限切れ欠損金の損金算入が認められます。

　再生手続開始決定をもって期限切れ欠損金の損金算入が認められる制度を，本書では再生等（その他）型と呼んでいます。再生等（その他）型の場合，繰越欠損金のうち青色欠損金から優先的に使用されるので，次年度以降に黒字になるといきなり税負担が生じることになりますので注意が必要です。

　再生手続に関係する期限切れ欠損金の損金算入には再生等（その他）型の他に再生等（再評価）型がありますが，再生等（再評価）型は再生計画認可決定があった場合において評定を行ったことにより資産の評価損益を計上した場合に適用があるものですから，再生手続開始決定時では再生等（その他）型のみの適用となります。

　なお，繰越欠損金の損金算入は利益積立金を減額するものではないため，債務免除があった場合に留保金課税が生じる可能性がありますので，注意が必要です。もっとも，資本金の額が1億円以下であれば，大法人の被支配会社を除き留保金課税の対象から外れていますので，実際に対象となる法人はわずかではないかと思われます。

　　　　　　　詳しくは▶「第Ⅵ章　清算税務の基礎知識」の「3　繰越欠損金の損金算入」

(5) 仮装経理に基づく更正

　仮装経理部分の減額更正を行った場合において減少した税額は，原則として直ちに還付されず，更正の日の属する事業年度開始の日から5年以内に開始する各事業年度の法人税から順次控除するものとされています（法法70，法法135①）。

　なお，再生手続開始の決定があった場合において，開始決定日以後1年以内であれば一定の書類を添付した還付請求書を所轄税務署長に提出することによって，控除未済の金額の還付請求をすることができます（法法135④）。

　　　　　　　詳しくは▶「第Ⅵ章　清算税務の基礎知識」の「5　仮装経理に基づく過大申告の場合の更正」

【 SECTION 3　再生手続開始決定時の税務 】

2　債権者

　再生手続開始決定の時期において，債権者に係る税務の問題は特段ありません。

3　株主・経営者・保証人

(1)　概　　要
　再生手続開始決定の時期において，株主・経営者・保証人に係る税務としては株主が所有する再生会社の株式評価損の計上があります。再生会社の株式評価額は帳簿価額の50％を下回ることが一般的であるからです。

(2)　株式評価損の計上
　法人の有する有価証券の価額が著しく低下したことなどの事実が生じた場合において，その法人がその有価証券の評価換えをして損金経理によりその帳簿価額を減額したときは評価替えをした日の属する事業年度の損金の額に算入します（法法33②）。
　帳簿価額の概ね50％相当額を下回ることとなった場合は，上場有価証券等，上場有価証券等以外の有価証券を問わず，いずれの有価証券も評価損の計上が可能です。なお，上場有価証券等以外の有価証券で取得後相当期間経過した後に再生手続開始の決定があった場合には，帳簿価額が50％を下回ることがなかったとしても評価損の計上ができます（法基通9－1－7，同9－1－9）。

【 第Ⅴ章　再建――法的再建 】

SECTION 4
再生計画認可決定時の税務

1　債　務　者

(1)　概　　要

　再生計画認可決定に伴い，再生計画に従って債務の減額が行われ，一時に多額の債務免除益が発生してしまいます。そのため，資産の評価損益の計上，繰越欠損金の損金算入制度を利用して税負担の軽減を図る必要があります。

(2)　資産評価損益の計上

　前述のとおり，資産評価損の計上は法人税法上原則として認められていませんが，民事再生の関係では，再生手続開始決定があった場合と再生計画認可決定があった場合に例外的に認められています。本書では前者を減額型，後者を再生（再評価）型と呼んでいますが，再生計画認可決定があった時点では再生（再評価）型の適用が可能になりますし，減額型の適用も可能です。減額型と再生（再評価）型の併用はできませんので，どちらが有利か検討したうえで有利な方を適用してください。特に，繰越欠損金の損金算入の扱いに違いがありますので注意してください。

　詳しくは▶「第Ⅵ章　清算税務の基礎知識」の「2　資産評価損益」，「3　繰越欠損金の損金算入」

(3)　債務免除があった場合等の繰越欠損金の損金算入

　再生手続に関係して，債権者から債務免除を受け，又は役員等から私財提供を受けた場合に，期限切れ欠損金の損金算入が認められる制度に次の2つがあ

【 SECTION 4　再生計画認可決定時の税務 】

ります。

類　型	内　　容
再生等（再評価）型	評定を行ったことにより資産の評価損益を計上した場合
再生等（その他）型	上記以外

　再生等（再評価）型は再生計画認可決定があった場合において評定を行ったことにより資産の評価損益を計上した場合に適用があるもので，青色欠損金に優先して期限切れ欠損金を使用できます。このため，使い切れなかった繰越欠損金があった場合に，次年度以降に黒字になっても青色欠損金の繰越控除が適用できます。

　一方，再生等（その他）型は青色欠損金の方が優先して使用されるので，以後の事業年度で次年度以降に黒字になるといきなり税負担が生じることになりますので注意が必要です。

　　　　　詳しくは▶「第Ⅵ章　清算税務の基礎知識」の「3　繰越欠損金の損金算入」

2　債権者

(1)　概　　要

　再生計画認可決定により，債権者が有する債権の切捨てや弁済期限の延長があった場合に，貸倒損失の計上や個別評価金銭債権としての貸倒引当金の計上など，債権の区分に応じた税務処理が生じます。

(2)　債権の区分と税務処理

　再生計画認可の決定が行われた場合は，債権者が有する債権を次の3つに区分しそれぞれの区分に従った税務処理を行います。

　まず，再生計画において切り捨てられることとなった部分の債権は，貸倒損失として損金の額に算入します。

　残る債権のうち，再生計画認可の決定があった日の属する事業年度終了の日

から5年を超えて弁済される金額については，個別評価金銭債権に係る貸倒引当金として繰り入れることができます。ただし，担保権の実行等により取立て等の見込みがあると認められる部分の金額は除きます。

上記以外の金額は，一括評価金銭債権の貸倒引当金の対象に含まれます。

[債権の区分と税務処理]

債権の区分	税務処理
① 切捨て部分	貸倒損失
② 再生計画認可決定があった日の属する事業年度終了の日から5年を超えて弁済される部分	全額を貸倒引当金に繰り入れる（個別評価金銭債権）
③ 上記以外	一括評価金銭債権として貸倒引当金の計上対象とされる

なお，現在中小法人等以外の法人では貸倒引当金の計上が認められていませんので注意してください（法法52，法令96①一，法基通9－6－1(1)）。

詳しくは▶「第Ⅵ章　清算税務の基礎知識」の「7　貸倒引当金」

3　株主・経営者・保証人

(1) 概　　要

再生計画認可の決定が行われた時の株主・経営者・保証人に係る税務としては，保証人が保証債務の履行のために資産の譲渡を行った場合に，保証債務の特例を適用することがあります。

(2) 保証債務の特例

経営者などの個人の保証人が，個人資産を譲渡することにより破綻した法人の保証債務の履行を行った場合において，再生計画認可の決定によりその求償権行使の不能が確定した場合には，保証債務の特例が適用できます。

詳しくは▶「第Ⅵ章　清算税務の基礎知識」の「8　保証債務の特例」

SECTION 5

会社更生による再建

1 会社更生の概要と手続の流れ

　更生手続は裁判所に申立てを行うことからスタートします。更生手続開始の申立てをしても，開始決定が出されるまでに数ヶ月かかりますので，その間の債務者の財産を保全するため，更生手続開始の申立てと同時に保全処分の申立てを行います。これを受けて裁判所は保全管理人を選任し，更生手続開始決定がなされるまでの間，債務者の財産の管理処分権を保全管理人に委ねます。

　更生手続開始の申立てを受けた裁判所は，更生手続開始の原因があり，かつ申立棄却事由が存しない場合には，更生手続開始決定をします。その後債権の調査，財産の評定を行い，更生計画案を作成し，債権者等利害関係者の同意を得たうえで，裁判所が再生計画の認可を決定します。

　会社更生手続の流れの中では，更生手続開始の申立て，更生手続開始決定，更生計画認可決定の3つが税務に関する，特に重要なタイミングとなります。

【 第Ⅴ章　再建──法的再建 】

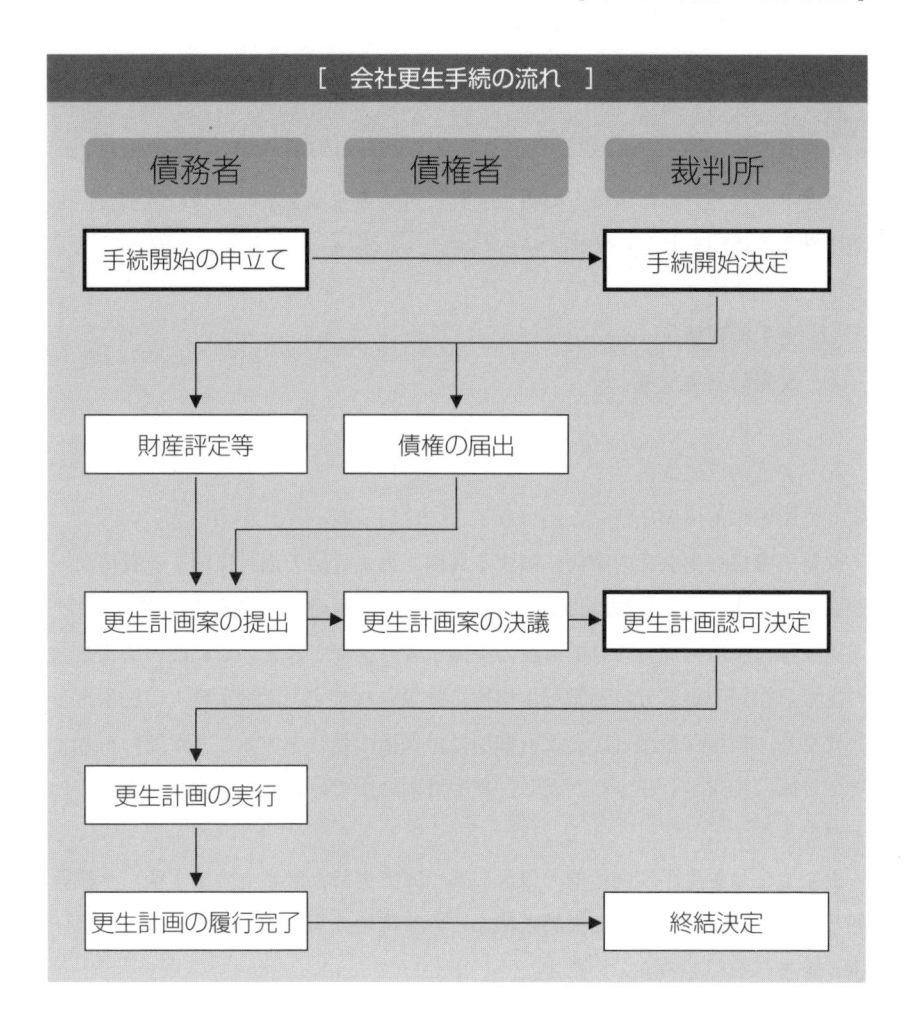

[　会社更生手続の流れ　]

債務者	債権者	裁判所
手続開始の申立て	→	手続開始決定
財産評定等	債権の届出	
更生計画案の提出	更生計画案の決議	更生計画認可決定
更生計画の実行		
更生計画の履行完了	→	終結決定

【 SECTION 5　会社更生による再建 】

2　債権の区別

　更生手続においては債権者の更生会社に対する債権を次の6つに区別し，弁済に異なる扱いをしています。
① 共益債権
② 更生担保権
③ 優先的更生債権
④ 更生債権
⑤ 劣後的更生債権
⑥ 開始後債権

　共益債権は更生会社の業務に関する費用，更生計画の遂行に関する費用などが該当します。共益債権は更生手続によらないで随時弁済することができます。

　更生担保権は担保権の目的財産の時価により担保されている範囲の債権をいいます。担保不足部分は通常更生債権に分類されます。更生手続上は民事再生と異なり，被担保債権といえども個別に担保権の執行をすることが認められず，更生計画に拘束されます。ただし，更生計画の中では最優先で弁済を受けることができます。

　更生債権は更生手続開始前の原因に基づいて生じた財産上の請求権，手続開始後の利息請求権，損害賠償請求権などの債権のうち，共益債権又は更生担保権に該当しないものをいいます。

　更生債権のうち，一般の先取特権その他一般の優先権がある債権は，優先的更生債権として，更生計画では更生担保権の次に優先して弁済を受けられます。

　一方，更生債権のうち更生債権者と更生会社との間で劣後的に配当を受ける旨の合意がされた債権は，劣後的更生債権として，更生計画の弁済順位は最も後順位になっています。

　本書で単に更生債権という場合は，更生債権のうち優先的更生債権又は劣後的更生債権以外の更生債権をいうこととします。

【 第Ⅴ章　再建──法的再建 】

　開始後債権は更生手続後の原因に基づいて生じた財産上の請求権をいい，更生計画で定められた弁済期間の満了後でなければ弁済することができません（会社更生法2，同法127，同法128，同法129，同法130，同法132，同法134，同法168）。

[　債権の種類　]

債権の種類	内　　容	弁済の方法
共益債権	① 更生債権者等及び株主の共同の利益のためにする裁判上の費用の請求権 ② 更生手続開始後の更生会社の事業の経営並びに財産の管理及び処分に関する費用の請求権 ③ 更生計画の遂行に関する請求権（更生手続終了後に生じたものを除く） ④ 管財人等に支払うべき費用，報酬及び報奨金の請求権 ⑤ 更生会社の業務及び財産に関し管財人又は更生会社が権限に基づいてした資金の借入その他の行為によって生じた請求権 ⑥ 事務管理又は不当利得により更生手続開始後に更生会社に対して生じた請求権 ⑦ 更生会社のために支出すべきやむを得ない費用の請求権で更生手続開始後に生じたもの ⑧ 保全管理人が開始前会社の業務及び財産に関し権限に基づいてした資金の借入等により生じた請求権 ⑨ 開始前会社（保全管理人が選任されているものを除く）が，更生手続開始の申立て後更生手続開始前に，資金の借入，原材料の購入その他開始前会社の事業の継続に欠くことができない行為に係る請求権のうち，裁判所の許可を受けたもの ⑩ 更生会社に対して更生手続開始前の原因に基づいて生じた源泉徴収に係る所得税，消費税等の租税で，更生手続開始当時まだ納期限の到来していないもの ⑪ 更生会社の使用人に対する給料，退職金等のうち，一定部分	更生の手続によらないで随時弁済
更生担保権	更生手続開始当時更生会社の財産につき存する担保権等の被担保債権であって更生手続開始前の原因に基づいて生じたもののうち，その担保権によって担保された範囲のもの	更生計画により最優先で弁済

【 SECTION 5　会社更生による再建 】

優先的更生債権	一般の先取特権その他一般の優先権がある債権	更生計画により更生担保債権の次に優先して弁済
更生債権	更生手続開始前の原因に基づいて生じた財産上の請求権等で，更生担保権又は共益債権に該当しないもの	更生計画により一般の優先権がある更生債権の次に優先して弁済
劣後的更生債権	更生債権者と更生会社との間において，更生手続開始前に，その会社について破産手続が開始されたとすればその破産手続におけるその配当の順位が劣後的破産債権に後れる旨の合意がされた債権	更生計画により，再生債権の次に弁済
開始後債権	更生手続後の原因に基づいて生じた財産上の請求権	更生計画で定められた弁済期間の満了した後に弁済

3　更生手続開始の申立て

(1) 概　要

　更生手続開始の申立ては主たる営業所又は本店の所在地を管轄する地方裁判所に対して，会社更生手続開始申立書等の書類を提出して行います。申立て権者は債務者の他債権者及び株主も含まれます（会社更生法5，同17①）。

[　会社更生手続開始の申立権者　]

❶　債務者

❷　債務者である会社の資本金の額の10分の1以上にあたる債権を有する債権者

❸　債務者である会社の総株主の議決権の10分の1以上を有する株主

申立てをするときは更生原因の疎明が必要です。債権者又は株主が申立てをするときは，債権の額又は議決権の数の疎明も必要とされています（会社更生法20）。

裁判所は会社更生手続開始申立等の書類，債務者からの事情聴取，保全管理人等の調査結果に基づき，更生原因があり，申立棄却事由がない場合には更生手続開始決定を行います（会社更生法41）。

更生手続開始の申立てから更生手続開始決定までに，通常，数ヶ月を要します。

(2) 更生原因

更生原因は民事再生と同様で，次の3点です（会社更正法17，破産法16）。

① 支払不能となるおそれがあるとき
② 債務超過となるおそれがあるとき
③ 事業の継続に著しい支障を来すことなく弁済期にある債務を弁済することができないとき

支払不能とは，債務者が，支払能力を欠くために，その債務のうち弁済期にあるものにつき，一般的かつ継続的に弁済することができない状態をいいます。債務超過とは，債務者が，その債務につき，その財産をもって完済することができない状態をいいます。

事業の継続に著しい支障を来すことなく弁済期にある債務を弁済することができないときとは，債務の弁済資金調達は不可能ではないが，その調達をすることによって，本来の事業の運転資金に不足が生じたり，事業に必要な資産を売却せざるを得なくなるような場合をいいます。

(3) 申立棄却事由

裁判所は次のいずれかに該当する場合には申立ての棄却をします（会社更生法41）。

【 SECTION 5　会社更生による再建 】

① 債務者に更生原因が認められないとき
② 予納金を納付しないとき
③ 裁判所に破産等の手続が係属し，破産等によることが一般の利益に適合するとき
④ 更生計画認可の見込みがないとき等
⑤ 不当な目的で会社更生手続開始の申立てがなされたとき等

(4) 予納金

　予納金は民事再生と異なり，負債総額等により一律にその額が決まるわけではなく，会社の規模，支店数，海外支店の有無等により様々なようです。一般に数千万円程度になるようです。

(5) 保全管財人と保全処分

　裁判所は，会社更生手続開始の申立てがあった場合において，必要があると認めるときは，利害関係人の申立てにより又は職権で，保全管理人を選任することができます。保全管理人は通常裁判所が選任した弁護士が就任し，以後更生手続開始決定までの間，債務者の財産の管理処分権は保全管理人に委ねられます（会社更生法30，同法32）。

4　更生手続開始決定

(1) 概　要

　更生手続開始決定が行われると同時に裁判所は更生管財人を選任します。また，更生債権等の届出期間及び更生債権等の調査期間を定め，決定について直ちに公告をし，知れている債権者等に対して通知をします（会社更生法42，同法43）。
　このような更生債権等の決定手続と財産評定の結果を基に，更生計画が作成されます。

更生手続開始決定と同時に，債権者は更生会社に対して個別の権利行使ができなくなり，更生計画に従って更生債権等が弁済されることになります。ただし，中小企業者の更生債権等や少額の更生債権等は裁判所の許可を条件に更生計画認可決定前でも弁済が可能です。

また，更生手続開始決定により破産等の手続や強制執行等の申立てができなくなり，既に手続が行われている場合には中止されます（会社更生法45，同法46，同法47，同法50）。

[　更生手続開始決定の効果　]

❶	会社の組織に関する基本的事項の変更ができなくなる
❷	事業の譲渡ができなくなる
❸	更生債権等の個別的権利行使ができなくなる
❹	破産等の手続の申立てや，更生会社の財産に対する強制執行等の申立てができなくなる
❺	破産手続や，更生会社の財産に対して既にされている強制執行等の手続が中止され，又は効力を失う

(2) 更生債権等の確定手続

債権の届出は債権者が裁判所に対して，更生債権等について，その内容，原因，議決権の額等を届け出ることをいいます。なお，議決権の額は概ね債権の額と理解すればよいでしょう（会社更生法138，同法136）。

[　更生債権者の届出事項　]

❶	各更生債権の内容及び原因
❷	一般の優先権がある債権又は約定劣後更生債権であるときはその旨
❸	各更生債権についての議決権の額
❹	その他一定の事項

【 SECTION 5　会社更生による再建 】

[　更生担保権者の届出事項　]

❶　各更生担保権の内容及び原因
❷　担保権の目的である財産及びその額
❸　各更生担保権についての議決権の額
❹　その他一定の事項

　更生債権等の調査は届出があった更生債権等の存否・内容・議決権の額等について，管財人や他の更生債権者らに異議を述べる機会を与え，争いの有無を調査する手続をいいます。更生債権等の調査の結果更生債権者表及び更生担保権者表に記載されることにより更生債権等は確定します（会社更生法145，同法150）。

(3)　財産評定

　更生管財人は，更生手続開始決定後遅滞なく更生会社に属する一切の財産につき更生手続開始のときにおける価格を評定しなければなりません。これが財産評定です。財産評定は民事再生法とは異なり，清算価値ではなく時価により行うこととされています（会社更生法83）。

(4)　更生計画案作成

　更生管財人は債権届出期間の満了後，裁判所の定める期間内に更生計画案を作成し裁判所に提出しなければなりません。更生計画案の提出期限は，更生手続開始決定から1年以内と定められていますが，特別の事情があるときは伸長も可能です（会社更生法184）。

　更生計画案の提出があったときは，裁判所は関係人集会等により更生計画案を決議する旨の決定をします（会社更生法189）。

　更生計画案に対する決議は，更生会社に対して有する権利の種類に分かれ，その権利に係る部分について決議をする方法により行います（会社更生法191）。

　更生計画案の決議の単位は，以下のとおりです。

① 更生担保債権
② 一般の優先権がある更生債権
③ 更生債権
④ 約定劣後更生債権
⑤ 残余財産の分配に関し優先的内容を有する種類の株式
⑥ その他の株式

5　更生計画認可決定

関係人集会により更生計画案が可決されると，更生計画が遂行可能であること等，認可の要件全てに該当する場合に裁判所は更生計画認可決定を行い，この決定より更生計画は確定します（会社更生法199，同法201）。

[　更生計画認可の要件　]

❶　更生手続又は更生計画が法令及び最高裁判所規則の規定に適合するものであること

❷　更生計画の内容が公正かつ衡平であること

❸　更生計画が遂行可能であること

❹　更生計画の決議が誠実かつ公正な方法でされたこと

❺　他の会社と共に企業再編等を行う更生計画については，他の会社が企業再編等を行うことができること

❻　行政庁の許可等を要する事項を定めた更生計画については，その行政庁の意見と重要な点において反していないこと

【 SECTION 5　会社更生による再建 】

6　終結決定

　更生計画認可決定後，更生会社は更生計画に従ってその内容を遂行しなければなりません。

　なお，裁判所は更生計画が遂行された場合など，以下のような一定の事由に該当する場合に更生手続の終結決定をします（会社更生法239）。

[　**更生手続終結の事由**　]

❶　更生計画が遂行された場合

❷　金銭債権額の3分の2以上の額の弁済がされた場合。ただし，更生計画が遂行されないおそれがあると認めたときは除く。

❸　更生計画が遂行されることが確実であると認められる場合

【 第Ⅴ章　再建──法的再建 】

[　会社更生の手続の全体像　]

	更生会社 （債務者）	債権者	株主・経営者・保証人
更生手続開始の申立て	裁判所に申立て 保全管財人の選任	**貸倒引当金の計上**	
更生手続開始決定	更生債権等確定手続 財産評定 更生計画案作成 **事業年度の変更** **欠損金の繰戻し還付請求** **仮装経理に基づく更正**	債権認否	**株式評価損の計上**
更生計画案の決議		関係人集会等による決議	
更生計画認可決定	資産評価損益の計上 繰越欠損金の損金算入	貸倒損失の計上 貸倒引当金の計上	私財提供 **保証債務の特例**
更生計画の遂行			
更生計画の履行完了・終結決定			

（注）　太字は税務処理内容

SECTION 6
更生手続開始の申立て時の税務

1 債務者

　更生手続開始の申立ては裁判所に開始申立書を提出することにより行います。申立書には実に多くの書類を添付する必要があり，この中には会計に関する書類も多く含まれています。
　一方，税務に関してはこの時期債務者が関係するものは特段ありません。あえていえば，事業年度の変更をするかどうか検討すべきだということでしょう。ただし，会社更生法では，更生手続開始決定があった時はその開始の時に事業年度が終了する，とされているので，この点も考慮したうえで事業年度の変更をすべきか否かを判断する必要があるでしょう。

2 債権者

(1) 概　要

　更生手続開始の申立時における債権者に関係する税務としては，貸倒引当金の繰り入れがあります。事業年度終了時に更生手続開始の申立てが行われていることにより，個別評価金銭債権に分類されるからです。

(2) 貸倒引当金の計上

　事業年度終了の時において有する金銭債権に係る債務者について更生手続開始の申立が行われているときはその金銭債権の50％に相当する金額を個別評価

金銭債権に係る貸倒引当金として繰り入れることが認められています。この区分による貸倒引当金の計算は，取立不能の見込み額が金銭債権の50％を超える場合であっても一律50％とされ，実際の取立て不能見込み額の計上ができないので注意が必要です。

　一方，債務者の債務超過状態が相当期間継続している場合の貸倒引当金計上では，実際の取立て不能見込み額を貸倒引当金に計上できます。この事由による場合，更生手続開始の申立ては計上の条件になっていませんが，会社更生手続開始の申立てをする会社の多くはこの条件に該当すると思われますので，通常，債権者はこれらのうち，有利な方を適用して貸倒引当金を計上すればよいことになります。

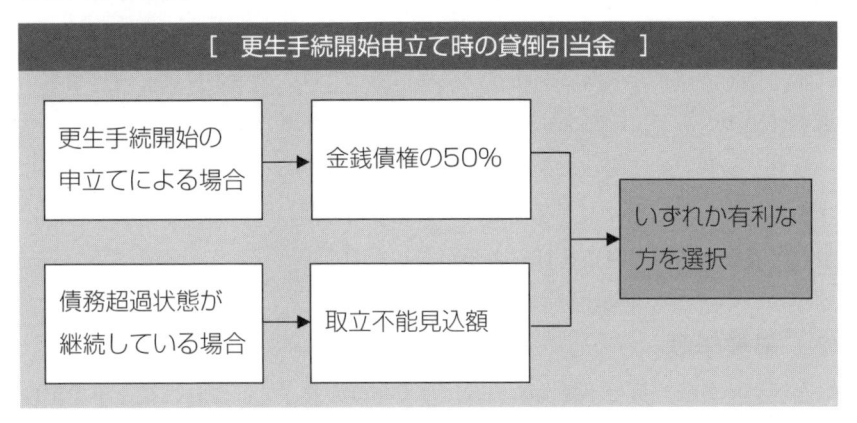

[更生手続開始申立て時の貸倒引当金]

更生手続開始の申立てによる場合	金銭債権の50％	いずれか有利な方を選択
債務超過状態が継続している場合	取立不能見込額	

　ただし次のいずれかに該当する法人は現在貸倒引当金の計上が認められていませんので注意してください（法法52①，法令96①三，法基通11－2－6）。

① 期末資本金の額が1億円超
② 資本金が5億円以上である法人の100％子会社

3　株主・経営者・保証人

　更生手続開始の申立ての時期において，株主・経営者・保証人に係る税務の問題は特段ありません。

SECTION 7

更生手続開始決定時の税務

1 債務者

(1) 概　要

　更生手続開始決定時の会計に関する作業としては更生債権確定の手続，財産評定，更生計画案作成などがあり，税務に関しては欠損金の繰戻し還付請求，資産評価損の計上，繰越欠損金の損金算入などがあります。
　なお，経営破綻に陥った企業の中には仮装経理を行っているものも少なからずあるでしょう。そのような企業は，更生手続を期に財務諸表を真実の状態に戻し，過去の申告の是正を行う必要があります。

(2) 事業年度

　会社更生では，更生手続開始の時に事業年度が終了し，これに続く事業年度は更生計画認可時に終了すると定め，会社更生法上は会社更生手続開始後から会社更生計画認可までを1つの事業年度としています。このため，法人税法上の事業年度も更生手続開始の日に一旦終了し，翌日から新たな事業年度がスタートします。なお，法人税法では法令等で定める事業年度が1年を超える場合にはその開始の日以後1年ごとに区分した期間を事業年度とする取扱いがあるため，更生手続が1年以上の長期にわたった場合には，会社更生手続開始決定の翌日から1年間を1つの事業年度とし，以後更生計画認可決定までは1年ごとに事業年度を区切ります（会社更生法232②，法法13①）。

(3) 欠損金の繰戻還付請求

　経営破綻した事業年度の決算では一般に多額の赤字が計上されます。更生手続には少しでも多くの資金が必要であることを考えると，欠損金の繰戻還付請求によって前年度に支払った法人税の還付を受けることは，更生手続の成功に寄与する有効な対策といえるでしょう。

　通常の事業年度では，欠損事業年度開始の日前1年以内に開始した事業年度の所得に対してしか欠損金の繰戻しはできませんが，更生手続開始決定があった場合は，更生手続開始決定があった日前1年以内に終了した事業年度において生じた欠損金を2年前の所得から繰越控除することが可能です。

　なお，通常の事業年度では中小法人等を除いて欠損金の繰戻還付は受けられませんが，更生手続開始決定があった場合はこのような制限はありません（法法80④，法令154の3，措法66の13）。

詳しくは▶「第Ⅵ章　清算税務の基礎知識」の「4　欠損金の繰戻還付制度」

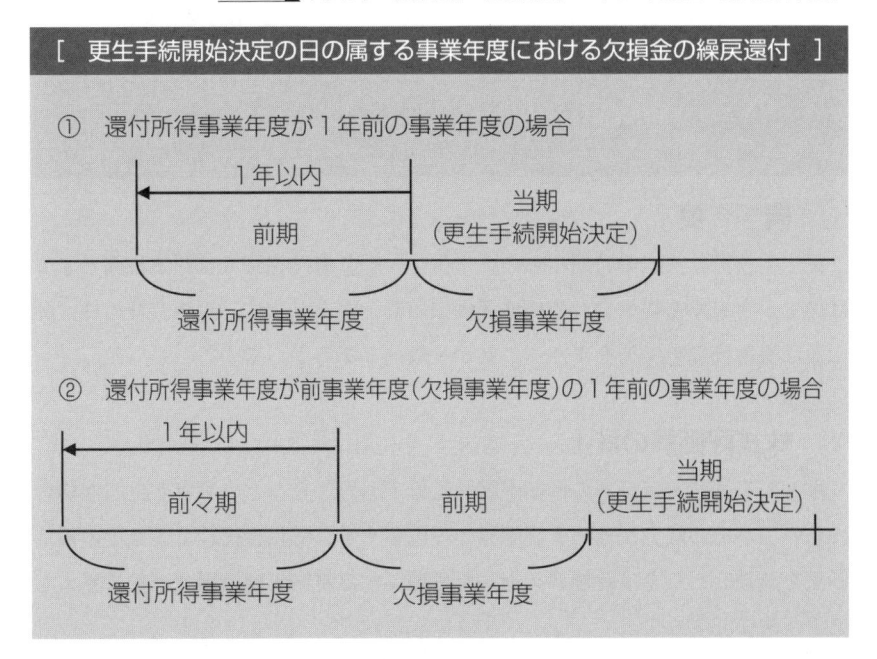

[更生手続開始決定の日の属する事業年度における欠損金の繰戻還付]

① 還付所得事業年度が1年前の事業年度の場合

```
      ←―― 1年以内 ――→
              前期           当期
                         （更生手続開始決定）
       └─────┘  └─────┘
        還付所得事業年度   欠損事業年度
```

② 還付所得事業年度が前事業年度（欠損事業年度）の1年前の事業年度の場合

```
  ←―― 1年以内 ――→
     前々期          前期         当期
                            （更生手続開始決定）
   └─────┘ └─────┘
    還付所得事業年度  欠損事業年度
```

【 SECTION 7　更生手続開始決定時の税務 】

(4)　仮装経理に基づく更正

　仮装経理部分の減額更正を行った場合において減少した税額は，原則として直ちに還付されず，更正の日の属する事業年度開始の日から5年以内に開始する各事業年度の法人税から順次控除するものとされています（法法70，法法135①）。

　なお，更生手続開始の決定があった場合において，開始決定日以後1年以内であれば一定の書類を添付した還付請求書を所轄税務署長に提出することによって，控除未済の金額の還付請求をすることができます（法法135④）。

　詳しくは▶「第Ⅵ章　清算税務の基礎知識」の「5　仮装経理に基づく過大申告の場合の更正」

2　債 権 者

　更生手続開始決定の時期において，債権者に係る税務の問題は特段ありません。

3　株主・経営者・保証人

(1)　概　　要

　更生手続開始決定の時期において，株主・経営者・保証人に係る税務としては株主が所有する更生会社の株式評価損の計上があります。更生会社の株式評価額は帳簿価額の50％を下回ることが一般的であるからです。

(2)　株式評価損の計上

　法人の有する有価証券の価額が著しく低下したことなどの事実が生じた場合において，その法人がその有価証券の評価替えをして損金経理によりその帳簿価額を減額したときは評価替えをした日の属する事業年度の損金の額に算入します（法法33②）。

　帳簿価額の概ね50％相当額を下回ることとなった場合は，上場有価証券等，

【 第Ⅴ章　再建──法的再建 】

上場有価証券等以外の有価証券を問わず，いずれの有価証券も評価損の計上が可能です。なお，上場有価証券等以外の有価証券で取得後相当期間経過した後に更生手続開始の決定があった場合には，帳簿価額が50％を下回ることがなかったとしても評価損の計上ができます（法基通9－1－7，同9－1－9）。

詳しくは▶　第Ⅱ章「3　清算事業年度」の47頁「株式評価損の計上」

SECTION 8

更生計画認可決定時の税務

1 債務者

(1) 概　要

　更生計画認可決定に伴い，更生計画に従って債務の減額が行われ，一時に多額の債務免除益が発生してしまいます。そのため，資産の評価損益の計上，繰越欠損金の損金算入制度を利用して税負担の軽減を図る必要があります。

　なお，更生計画認可決定時に事業年度が終了します（会社更生法232②）。

(2) 資産評価損益の計上

　資産評価損益の計上は法人税法上原則として認められていませんが，会社更生の関係では，更生計画認可決定があった場合に例外的に認められています。

　会社更生手続の中で，管財人は，更生手続開始決定後遅滞なく更生会社に属する一切の財産につき，その価額の評定をしなければならないとされています。その場合における評定は更生手続開始の時における時価によるものとし，更生計画認可の決定があったときは，資産の帳簿価額をこの評定額に付け替え，以後は，この価額を取得価額とみなすこととしています（会社更生法83，会社更生法規則1）。これを受けて法人税法では，更生計画認可の決定があったことにより会社更生法に従って資産の評価換えをして帳簿価額の増額又は減額をした場合に，その評価損益の計上を認めるとしているものです。

　　　　　　　詳しくは▶「第Ⅵ章　清算税務の基礎知識」の「2　資産評価損益」

(3) 債務免除があった場合等の繰越欠損金の損金算入

　更生手続開始の決定後において，更正手続開始時に存する債務の免除を受け，又は役員等から私財の提供を受けた場合に，期限切れ欠損金の損金算入が認められます。本書ではこれを更生手続型と呼んでいますが，この類型による繰越控除では繰越欠損金は期限切れ欠損金から優先的に使用されますので，使い切れなかった青色欠損金がある場合は以後の事業年度で繰越控除することが可能です。

　なお，繰越欠損金の損金算入は利益積立金を減額するものではなく，留保金課税が生じる可能性がありますので，注意が必要です。もっとも，資本金の額が1億円以下であれば，大法人の被支配会社を除き留保金課税の対象から外れていますので，対象となる法人はわずかではないかと思われます。

　　　　　　　詳しくは▶「第Ⅵ章　清算税務の基礎知識」の「3　繰越欠損金の損金算入」

2　債権者

(1) 概　　要

　更生計画認可決定により，債権者が有する債権の切捨てや弁済期限の延長があった場合に，貸倒損失の計上や個別評価金銭債権としての貸倒引当金の計上など，債権の区分に応じた税務処理が生じます。

(2) 債権の区分と税務処理

　更生計画認可の決定が行われた場合は，債権者が有する債権を次の3つに区分しそれぞれの区分に従った税務処理を行います。

　まず，更生計画において切り捨てられることとなった部分の債権は，貸倒損失として損金の額に算入します。

　残る債権のうち，更生計画認可の決定があった日の属する事業年度終了の日から5年を超えて弁済される金額については，個別評価金銭債権に係る貸倒引当金として繰り入れることができます。ただし，担保権の実行等により取立て

【 SECTION 8　更生計画認可決定時の税務 】

等の見込みがあると認められる部分の金額は除きます。

　上記以外の金額は，一括評価金銭債権の貸倒引当金の対象に含まれます。

[　債権の区分と税務処理　]

債権の区分	税務処理
①　切捨て部分	貸倒損失
②　更生計画認可決定があった日の属する事業年度終了の日から5年を超えて弁済される部分	全額を貸倒引当金に繰り入れる（個別評価金銭債権）
③　上記以外	一括評価金銭債権として貸倒引当金の計上対象とされる

　なお，現在中小法人等以外の法人では貸倒引当金の計上が認められておりませんので注意してください（法法52，法令96①一，法基通9－6－1(1)）。

　　　　　　　　　詳しくは▶「第Ⅵ章　清算税務の基礎知識」の「7　貸倒引当金」

3　株主・経営者・保証人

(1)　概　　要

　更生計画認可の決定が行われた時の株主・経営者・保証人に係る税務としては，保証人が保証債務の履行のために資産の譲渡を行った場合に，保証債務の特例を適用することがあります。

(2)　保証債務の特例

　経営者などの個人の保証人が，個人資産を譲渡することにより破綻した法人の保証債務の履行を行った場合において，更生計画認可の決定によりその求償権行使の不能が確定した場合には，保証債務の特例が適用できます。

　　　　　　　詳しくは▶「第Ⅵ章　清算税務の基礎知識」の「8　保証債務の特例」

【 第Ⅴ章　再建──法的再建 】

SECTION 9

特定調停による再建

1　特定調停の概要と手続の流れ

　特定調停は，債務の返済ができなくなるおそれのある債務者（特定債務者）の経済的再生を図るため，特定債務者が負っている金銭債務に係る利害関係の調整を行うことを目的とする手続で，経済的に破綻するおそれのある債務者であれば，法人か個人か，あるいは事業者か否かを問わず幅広く利用することができます。

　特定調停を申し立てる場合には，特定調停申立書等の書類を作成し，申立手数料及び手続費用と併せて，債権者の住所，居所，営業所又は事務所の所在地を所轄する簡易裁判所に提出して行います（特定調停法3，民事調停法3）。

[　特定調停申立て時の提出書類（債務者が法人の場合）　]

❶　特定調停申立書

❷　財産の状況を示すべき明細書その他特定債務者であることを明らかにする資料

❸　関係権利者一覧表

❹　資格証明書（現在事項全部証明書又は代表者事項証明書のいずれか）

　特定調停は，通常は，最初に「事情徴収期日」といわれる債務者から事情の取を行い，その後に「調整期日」といわれる債権者と債務額の確定や返済方法の調整を行います。

　最初に行われる事情聴取期日では，申立人だけ裁判所に来てもらって，調停

【 SECTION 9　特定調停による再建 】

委員が申立人から，生活状況や収入，今後の返済方法などについて聴取します。
　その後の調整期日には債権者にも来てもらい，返済方法などを調整することになりますが，債権者が裁判所に出頭しないときは，調停委員が債権者と電話で調整を行っています。
　調停委員は，債権者から提出してもらった契約書写しや債権額計算書をもとに，債務者との総債務額を確定し，債務者が返済可能な弁済計画案を立てて，債務者と債権者の意見を聴いたうえで，公正かつ妥当な返済方法の調整を行います。
　調整の結果，合意に達した場合は，調停成立により手続は終了し，その後は合意した内容どおりに返済していくことになります。双方の折り合いがつかないときは，合意ができないまま特定調停手続は終了します（特定調停法18）。
　以上の手続が終了するまでに，通常，申立てからおおよそ2ヶ月程度の期間がかかり，債務者は2回程度裁判所に出向くことになります。

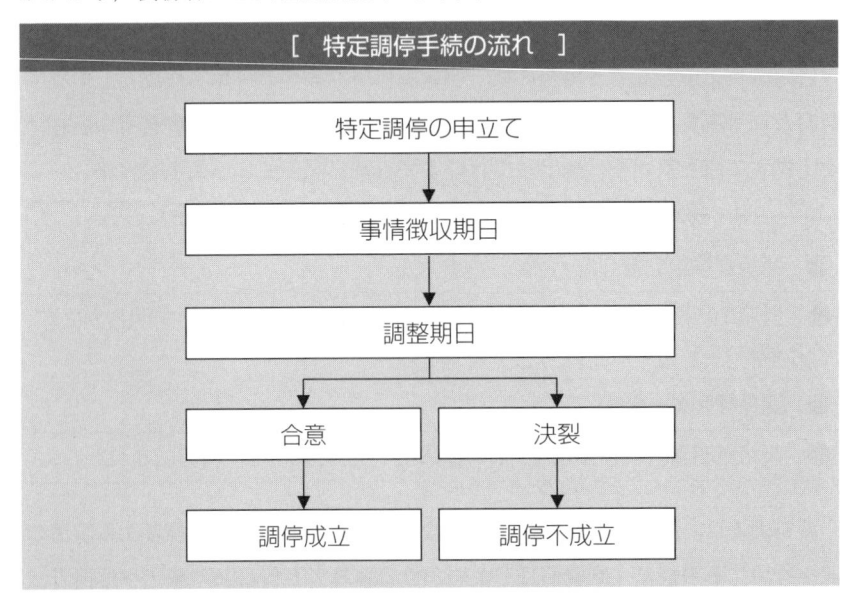

[特定調停手続の流れ]

```
         特定調停の申立て
              ↓
          事情徴収期日
              ↓
           調整期日
          ┌───┴───┐
          ↓       ↓
         合意     決裂
          ↓       ↓
        調停成立  調停不成立
```

　ところで，特定調停によって必ずしも借入金の元金が減額されるわけではない点に注意してください。特定調停は債権者と話し合い，返済方法の組み直し，

【第Ⅴ章　再建——法的再建】

金利のカット，利息制限法の上限金利による引き直し，減額などをして借金を返済していくものです。元金が減額できる場合もありますが，それは債権者が減額に応じた場合に限った話です。一般的に債権者は金利のカットをしても借入金の元本自体を減額することには難色を示します。むしろ特定調停をしても借入金の元金は減額されないと思っておいた方がよいでしょう。

ただし，金利が利息制限法の上限金利を超えていた場合，利息制限法の上限金利に引き直して借入金の残額を計算し直しますので，実質的には減額となることがあります。

2　特定調停の税務

(1)　債務者

特定調停の結果債務が減額された場合には，債務免除益が生じます。民事再生や会社更生では債権者から債務免除を受けた場合に期限切れ欠損金を使用できますが，特定調停の場合はこのような規定はありません。

(2)　債権者

特定調停によって債権が減額された場合に，その減額部分を貸倒損失として損金に計上できるか否か，また，返済期間の延長があった場合に個別評価金銭債権に係る貸倒引当金の計上対象になるか否かも問題です。

まず，貸倒損失についてですが，金銭債権の切捨てによる貸倒れ（法律上の貸倒れ）等の取扱いについて明らかにした法人税基本通達9－6－1に特定調停に関する直接的な記載はないものの，特定調停による合意に基づき作成される調書は確定判決と同一の効力を有しますので，法律上貸倒れが確定したとして，貸倒損失を計上できるものと考えます（民事調停法16）。

次に，個別評価金銭債権に係る貸倒引当金として計上できるかについてですが，特定調停に関する法令上の規定がない以上，計上はできないものと考えます。

279

SECTION 10
ケーススタディ

民事再生のケース

　A社(食品製造業,資本金50百万円,従業員数90名)は,ここ数年の業績不振のため,ついに資金が底を尽き,X1年2月に民事再生の申立てをし,同月中の再生手続開始決定を経て,X1年9月に再生計画認可決定を受けました。
　なお,A社の事業年度は4月1日から翌年3月31日までです。

(1) A社の税務処理
① 債務免除益の計上
再生計画によって,次の債務が免除されています。

(単位:百万円)

債　権　者	債務の免除を受けた金額
B社等(買掛金)	260
C銀行(長期借入金)	490
(計)	750

【仕訳】

(買　掛　金)　　260百万円　　(債務免除益)　　750百万円
(長期借入金)　　490百万円

【別表調整】
なし

② 資産の評価損益の計上

評価損益の対象となる資産とその評価額等は次のとおりです。

(単位：百万円)

科　目	細目・銘柄等	評定額	帳簿価額	評価損益
建物	本社ビル	120	380	△160
	工場	250	440	△190
土地	本社ビル	170	130	40
	工場	290	180	110
有価証券	D社株式	30	50	△20
（評価益の計）				150
（評価損の計）				△370

（注）　評定額は，再生計画認可決定時の時価であり，再生手続中に裁判所に提出した財産評定の額ではありません。

【仕訳】

なし

【別表調整】

別表四…資産評価益　150百万円（加算・留保）

　　　　　資産評価損　370百万円（減算・留保）

③ 繰越欠損金の控除

前期から繰り越された繰越欠損金は次のとおりで，繰越欠損金の控除前の所得金額は340百万円です。

(単位：百万円)

繰越欠損金	620
（内　青色欠損金）	(230)

（注）　今期で期限切れとなる青色欠損金はありません。

【 SECTION 10　ケーススタディ 】

【計算表】

債務免除による利益	債務の免除を受けた金額	①	750
	私財提供を受けた金銭の額	②	
	私財提供を受けた金銭以外の資産の価額	③	
	資産の評価益の総額	④	150
	資産の評価損の総額	⑤	△370
	（計）	⑥	530
欠損金	繰越欠損金	⑦	620
	青色欠損金	⑧	230
	差引期限切れ欠損金	⑨	390
繰越控除前の所得金額		⑩	340
繰越欠損金の控除額		⑪	340　⑥,⑨,⑩のうち少ない金額

【仕訳】

なし

【別表調整】

別表四…「欠損金又は災害欠損金等の当期控除額」（減算・社外流出）

　　　　　　　　　　　　　　　　　　　　340百万円

この結果，所得金額は次のように0円となります。

340百万円（繰越控除前の所得金額）－340百万円（繰越欠損金の控除額）＝0円

(2)　B社の税務処理

　A社に対する売掛債権は，再生計画により次のように変更されました。なお，B社は卸売業で，貸倒引当金の損金算入が認められる中小企業等に該当します。

【　第Ⅴ章　再建──法的再建　】

再生手続開始時の売掛債権（全額再生債権）	120百万円
内　免除する額	60百万円
B社の事業年度終了の日から5年内に弁済される額	40百万円
B社の事業年度終了の日から5年を超えて弁済される額	20百万円

① **貸倒損失の計上**

【仕訳】

（貸　倒　損　失）　　60百万円　　（売　　掛　　金）　　60百万円

【別表調整】

なし

② **貸倒引当金の計上（個別評価金銭債権）**

貸倒引当金繰入額＝20百万円

【仕訳】

（貸倒引当金繰入額）　　20百万円　　（貸　倒　引　当　金）　　20百万円

【別表調整】

なし

③ **貸倒引当金の計上（一括評価金銭債権）**

40百万円×1％＝400千円

【仕訳】

（貸倒引当金繰入額）　　400千円　　（貸　倒　引　当　金）　　400千円

【税務調整】

なし

第 VI 章

清算税務の基礎知識

SECTION 1

債務免除益

　経営破綻処理の過程で債権の切捨てが行われることがあります。債務者にとってはこれが債務免除益となります。

　破綻処理方法ごとの債務免除益の計上時期と債務免除益の金額は，下表のとおりです。

[　債務免除益の計上時期と金額　]

破綻処理方法	債務免除益の計上時期	債務免除益の金額
任意清算	債権者から債務免除の意思表示があったとき（書面による通知が望ましい）	債権者から明らかにされた免除額
特別清算	特別清算に係る協定の認可の決定	協定により切り捨てられることとなった額
私的再建	再建計画が成立し，それに基づいて権利の変更があったとき	計画に基づく切捨額
民事再生	再生計画認可の決定	再生計画により切り捨てられることとなった額
会社更生	更生計画認可の決定	更生計画により切り捨てられることとなった額
特定調停	調停成立時	調停により減額された額

（注）「債権者から債務免除の意思表示があったとき」は任意清算に限らず，全ての破綻処理で行われています。

　破綻処理では極力，税負担を軽減したいものです。特に再建型の破綻処理では少しでも多くの資金が必要ですから，多額の税負担は再建の妨げになりかねません。そこで，後に説明する資産評価損益の計上や欠損金繰越控除などの規定が設けられています。

SECTION 2
資産評価損益

1 概　要

　資産の評価損益の計上は税務上原則として認められていませんが，経営破綻に陥った企業の債権に関連して，次の3つのケースで例外的に認められています。企業の再建時には債権の切捨てなどによって一時に多額の債務免除益が発生します。これにまともに課税を受けることになると多額の法人税等の負担が生じ再建が一層難しくなってしまいます。評価損益，特に評価損の計上を認めることで税負担が軽減され，再建の可能性を高めることにつながるのです。

[　評価損益の計上が認められる3つの類型　]

類　型	具 体 的 な 事 実
減額型	再生手続開始決定
更生型	更生計画認可の決定
再生（再評価）型	再生計画認可の決定 私的整理に関するガイドラインによる再建 整理回収機構（RCC）による再建 事業再生ADRによる再建 中小企業再生支援協議会の支援による再建等

（注）　一般企業の経営破綻による評価損益のみ表示しています。

2 減額型

(1) 概　要

　再生手続開始決定があったことにより，民事再生法により義務付けられている財産の評定が行われる場合において，法人が所有する資産の評価損を損金経理により計上したときは，損金算入を認めるものです（法法33②，法令68①，法基通9-1-3の3）。

　更生型や再生（再評価）型による評価替えでは評価益と評価損の両方を計上しますが，減額型による評価替えの場合，計上できるのは評価損のみで，評価益は計上できません。これはこの取扱いが，企業会計が要請する資産の強制評価減又は減損損失の取扱いに準拠するものであるからといわれています。

　減額型の評価損の評価時点と評価額については，評価替えをした日の属する事業年度終了の時の時価によることとされています。

(2) 評価損の対象となる資産

　減額型の評価損を計上できる資産は棚卸資産，有価証券，固定資産，繰延資産です。売掛金，貸付金などの金銭債権は評価替えの対象となりません。金銭債権は貸倒損失及び貸倒引当金により評価減します。金銭債権を損金経理により減額したときは，減額した金額は貸倒引当金勘定に繰り入れたものとして取り扱われます（法令68①，法基通9-1-3の2）。

(3) 財産の評定と時価の関係

　減額型による評価損の損金算入の要件に，民事再生法により義務付けられている財産の評定が行われる場合が挙げられています。これは，このような事実があったら評価損を損金に算入しますよ，と言っているのであって，この評定額を基に評価損を計算します，と言っているわけではありませんので，注意してください。

【 SECTION 2　債務免除益 】

　民事再生法では会社更生法と同様に手続開始の時における財産の評定を義務付けています。しかし，この評定は処分価値で行うことを原則としている点で会社更正と大きく異なります。再生手続における財産評定が処分価値で行われるのは，破産手続をした場合の配当額を計算し，破産に比べ民事再生の方が債権者の利益になることを検証するためです（民事再生法124）。

　一方，減額型により評価損を計上するときの基になる時価は，その資産が使用収益されるものとしてその時において譲渡される場合に通常付される価額であり，その評価時点は評価替えをする事業年度終了の時とされています。

　評価の基準と評価時点のいずれも異なりますので，注意してください（法法33①，法基通9－1－3）。

3　更生型

　更正計画認可の決定があったことにより会社更生法の規定に従って行う資産の評価替えをしたときは，評価益であれば益金に算入，評価損であれば損金に算入します（法法25②，法法33③）。

　会社更生法では会社の所有する全ての資産について更生手続開始時の時価による財産の評定を義務付けており，評定した価額が以後の取得価額とみなされます。会社更生法における財産評定は，会社の財産的基礎を明らかにし，適正な財政状態を表示することを主な目的として行われます（会社更生法83，会社更生法規則1）。

4　再生（再評価）型

(1)　概　　要

　法人の再生計画認可の決定があったこと等により，法人が有する資産について認可決定のあった時の時価により財産の評定を行っているときは，評価益であれば益金に算入，評価損であれば損金に算入します（法法25③，法法33④）。

再生手続による評価替えには，再生（再評価）型の他，上記の減額型がありますが，これらの併用はできませんので注意してください（法令68②）。

再生（再評価）型では減額型のような損金経理ではなく，確定申告書に一定の書類を添付することを義務付けています（法法25⑤，法法33⑦）。

これは，民事再生手続において資産の評価益を計上し帳簿価額を増額することは，企業会計上認められていないからと考えられます。

(2) 評価損益の対象となる資産

再生（再評価）型では金銭債権を含む全ての種類の資産が評価損益計上の対象になりますが，次の資産は評価損益の計上に適さないとして除かれています（法令24の2④，法令68の2③）。

[評価損益計上に適さない資産]

❶	前5年内事業年度等において，圧縮記帳の特例を受けた減価償却資産等
❷	短期売買商品
❸	売買目的有価証券
❹	償還有価証券
❺	少額減価償却資産又は一括減価償却資産

（注） 平成25年4月1日以後に再生計画の認可決定等があった場合

(3) 財産の評定と時価の関係

再生（再評価）型では，再生計画認可の決定があったこと等により，法人が有する資産について認可決定のあった時の時価により財産の評定を行っているときに評価損益を損金や益金に算入できるとしています。

民事再生法は再生手続開始の時における財産評定を求めているのに対し，再生（再評価）型の評価損益計上では，再生計画認可決定のあった時の財産評定を求めており，まずは評価時点が異なります。

また，民事再生法が義務付けている財産の評定は処分価値により評価するの

【 SECTION 2　債務免除益 】

に対し，再生（再評価）型の評価損を計上するときの基になる時価は，その資産が使用収益されるものとしてその時において譲渡される場合に通常付される価額です。

このように評価時点と評価の基準のいずれも異なりますので，注意してください（法令24の2③，法令68の2②，法基通4－1－3，法基通9－1－3）。

[　資産評価損益計上の比較　]

	減額型	更生型	再生（再評価）型
計上可能な損益	評価損のみ	評価益と評価損	評価益と評価損
経理要件	損金経理	会社更生法により義務付け	なし（書類添付要件あり）
評価時点	期末	更生手続開始時	再生計画認可決定時等
評価額	時価	評定額	時価
対象外資産	金銭債権	なし	評価損益計上に適さない資産

5　評価損益計上後の取得価額と減価償却

評価損益を益金に算入又は損金に算入された資産に係る，以後の減価償却等の計算については次のように処理します。

[　評価損益と減価償却（法令54⑤，法令61①）　]

	処　理　方　法
評価益	評価益を加算した額を取得価額とする
評価損	評価損を減価償却累計額に含める

SECTION 3
繰越欠損金の損金算入

1　概　要

　繰越欠損金の損金算入は次の４つの類型に分けることができます。なお，本書では，前事業年度以前の事業年度から繰り越された欠損金額を「繰越欠損金」と呼び，繰越欠損金から青色欠損金及び災害損失金を控除したものを「期限切れ欠損金」と呼ぶことにします。繰越欠損金よりも青色欠損金の方が大きい場合，期限切れ欠損金は「０」円になります。さらに，読者の理解の妨げにならないよう，本書では災害損失金は考慮しないで単純化して解説しました。

[　繰越欠損金の損金算入―４つの類型　]

類　型	内　容
更生手続型	更生手続開始決定があった場合
再生等（再評価）型	再生手続開始の決定等があった場合（評定を行っている場合）
再生等（その他）型	再生手続開始の決定等があった場合（評定を行っていない場合）
解散型	解散した場合

　経営破綻に陥った法人の再建を図るために，債権者から債権の免除を受けたり，法人の役員等から私財の提供を受けたりすることがあります。このような法人の再建を図るための債務免除や私財提供は法人税法上の益金とされますがその額は通常多額であり，青色欠損金の繰越控除を適用してもなお課税所得が生じてしまうことが多く見受けられます。

　繰越欠損金の損金算入の取扱いは，債務免除や私財提供があった場合に，期

【 SECTION 3　債務免除益 】

限切れによって損金算入ができなかった過去の欠損金の損金算入を認めることで，法人の再建を後押しようとする措置ということができるでしょう。

また，法人が解散した場合の期限切れ欠損金の損金算入は，残余財産がないにもかかわらず課税される事態を防ぐための措置といえます。

2　更生手続型

更生手続開始決定があった場合において，繰越欠損金に相当する金額のうち，次の金額の合計額に達するまでの金額を損金の額に算入するというものです（法法59①）。

① 　更生債権等を有するものから債務免除を受けた金額
② 　役員等（役員若しくは株主等である者又はこれらであった者）から贈与を受けた金銭の額及び金銭以外の資産の価額
③ 　会社更生法による評価替えによる評価益の額（評価損がある場合はこれを控除する。評価損の方が大きい場合は0になる）

この類型による繰越控除では，繰越欠損金は期限切れ欠損金から優先的に使用されます。期限切れ欠損金を使用してもなお残る繰越欠損金は青色欠損金であり，今後，青色欠損金の繰越控除により損金算入の対象とされるものです（法令112⑫）。

3　再生等（再評価）型

再生手続開始の決定等の事実が生じた場合において，再生（再評価）型による資産評価損益の適用を受けるときは，繰越欠損金に相当する金額のうち，次の金額の合計額に達するまでの金額を損金の額に算入するというものです（法法59②）。

① 　再生債権等を有するものから債務免除を受けた金額
② 　役員等（役員若しくは株主等である者又はこれらであった者）から贈与

を受けた金銭の額及び金銭以外の資産の価額
③　再生計画認可決定があったこと等の場合において，評定を行ったことにより計上した資産の評価益から評価損を減算した額（マイナスの場合もある）

この類型による繰越控除も更生型と同様に，繰越欠損金は期限切れ欠損金から優先的に使用されます（法令112⑫）。

なお，この規定の対象となる事実と債権は以下のとおりです。

[　適用対象となる事実と債権　]

適用対象となる事実	債　　権
再生手続開始の決定があったこと	再生債権等
再生計画認可の決定に準ずる事実等	事実の発生前の原因に基づいて生じた債権

4　再生等（その他）型

再生手続開始の決定等の事実が生じた場合において，期限切れ欠損金に相当する金額のうち，次の金額の合計額に達するまでの金額を損金の額に算入するというものです（法法59②）。

①　再生債権等を有するものから債務免除を受けた金額
②　役員等（役員若しくは株主等である者又はこれらであった者）から贈与を受けた金銭の額及び金銭以外の資産の価額

この規定の対象となる事実と債権は以下のとおりです。

[　適用対象となる事実と債権　]

適用対象となる事実	債　　権
再生手続開始の決定があったこと	再生債権等
特別清算開始の命令があったこと	特別清算開始前の原因に基づいて生じた債権
破産手続開始の決定があったこと	破産債権等
再生計画認可の決定に準ずる事実等	事実の発生前の原因に基づいて生じた債権
その他上記に準ずる事実	事実の発生前の原因に基づいて生じた債権

【 SECTION 3　債務免除益 】

　この類型による繰越控除では，繰越欠損金は青色欠損金から優先的に使用されます。青色欠損金を使い切ってしまった場合は，今後の事業年度で所得が発生するといきなり税負担が生じてしまいますので，注意してください（法令112⑫）。

　なお，平成24年4月1日以後に再生手続開始の決定等があった場合で，中小法人等以外の法人に該当する場合には，期限切れ欠損金の損金算入額に関して一定の制限措置があります。

[　中小法人等　]

❶　普通法人のうち，資本金の額若しくは出資金の額が1億円以下であるもので大法人による完全支配関係を有しないもの等

❷　公益法人等又は協同組合等

❸　人格のない社団等

5　解散型

　法人が解散した場合において，残余財産がないと見込まれるときは，期限切れ欠損金に相当する金額を損金の額に算入するというものです。

　この場合において，残余財産がないと見込まれるかどうかの判定は，清算中に終了する各事業年度終了の時の現況により行い，債務超過の状況にあるときは残余財産がないと見込まれるときに該当するものとされています。

　なお，この規定は平成22年10月1日以後に解散した場合に限り適用があります（法法59③）。

　また，平成23年4月1日以後に開始する事業年度以降，対象となる欠損金が期限切れ欠損金にマイナス部分の資本金等の額を加えた額になります。

[繰越欠損金の繰越控除(解散型を除く)の比較]

	更生手続型	再生等(再評価)型	再生等(その他)型
対象となる利益	＋債務免除 ＋私財提供 ＋純評価益（注）	＋債務免除 ＋私財提供 ＋評価益 －評価損	＋債務免除 ＋私財提供
対象となる欠損金額	繰越欠損金	繰越欠損金	期限切れ欠損金
控除優先順位	期限切れ欠損金 ↓ 青色欠損金	期限切れ欠損金 ↓ 青色欠損金	青色欠損金 ↓ 期限切れ欠損金

（注） 純評価益＝評価益－評価損　マイナスの場合は０

SECTION 4

欠損金の繰戻還付制度

　欠損事業年度開始の日前1年以内に開始したいずれか一定の事業年度(以下「還付所得事業年度」)の所得に対する法人税の額に,還付所得事業年度の所得の金額のうちに占める欠損事業年度の欠損金額(他に還付を受ける金額の計算の基礎とするものを除きます)に相当する金額の割合を乗じて計算した金額に相当する法人税の還付を請求することができる制度です(法法80①,措法66の13①)。

$$法人税の額_{(注)}(還付所得事業年度) \times \frac{欠損事業年度の欠損金額}{還付所得事業年度の所得金額}$$

　(注)　法人税の額は,所得税額の控除,外国税額の控除及び仮装経理に基づく過大申告の場合の更正に伴う法人税額の控除の適用前のものをいいます。

　平成28年3月31日までの通常事業年度においては,欠損金の繰戻還付制度の適用が可能な法人は,中小企業者等(普通法人のうち,当該事業年度終了の時において資本金の額若しくは出資金の額が1億円以下であるもの(大法人による完全支配関係がある普通法人等は除かれます))に限られていますが,解散事業年度及び清算事業年度は中小企業者等に限られていません。

　なお,地方税(事業税,地方法人特別税,都道府県民税及び市町村民税)には欠損金の繰戻還付制度はありません。

(1) 通常事業年度

還付請求可能な事業年度(還付所得事業年度)	適用対象法人
欠損事業年度の1年前の事業年度 (当期:欠損事業年度,前期:還付所得事業年度)	中小企業者等

【注意点】
・「欠損金繰戻しの還付請求書」の提出が必要です。
・「欠損金繰戻しの還付請求書」の提出期限は，申告書の提出と同時になります。

(2) 一定の事実が生じた事業年度

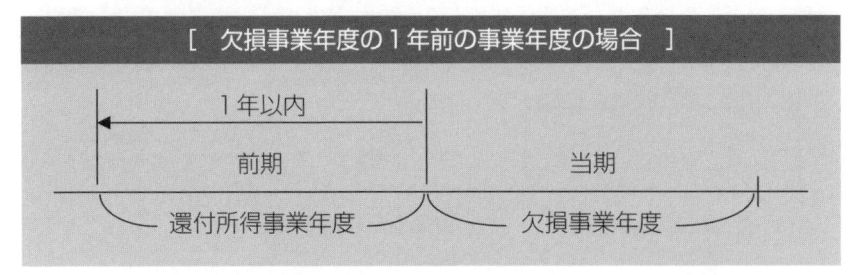

[欠損事業年度の１年前の事業年度の場合]

```
       ← 1年以内 →
        前期              当期
   ─ 還付所得事業年度 ─  ─ 欠損事業年度 ─
```

還付所得事業年度（還付請求可能な事業年度）	適用対象法人
❶ 一定の事実が生じた事業年度の１年前の事業年度 （当期：欠損事業年度，前期：還付所得事業年度） ❷ 一定の事実が生じた事業年度の前事業年度（欠損事業年度）の１年前の事業年度 （前期：欠損事業年度，前々期：還付所得事業年度）	内国法人

【注意点】
・「欠損金繰戻しの還付請求書」の提出が必要です。
・「欠損金繰戻しの還付請求書」の提出期限は，一定の事実が生じた日から１年以内となります。
・還付所得事業年度から欠損事業年度までの各事業年度について連続して青色申告書である確定申告書を提出している必要があります。
（注）一定の事実が生じた事業年度とは，解散，更生その他再生など，一定の事実が生じた事業年度をいいます。

【 SECTION 4　欠損金の繰戻還付制度 】

❶還付所得事業年度が一定の事実が生じた事業年度の1年前の事業年度の場合

```
      ← 1年以内 →        当期
          前期         （一定の事実が
                       生じた事業年度）
   ─────────────────┼─────────────────
     └─ 還付所得事業年度 ─┘└─ 欠損事業年度 ─┘
```

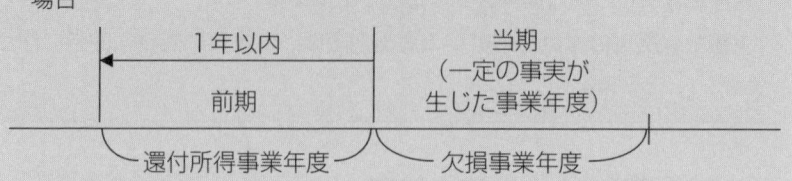

❷還付所得事業年度が一定の事実が生じた事業年度の前事業年度（欠損事業年度）の1年前の事業年度の場合

```
    ← 1年以内 →                          当期
       前々期            前期          （一定の事実が
                                       生じた事業年度）
   ─────────────┼─────────────┼─────────────
   └─ 還付所得事業年度 ─┘└─ 欠損事業年度 ─┘
```

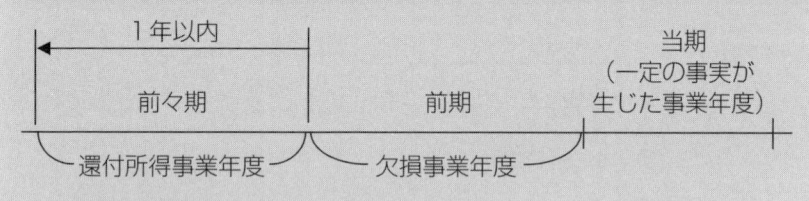

(3) 清算事業年度

還付請求可能な事業年度（還付所得事業年度）	適用対象法人
清算事業年度の1年前の事業年度 （当期：欠損事業年度，前期：還付所得事業年度）	内国法人

【注意点】
・「欠損金繰戻しの還付請求書」の提出が必要です。
・「欠損金繰戻しの還付請求書」の提出期限は，申告書の提出と同時になります。

[清算事業年度の1年前の事業年度の場合]

```
      ← 1年以内 →        当期
          前期         （清算事業年度）
   ─────────────────┼─────────────────
     └─ 還付所得事業年度 ─┘└─ 欠損事業年度 ─┘
```

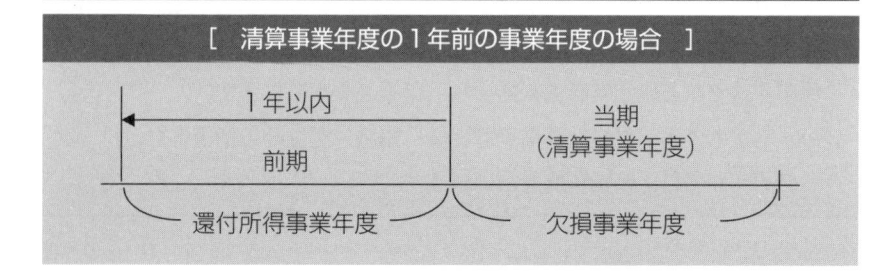

SECTION 5
仮装経理に基づく過大申告の場合の更正

1　更正の原則的取扱い

　法人税の申告は確定した決算に基づき行うこととされています（法法74①）。ただし，その申告書に記載した所得金額等が国税に関する法律の規定に従っていなかったため又は計算に誤りがあったために，その申告書の提出により納付した税額が過大であるとき（又は欠損金が過少であるとき）は，その申告書を提出した者は，税務署長に対し正しい所得金額等に是正するように求めることができます。これを更正の請求といいます（通則法23）。

　また，税務署長は，申告書を提出した者から更正の請求がなかったとしても，調査により申告書に記載された所得金額等が過大であることが判明した場合には適正な所得金額等に是正することとされています（通則法24）。

　この税務署長による更正については，期間制限が定められており，法人税を減額する更正の期間はその是正を求める申告書の法定申告期限から5年間となります。ただし，法人税法上の欠損金額の更正期間については5年間ではなく9年間に延長されています（通則法23）。

2　仮装経理した場合の更正の特例

　法人の提出した確定申告書に記載された所得金額等が過大であった場合には，上記1に記載したとおり，税務署長は適正な所得金額等に更正をすることが原則となります。しかし，その過大として申告した所得金額等が粉飾決算により

【 SECTION 5　仮装経理に基づく過大申告の場合の更正 】

事実を仮装して経理したものに基づくときは，税務署長は，その法人が自ら事実を修正した経理をし，かつ，その修正経理した事業年度の確定申告書を提出するまでは，更正をしないことができるとされています（法法129①）。これは，粉飾決算を防止するとともに，粉飾決算をした法人については自ら修正経理をして正しい状態にするまでは一般の善意の納税者と同列には扱わないという趣旨により定められています。

更正を受けるための具体的な手続の流れについては，次の図のようになります。

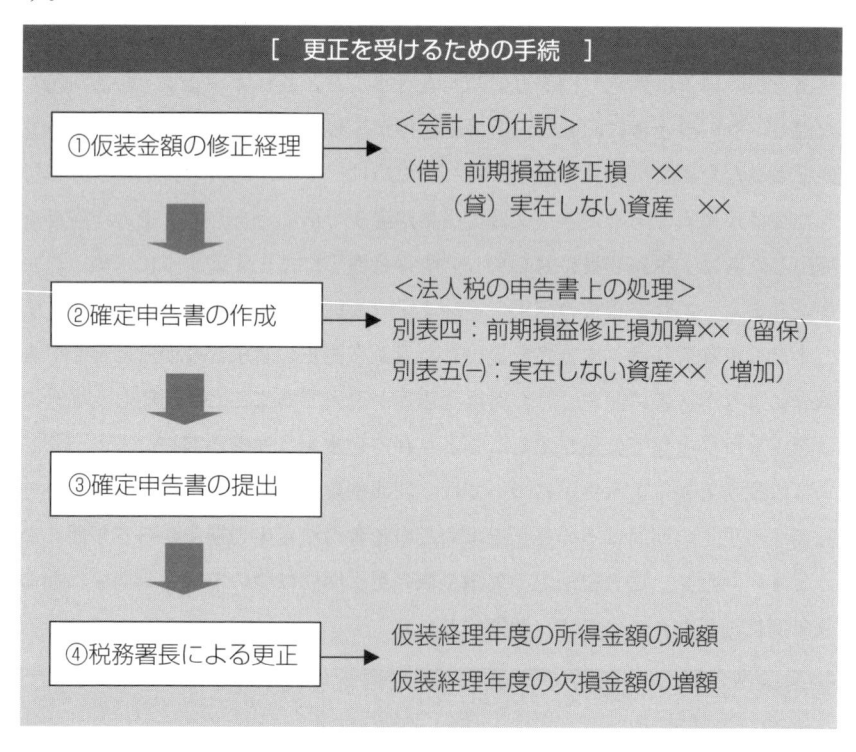

[更正を受けるための手続]

①仮装金額の修正経理　→　＜会計上の仕訳＞
　　　　　　　　　　　　（借）前期損益修正損　××
　　　　　　　　　　　　　　（貸）実在しない資産　××

↓

②確定申告書の作成　→　＜法人税の申告書上の処理＞
　　　　　　　　　　　別表四：前期損益修正損加算××（留保）
　　　　　　　　　　　別表五(一)：実在しない資産××（増加）

↓

③確定申告書の提出

↓

④税務署長による更正　→　仮装経理年度の所得金額の減額
　　　　　　　　　　　　仮装経理年度の欠損金額の増額

【第Ⅵ章　清算税務の基礎知識】

3　仮装経理した場合の法人税額の控除・還付

　仮装経理に基づいて法人税を過大に納付した法人が自ら修正経理等を行い減額の更正が行われた場合であっても過大に納付した税額がすぐに還付されるわけではありません。原則として，更正の日の属する事業年度前1年間の事業年度に係る法人税額のみを還付して，残額については，その更正を行った事業年度開始の日から5年以内に開始する各事業年度の所得に対する法人税額から順次控除することとされています（法法70，135①，②）。

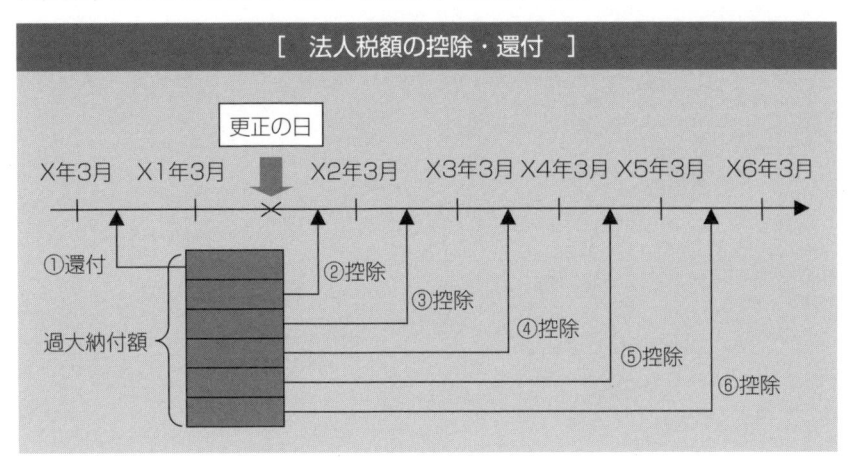

[　法人税額の控除・還付　]

　更正の日

X年3月　X1年3月　X2年3月　X3年3月　X4年3月　X5年3月　X6年3月

①還付
過大納付額
②控除
③控除
④控除
⑤控除
⑥控除

　ただし，次の①から⑥に掲げる事実が発生した場合には過大に納付した税額のうち既に還付又は控除を受けた金額を除いた部分の金額をその事実が発生した日の属する事業年度の確定申告書の提出期限までに還付を受けられます。また次の⑦から⑪の事実が発生した場合にはその発生の日以後1年以内に還付を受けるための請求をすることができます（法法135②，③，④，法令175①，②）。

①　更正の日の属する事業年度開始の日から5年を経過する日においてまだ還付又は控除を受けていない金額があること
②　残余財産が確定したこと
③　合併による解散をしたこと

【 SECTION 5　仮装経理に基づく過大申告の場合の更正 】

④　破産手続開始の決定による解散をしたこと
⑤　連結納税に加入等をしたこと
⑥　公益法人に該当することとなったこと
⑦　更生手続開始の決定があったこと
⑧　再生手続開始の決定があったこと
⑨　特別清算開始の決定があったこと
⑩　再生計画認可の決定に準ずる事実があったこと
⑪　第三者が関与する私的整理で一定の要件を満たすものがあったこと

SECTION 6

貸倒損失

1 概　　要

　債権者である法人が金銭債権を有する場合で，その金銭債権が回収できないときには，その債権者である法人は回収できない金額を貸倒損失として損金の額に算入することになります（法法22③三）。

　しかし，回収できない状況の判断には，債権者である法人の恣意性が介入する可能性もあり，事実認定が難しい面もあるため，法人税基本通達において一般的な一定の基準が定められています。

　その一般的な基準及び経理処理の要件，損金算入額は下記のとおりです。

基　　準	経理処理要件	損金算入額
更生計画認可の決定等又は関係者の協議決定による切捨て（法基通9-6-1 法律上の貸倒れ）	損金経理の要件はありませんが，貸倒損失として損失計上	切り捨てられることとなった部分の金額
債務者の債務超過の状態が相当期間継続し，その金銭債権の弁済を受けることができないと認められる場合（法基通9-6-1　法律上の貸倒れ（債務免除））	損金経理の要件はありませんが，貸倒損失として損失計上	債務者に対し書面により明らかにされた債務免除額
債務者の資産状況，支払能力等からみてその全額が回収できないことが明らかになった場合（法基通9-6-2　事実上の貸倒れ）	金銭債権の全額を貸倒れとして損金経理（担保物があるときは，その担保物を処分した後）が必要	担保物を処分した後の金銭債権の全額
売掛債権（売掛金，未収請負金等の債権をいい，貸付金等を含まない）について，一定の事実が生じた場合（法基通9-6-3　売掛債権の貸倒れ）	売掛債権額から備忘価額を控除した残額を貸倒れとして損金経理が必要	売掛債権の額から備忘価額を控除した残額

【 SECTION 6　貸倒損失 】

　上記の事実が発生した場合には，その発生した日の属する事業年度において貸倒れとして損金に算入することができます。

2　金銭債権の切捨てによる貸倒れ（法律上の貸倒れ）等

(1) 内　　容

　金銭債権の一部又は全部の切捨てによる貸倒れ等とは，上記1の「更生計画認可の決定等又は関係者の協議決定による切捨て」による貸倒れ，上記1の「書面により明らかにされた債務免除額」による貸倒れをいいます。

　これは，金銭債権が法律上消滅する場合及び債権者自ら消滅させる場合の処理で，債権が消滅していますので，損金経理という債権者の意思にかかわらず，損金の額に算入されるものです。

(2) 法律上の一定の事実

　「更生計画認可の決定等又は関係者の協議決定による切捨て」による貸倒れは，法律上の一定の事実に基づき認識されるもので，具体的には次の事実を指します。

　① 更生計画認可の決定又は再生計画認可の決定があった場合
　② 特別清算に係る協定の認可の決定があった場合
　③ 法令の規定による整理手続によらない関係者の協議決定で次に掲げるもの
　　イ　債権者集会の協議決定で合理的な基準 (注) により債務者の負債整理を定めているもの
　　ロ　行政機関又は金融機関その他の第三者のあっせんによる当事者間の協議により締結された契約でその内容がイに準ずるもの
　（注）合理的な基準とは，全ての債権者について概ね同一の条件で債権の切捨額が定められるような基準をいいます。

上記の決定等により切り捨てられる金額が，債権の消滅額であり，貸倒損失の額となります。

(3) 書面により明らかにされた債務免除

書面による債務免除も債務の消滅ではありますが，債務免除を行う前提に，債務者において次の条件があります。
① 債務超過の状態が相当期間継続
② 金銭債権の弁済を受けることができないと認められる

債務超過の状態が一時的なものでは認められず，相当期間債務超過が継続していなければなりません。

また，弁済を受けることができないと認められる状況が必要で，例えば債務者の資産売却により弁済を受けることが可能な場合には，債務免除をしても貸倒損失として損金の額に算入されないことになります。

よって，金銭債権の回収不能の判断は，債務者の資産状態，経営状況等を把握したうえで，総合的に判断することになります。

(4) 貸倒損失判断の利用場面

上記(2)及び(3)の法律上一定の事実に基づく貸倒れ等を，利用場面で整理すると下記のとおりです。

	法　的	私　的
清算	(2)②特別清算に係る協定の認可の決定があった場合	(2)③法令の規定による整理手続によらない関係者の協議決定の場合
再建	(2)①更生計画認可の決定又は再生計画認可の決定があった場合	(3) 書面により明らかにされた債務免除の場合

【 SECTION 6　貸倒損失 】

3　全額が回収できない場合の貸倒れ（事実上の貸倒れ）

　債権額の全額が回収できないことが明らかになった場合の貸倒れは，法律的に債権が消滅したわけではないが，事実上回収不能な債権について貸倒れ処理を認めたものです。

　しかしこの処理にも要件があり，「債務者の資産状況，支払能力等からみて回収できないことが明らかになった場合」が前提であり，回収不能の判断は，債務者の資産状態，経営状況等を把握したうえで，総合的に判断することになります。

　また，「債権の全額が回収できない」状態も要件の1つであり，例えば債権の一部が回収可能な場合には，貸倒れ処理はできません。

　なお，貸倒損失の損金算入には，貸倒れとして損金経理が必要で，さらに担保物があるときは担保物を処理した後でなければ，損金算入は認められません。

4　売掛債権の貸倒れ

(1) 内　　容

　売掛債権の貸倒れは，債務者について次の事実が発生した場合の貸倒れ処理です。

① 債務者との取引を停止した時以後1年以上経過した場合（売掛債権について担保物のある場合を除く）
② 法人が同一地域の債務者について有する売掛債権の総額が，その取立てのために要する旅費その他の費用に満たない場合において，債務者に対し支払を督促したにもかかわらず弁済がないとき

　上記の事実に基づいて，売掛債権の金額から備忘価額を控除した残額を，貸倒として損金経理した時は，損金算入が認められます。

　なおこの取扱いの対象となる債権は売掛債権であり，一般的な貸付金等は対

象となりません。

(2) 取引停止後1年以上経過した売掛債権の貸倒れ

「債務者との取引の停止」とは，継続的な取引を行っていた取引先につきその資産状況，支払能力等が悪化したためその後の取引を停止するに至った場合をいいます。そのため例えば不動産取引のようにたまたま取引を行った相手に対して有する売掛債権については，この取扱いによる貸倒損失の対象にはなりません。

また「取引先につきその資産状況，支払能力等が悪化したためその後の取引を停止するに至る」ことも要件となるため，債務者の資産状態，経営状況等を把握を必要となります。

さらに取引停止後1年以上経過の時期判断は，その取引先との取引を停止した時がスタート時期の基本となりますが，最後の弁済期又は最後の弁済の時が，停止をした時以後である場合には，最後の弁済期又は最後の弁済の時のうち最も遅い時をスタート時期として1年以上経過の判断を行います。

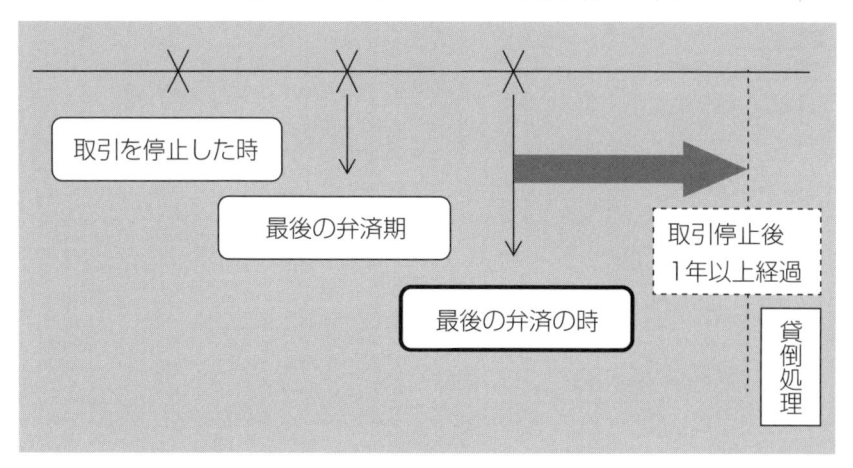

(3) 売掛債権額が取立費用に満たない場合の貸倒れ

売掛債権額が，取立費用に満たない判断は，「同一地域の債務者について有する売掛債権の総額」と「取立費用」との比較ですので，未回収となっている一取引先の売掛債権額との比較ではないことに注意が必要です。

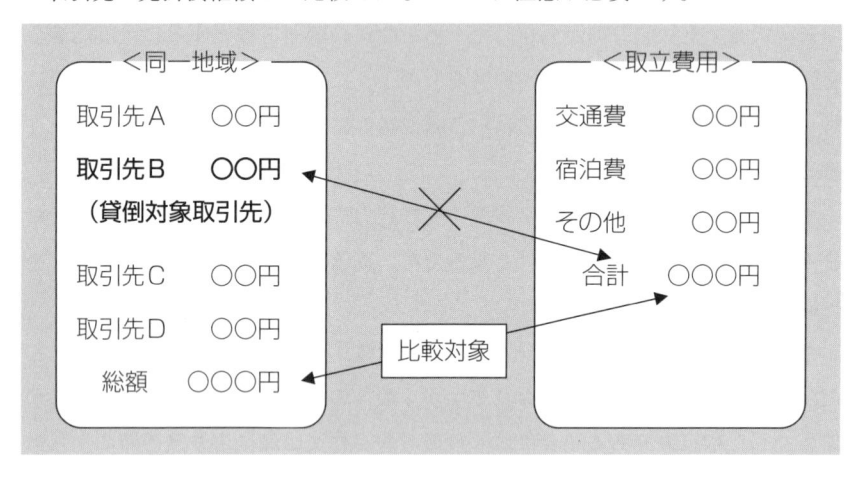

```
┌── <同一地域> ──┐        ┌── <取立費用> ──┐
│ 取引先A    〇〇円 │        │ 交通費    〇〇円 │
│ 取引先B    〇〇円 │←┐      │ 宿泊費    〇〇円 │
│ (貸倒対象取引先)  │  │  ×   │ その他    〇〇円 │
│ 取引先C    〇〇円 │  │  ┌→ │ 合計    〇〇〇円 │
│ 取引先D    〇〇円 │  │  │   │                │
│  総額    〇〇〇円 │←─┼──┘                   
└──────────────┘  │   [比較対象]
                     └────────┘
```

【 第Ⅵ章　清算税務の基礎知識 】

SECTION 7
貸倒引当金

1　概　　要

　債権者である法人が金銭債権を有する場合，その金銭債権が貸倒れその他の事由により回収できないと見込まれるときにおいて，回収できないと見込まれる損失の見込額として，貸倒引当金の繰入額を損金経理によりに繰入れた場合には，法人税法が定める一定の繰入限度額に達するまでの金額は，損金の額に算入されることになります（法法52）。

　法人税法においては，資産（債権）の評価替えによる評価損の損金算入は認められておりません。しかし現状の経済活動を考えると，法人のほとんどが信用取引（掛け取引）を行っており，それによる貸倒れの発生も多く生じている状況です。

　さらに企業会計においては，回収不能になり得る債権の資産計上を否定する考え方に基づき，このような債権については貸倒引当金の計上を行うことを原則としているところです。

　そのため法人税法においても，上記の経済取引，会計慣行を認識したうえで，貸倒引当金の計上を一定の要件のもとに認めています。

2　貸倒引当金の適用対象法人

　貸倒引当金の計上は，全ての法人に認められているわけではなく，下記の一定の法人が対象となります（法法52①）。

311

【 SECTION 7　貸倒引当金 】

① 事業年度終了の時において次に掲げる法人に該当する内国法人
　イ　普通法人のうち，資本金の額若しくは出資金の額が1億円以下であるもの又は資本若しくは出資を有しないもの（大法人（資本金の額又は出資金の額が5億円以上である法人）との間に大法人による完全支配関係がある普通法人等を除く）
　ロ　公益法人等又は協同組合等
　ハ　人格のない社団等
② 次に掲げる内国法人
　イ　銀行法に規定する銀行
　ロ　保険業法に規定する保険会社
　ハ　金融商品取引法に規定する証券金融会社など
③ リース資産の対価の額に係る金銭債権を有する内国法人その他の金融に関する取引に係る金銭債権を有する内国法人として一定の内国法人

3　貸倒引当金の繰入限度額計算の種類

(1)　個別評価金銭債権に係る貸倒引当金

個別の取引先に一定の事由が生じた場合，その取引先ごとに金銭債権の回収可能性を判断し，取立て又は弁済の見込みがないと認められる金額を，損失の見込み額として貸倒引当金の繰入限度額を算定する方法をいいます。

(2)　一括評価金銭債権に係る貸倒引当金

その法人が有する売掛金，貸付金等の金銭債権を全体的に一括（合計）して，金銭債権の総額にその法人の貸倒実績率等を乗ずる方法により損失の見込み額を計算し，貸倒引当金の繰入限度額を算定する方法をいいます。

本書は会社の清算，再建を解説するものであるため，「個別評価金銭債権に係る貸倒引当金」について説明を加えることにします。

【 第Ⅵ章　清算税務の基礎知識 】

4　個別評価金銭債権に係る貸倒引当金の計算等

(1)　貸倒引当金計算の区分

個別評価金銭債権に係る貸倒引当金の計算は，下記の4つに区分されます。

① 　更生計画認可決定等による長期棚上げの場合（法令96①一）
② 　債務者の債務超過状態の継続による場合（法令96①二）
③ 　更生手続開始の申立て等による場合（法令96①三）
④ 　外国政府の履行遅延の場合（法令96①四）

なお本書は会社の清算，再建を解説するものであるため，法人取引先の事情以外の事由で貸倒引当金を計上する上記④の「外国政府の履行遅延の場合」の解説は省略します。

(2)　長期棚上げの場合の貸倒引当金繰入限度額

債務者が債務の返済に関し，再生計画等において長期の分割返済を定めて合意等をする場合がありますが，この場合一定の金額については貸倒引当金の繰入ができます。

貸倒引当金の繰入限度額の要件・計算等をまとめると次の表のとおりです。

事　実	生じた事由	繰入限度額
金銭債権に係る債務者について生じた事由に基づいて，その弁済を猶予され，又は賦払により弁済されること	① 　更生計画認可の決定 ② 　再生計画認可の決定 ③ 　特別清算に係る協定の認可の決定 ④ 　債権者集会の協議決定で合理的な基準により債務者の負債整理を定めているもの ⑤ 　行政機関，金融機関その他第三者の斡旋による当事者間の協議により締結された契約でその内容が上記④に準ずるもの	事由が生じた日の属する事業年度終了の日の翌日から5年を経過する日までに弁済されることとなっている金額以外の金額 （担保権の実行その他によりその取立て又は弁済の見込みがあると認められる部分の金額は除かれます。）

【 SECTION 7　貸倒引当金 】

```
事由が生じた日の属する
事業年度終了の日              5年を経過する日
    │          │              │        │
    ↓    ↓    ↓    ↓    ～    ↓    ↓
  ┌──┐┌──┐┌──┐┌──┐  ┌──┐┌──┐
  │弁済││弁済││弁済││弁済│  │弁済││弁済│
  └──┘└──┘└──┘└──┘  └──┘└──┘
                              └────┬────┘
                              貸倒引当金繰入限度額
```

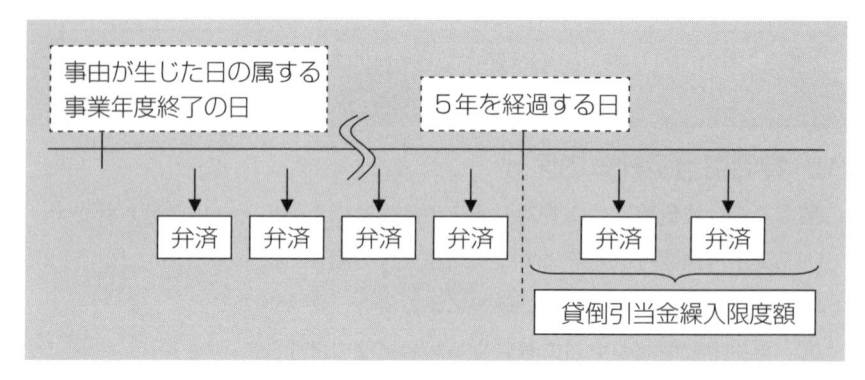

　上記(2)の長期棚上げの場合の貸倒引当金を，利用場面で整理すると下記のとおりです。

	法　的	私　的
清　算	③　特別清算に係る協定の認可の決定	④　債権者集会の協議決定で合理的な基準により債務者の負債整理を定めているもの
再　建	①　更生計画認可の決定 ②　再生計画認可の決定	⑤　行政機関，金融機関その他第三者の斡旋による当事者間の協議により締結された契約

(3) 債務超過状態継続の場合の貸倒引当金繰入限度額

　法人が事業年度終了の時において有する金銭債権で，その金銭債権に係る債務者が債務超過の状態が相当期間継続し，かつ，下記の事由により，金銭債権の一部の金額につきその取立て等の見込みがないと認められる場合には，その一部の金額に相当する金額が貸倒引当金の繰入限度額となります。

　①　その営む事業に好転の見通しがないこと
　②　災害，経済事情の急変等により多大な損害が生じたこと等
　なお，「相当期間継続している」場合の「相当期間」とは，概ね1年以上をいいます。

(4) 法的整理手続開始の申立ての場合の貸倒引当金繰入限度額

債務者が法的整理手続を申し立てた場合には，債権者はその債務者に対する債権について一定金額の貸倒引当金の繰入ができます。

貸倒引当金の繰入の要件・計算等をまとめると次の表のとおりです。

事　実	生じた事由	繰入限度額
金銭債権に係る債務者につき次に掲げる事由が生じていること	① 更生手続開始の申立て ② 再生手続開始の申立て ③ 破産手続開始の申立て ④ 特別清算開始の申立て ⑤ 手形交換所による取引停止処分 ⑥ 電子債権記録機関（一定の要件を満たすものに限る。）による取引停止処分	金銭債権の額の50％に相当する金額 金銭債権の額には，下記の金額を除く ・債務者から受け入れた金額があるため実質的に債権とみられない部分の金額 ・担保権の実行，金融機関又は保証機関による保証債務の履行より取立て等の見込みがあると認められる部分の金額

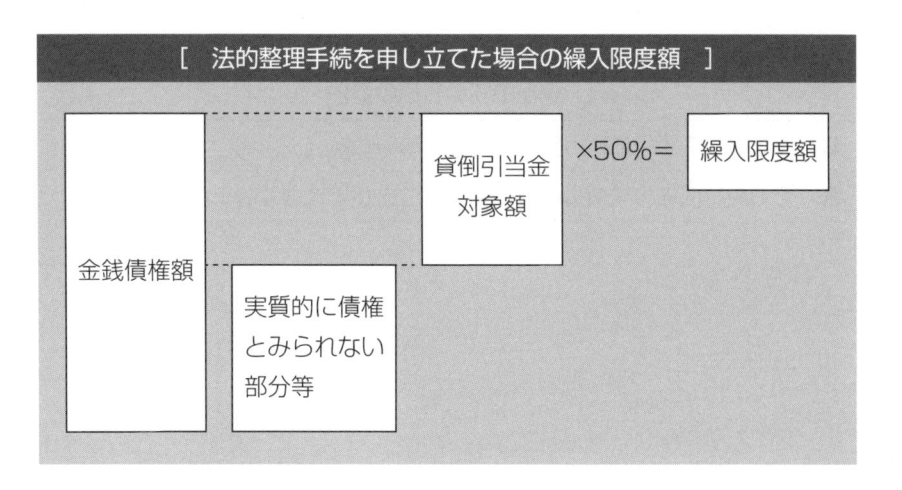

[　法的整理手続を申し立てた場合の繰入限度額　]

金銭債権額 － 実質的に債権とみられない部分等 ＝ 貸倒引当金対象額 ×50％＝ 繰入限度額

SECTION 8

保証債務の特例

1 概　要

　法人の債務に対して経営者自ら保証人となり，また個人財産を担保提供するなどして個人保証をしている例が多く見受けられます。破綻処理に関連して保証人個人に対して債務の代位弁済が求められ，やむなく所有する資産を譲渡したような場合に，求償権を行使できない部分の譲渡収入がなかったものとみなす特例があります（所法64②）。

　この特例の適用要件は次の2つです。

[　保証債務の特例の要件　]

❶　保証債務の履行に伴う資産の譲渡であること

❷　その履行に伴う求償権の行使をすることができなくなったこと

2　保証債務の履行に伴う資産の譲渡

まず，保証債務の履行に伴う資産の譲渡であることが必要です。
ここでいう保証債務の履行には次に掲げるものが該当します（所基通64−4）。

[　保証債務の範囲　]

❶　保証人の債務の履行があった場合
❷　連帯保証人の債務の履行があった場合
❸　不可分債務の債務者の債務の履行があった場合
❹　連帯債務者の債務の履行があった場合
❺　合名会社又は合資会社の無限責任社員による会社の債務の履行があった場合
❻　身元保証人の債務の履行があった場合
❼　質権若しくは抵当権を設定した者がその債務を弁済し又は質権若しくは抵当権を実行された場合
❽　法律の規定により連帯して損害賠償の責任がある場合において，その損害賠償の支払いがあったとき

なお，保証債務の履行を借入金で行い，その借入金を返済するために資産の譲渡があった場合においても，その資産の譲渡が実質的に保証債務を履行するためのものであると認められるときは，保証債務の履行のための資産の譲渡に該当するものとされています（所基通64−5）。

3　求償権の行使不能の判定

次に求償権の行使をすることができなくなったかどうかの判定は，求償の相手である主たる債務者等について，貸倒損失計上の基準に該当するかどうかにより行います。

詳しくは▶「第Ⅵ章　清算税務の基礎知識」の「6　貸倒損失」

【 SECTION 8　保証債務の特例 】

4　なかったものとみなされる金額

　資産の譲渡収入金額のうち，なかったものとされる金額は次の３つのうち最も少ない金額です（所令180②）。

[　**譲渡がなかったものとみなされる金額**　]

❶　求償権の行使不能額

❷　この特例を適用する前の譲渡年分の各種所得の合計額

❸　この特例を適用する前の譲渡所得の金額

　なお，不動産所得，事業所得又は山林所得の金額の計算上必要経費に算入される金額は，重複適用を避けるため，この特例の対象から除かれます。

索　引

【あ行】

ＲＣＣ企業再生スキーム
　……………………… 186
青色欠損金 ……… 210,225
異時廃止 ……………… 123
一時停止 ……………… 219
「一時停止」の通知
　……… 162,171,199,204
一の者 ………………… 93
一般優先債権 ………… 235
異動届出書 ………… 17,61

【か行】

解散型 ………………… 293
解散事業年度 ………… 129
解散の日 ……………… 16
開始後債権 ……… 235,258
会社更生 ……………… 256
回収等停止の要請 …… 182
貸倒損失 … 29,53,75,137,
　　　　　146,213,223,305
貸倒引当金
　…… 21,29,41,52,63,75,
　125,146,205,247,269,311
仮装経理 …… 133,251,272
株式の価額(評価額)
　………………………… 207
株式(の)評価損
　……… 27,206,252,272
株主総会
　…… 13,14,32,39,56,59
簡易な貸借対照表 …… 136
完全私的再建
　……… 3,155,157,218
完全支配関係 …… 92,225
監督委員 ……………… 241

還付所得事業年度 …… 298
官報公告 ……………… 36
期限切れ欠損金
　…… 46,69,83,130,134,
　　　　146,209,210,293
期限切れ欠損金の損金算入
　……… 222,251,253,275
寄附金 ………… 213,223
共益債権 ……… 235,258
協定 …………………… 145
繰越欠損金 …………… 293
グループ法人税制 …… 133
経営者及び株主の責任
　……… 165,174,192,201
軽減税率 …………… 22,64
欠損金の繰戻還付
　……… 130,146,271,249
欠損事業年度 ………… 298
減額型 ………………… 288
源泉徴収 ……………… 138
現物分配 …… 49,60,72
現物分配法人 …… 85,102
公開会社 ……………… 15
更生型 ………………… 288
更生管財人 …………… 262
更生計画案 …………… 264
更生計画認可決定 …… 265
更生原因 ……………… 261
更生債権 ……………… 258
更生債権等の調査 …… 264
更生担保権 …………… 258
更生手続開始決定 …… 262
更生手続開始の申立て
　……………………… 260
更生手続型 …………… 293
更生手続の終結決定 ‥ 266
更正の請求 …………… 301
個別金銭債権 ………… 247
個別評価金銭債権
　… 205,215,223,268,312

個別和解 ……………… 144

【さ行】

再建型 ………………… 3
再建計画案の成立 165,174
再建計画案の内容 …… 164
再建計画内容の期限的な
　制約 ………………… 164
債権者会議
　……… 163,172,201,219
債権者集会 … 123,144,193
債権者説明会 ………… 183
債権の届出 ……… 242,263
催告 …………………… 36
財産評定 ………… 242,264
財産目録 ……………… 35
再生計画 ……………… 243
再生計画案の内容
　……… 173,191,199
再生計画内容の期限的な
　制約 ………………… 173
再生計画認可決定
　……………… 233,243
再生計画の期限的な制約
　……………… 192,200
再生計画(の)成立
　……………… 194,219
再生原因 ……………… 238
再生債権の調査 ……… 242
再生手続開始決定
　……………… 233,241
再生手続開始の申立て
　……………… 233,238
再生等(再評価)型
　……… 208,210,288,293
再生等(その他)型 …… 293
債務消滅益 …………… 212
債務免除益
　……… 46,70,208,213,
　　　　　　　220,287

残余財産 ……… 39,56,59
残余財産の確定 ……… 58
事業再生ＡＤＲ手続 ‥ 196
事業再生計画の成立 ‥ 202
事業再生計画の内容 ‥ 180
事業年度 …………… 270
自己株式 …………… 211
資産評価損 ………… 250
資産評価(の)損益
　………208,221,288
資産評価損益の計上
　……………… 253,274
実態貸借対照表 ……… 84
私的整理 …………… 3,9
私的整理に関する
　ガイドライン ……… 159
使途秘匿金 …… 23,43,66
終結決定 …………… 244
主要債権者 ……… 159,168
準法的再建
　……… 3,155,204,218
償却率 ……………… 18
消費税 …………… 131
清算型 ……………… 3
清算株式会社 ………… 14
清算事業年度
　……… 35,79,130,38
清算所得 …………… 79
清算所得課税
　……… 37,45,57,69
清算所得課税制度 …… 79
清算人 ………… 32,56
清算人会 ………… 33,56
整理解雇 …………… 11

【た行】

大会社 ……………… 15
対象債権者 ……… 160,168
対象者(債務者企業／
　債務者／事業者／企業)
　‥ 160,168,177,188,197
第二次納税義務 ……… 60
代表清算人 ………… 33
地域経済活性化支援機構
　………………… 176
中小企業再生支援協議会
　………………… 167
中小企業者等
　………… 25,45,67,298
中小法人(等)
　………… 25,44,67,82
直接又は間接に保有する
　関係 ……………… 93
通常所得課税
　………… 37,45,57,69
定額法 ……………… 18
提出期限の延長の特例
　……………… 17,38,58
定率法 ……………… 18
適格現物分配 …… 86,102
デット・エクイティー・
　スワップ(ＤＥＳ)
　……………… 212,216
当事者間の完全支配の
　関係 ……………… 92
同時廃止 …………… 123
特定調停 …………… 277
特定同族会社 …… 23,43,65
特別決議 ………… 13,14
特別清算開始 ……… 142
特別清算開始の申立て
　………………… 142
特別清算終結 ……… 146
特別清算手続 ……… 139

【な行】

任意清算 ……………… 9

【は行】

破産管財人 … 123,138,150
破産手続 …………… 119
破産手続開始決定 …… 122
破産手続の終結 ……… 125
破産の申立て ……… 121
被現物分配法人 … 85,102
非適格現物分配 ……… 86
粉飾決算 ………… 133,301
別除権 …………… 237
法人相互間の関係 …… 92
法人による完全支配関係
　………………… 94
法的整理 ……………… 3
保証債務の特例
　……… 217,255,276,316
保全管理人 ………… 262
保全処分 …………… 240

【ま行】

未処理欠損金 ……… 98
みなし事業年度 ‥‥ 16,57
みなし配当(等)
　…… 48,50,71,72,85,
　　　　　87,101,212
民事再生 …………… 233
申立て …………… 120

【や行】

役員給与 ……… 21,40,62
役員退職金 …… 21,40,62
有価証券評価損 ……… 132
優先的更生債権 ……… 258
予納金 ………… 239,262

【ら行】

劣後的更生債権 ……… 258

[編者紹介]

税理士法人　熊谷事務所

◆主な業務内容
　　オーナー会社の事業承継対策
　　法人の決算申告・組織再編・会社の清算・再建
　　個人の確定申告
　　相続対策・相続税の申告　など

◆沿革
　　昭和51年1月　神田中央ビルに事務所開設
　　平成15年1月　税理士法人に改組
　　　　　　　　　現在に至る

◆事務所所在地
　　〒101-0051
　　東京都千代田区神田神保町2-14 SP神保町ビル10階
　　TEL：03-3230-0077
　　FAX：03-3230-0070
　　URL：http://kumagai-jimusho.com

執筆者一覧

吉岡　幸治（よしおか　こうじ）
力石　広志（りきいし　ひろし）
鹿志村　裕（かしむら　ゆたか）
二本木　力哉（にほんぎ　りきや）
熊谷　洋平（くまがい　ようへい）

編著者との契約により検印省略

| 平成26年4月1日　初版第1刷発行 | 会社清算の税務
－任意清算・法的清算・
　私的再建・法的再建－ |

編 著 者　税理士法人 熊谷事務所
発 行 者　大　坪　嘉　春
印 刷 所　税経印刷株式会社
製 本 所　牧製本印刷株式会社

発行所　〒161-0033　東京都新宿区　　株式　税務経理協会
　　　　下落合2丁目5番13号　　　　会社
　　　　振 替 00190-2-187408　　　電話（03）3953-3301（編集部）
　　　　ＦＡＸ（03）3565-3391　　　　　（03）3953-3325（営業部）
　　　　URL　http://www.zeikei.co.jp/
　　　　乱丁・落丁の場合は，お取替えいたします。

© 税理士法人 熊谷事務所　2014　　　　　　　　　Printed in Japan

本書を無断で複写複製（コピー）することは，著作権法上の例外を除き，禁じられています。
本書をコピーされる場合は，事前に日本複製権センター（JRRC）の許諾を受けてください。
JRRC〈http://www.jrrc.or.jp　eメール：info@jrrc.or.jp　電話：03-3401-2382〉

ISBN978-4-419-06100-5　C3034